U0457071

日本陆军史

近代化的异化

〔日〕户部良一 著

孙维珍 译

韦平和
韦平和 审校

社会科学文献出版社
SOCIAL SCIENCES ACADEMIC PRESS (CHINA)

作者简介

戸部良一

1948 年生，日本历史学者。京都大学博士，专业为日本政治外交史。现为帝京大学文学部史学科教授、国际日本文化研究中心名誉教授、防卫大学校名誉教授。主要著作如下：

『ピース・フィーラー——支那事变和平工作の群像』（論創社、1991）

『日本の近代（9）逆説の軍隊』（中央公論新社 、1998）。

『日本陸軍と中国——「支那通」にみる夢と蹉跌』（講談社、1999）

『外務省革新派——世界新秩序の幻影』（中公新書 、2010）

序章

解散

8月15日

杀害师团长

1945年8月15日零点半，陆军省军事课课员井田正孝中佐和军务课课员椎崎二郎中佐与近卫第一师团长森赳中将会面。他们来劝说近卫师团发动政变，阻止日本投降。森赳中将谆谆教诲他们说，既然天皇已经决定接受《波茨坦公告》，服从天皇的旨意是军人的应有之义，尤其是护卫天皇和皇居的近卫师团应有的态度。对此，井田正孝中佐说，为了捍卫以天皇为现人神、一君万民结合的国体，应该诉诸本土决战，战斗到最后。他主张，不战而降只不过是以皇室的安全为借口，吝惜生命，保存自己而已，所谓避免更多国民的牺牲和损失，也过于患得患失，没有志气。

双方各持己见，争执不下。最后，森赳中将说，他充分理解他们的真情，干脆到明治神宫的神前叩拜，听从神的决断。井田中佐二人欣然同意，退出了师团长的办公室。二人刚走，同样反对投降的军务课课员畑中健二少佐和数名少壮军官便闯进了师团长的办公室。不久，便传来了枪声。森赳中将被畑中健二少佐枪杀，当时在座的、森赳中将的内弟白石通教中佐也被砍杀。

图 0-1 原近卫师团司令部（今东京国立近代美术馆工艺馆。读卖新闻社提供）

伪造命令

在近卫第一师团中，参谋古贺秀正少佐（东条英机大将的女婿）和石原贞吉少佐都参与了密谋发动政变的计划。二人得知师团长被杀的消息后，都十分震惊。因为他们本来的构想是，近卫第一师团在师团长的指挥下，集体行动，由此带动属于上一级司令部的东部军①，进而让整个陆军卷入政变。

尽管感到震惊，但是古贺秀正参谋仍然按照早先的计划，拟定了一道师团命令，畑中健二少佐在上面盖上了森赳师团长的章。这样，政变便从杀害师团长和伪造命令开始了，而这两件事本来都不在计划的脚本之内。

按照伪造的师团命令奉命守护宫城，也就是切断皇居与外部联系的，是近卫步兵第二联队。联队长芳贺丰次郎大佐不知道这是假命令，部署了自己指挥下的部队。芳贺丰次郎联队长相信，这是整个陆军发动的一场政变，是所谓的锄"君侧之奸"（天皇邪恶的亲信），请求天皇再做圣断、撤回投降决定的一个义举。让他这样相信的是自称被大本营派遣而出现在芳贺丰次郎大佐面前的畑中健二少佐和椎崎二郎中佐。

政变失败

整个陆军参与这场政变的可能性本来就不大。这是

---

① 东部军：负责日本关东地区国防事务的日本陆军。——译者注，后文注释如无特殊说明均为译者注。

因为，在接受《波茨坦公告》之前，陆军中央确实曾经有过发动政变护持国体的计划，但是，天皇决定接受《波茨坦公告》以后，陆军便确定了遵奉天皇旨意的"承诏必谨"的方针，陆军大臣阿南惟几大将和参谋总长梅津美治郎都表明了不同意政变计划的态度。因此，以前参与政变计划的中坚幕僚们，虽然也感到灰心失望，但是已经开始准备投降。突然开始执行计划的只是以畑中健二少佐、椎崎二郎中佐为核心的一部分少壮军官。

井田正孝中佐离开近卫师团司令部以后，到了东部军司令部，要求发动政变。但是，东部军参谋长高岛辰彦少将已经获悉森赳中将被杀的消息，拒绝了井田正孝中佐的要求。东部军将接到假命令而出动的部队视为叛军，决定讨伐。井田正孝中佐自己只得承认政变失败。

井田正孝中佐急忙赶往宫城，告诉畑中健二少佐没有得到东部军的支持，劝他撤兵。畑中健二少佐感到吃惊，但是他把最后的希望寄托在找出天皇向国民宣布接受《波茨坦公告》的录音盘上。这个录音盘应该藏在皇居的某个地方，如果找到并夺取它，天皇宣读诏书的声音就无法播出，也就无法向国民宣布接受《波茨坦公告》。这样，也许就能够赢得时间，迫使天皇改变主意。这对于政变的军官来说，是一丝希望。

但是，他们没有找到录音盘。其间，东部军发布命

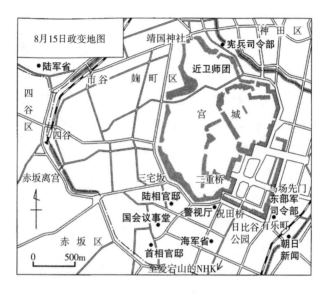

图 0-2 1945 年 8 月 15 日政变地图（政变的主要舞台是
市谷的陆军省和参谋本部、近卫第一师团司令部、东部军
司令部、陆相官邸、爱宕山的 NHK 等）

令，撤销伪造的近卫师团命令。不久，芳贺丰次郎联队长也开始发觉自己被骗。下午 5 点多，东部军司令官田中静一大将进入宫城，镇压了叛军，事态很快趋于平稳。石原贞吉参谋被逮捕。

自杀

井田正孝中佐从宫城绕到陆相官邸，在那里恰好见证了阿南惟几陆相自杀。畑中健二少佐被芳贺丰次郎联队长逐出宫城后，来到了 NHK 电台。他在那里恳求让他通过广播向全体国民倾诉他们的心声。广播电台当然不会答应他的要求。

此后，畑中健二少佐和椎崎二郎中佐一人骑马，一人骑摩托车，绕着宫城散发宣传护持国体的檄文。11 点半左右，在盛夏的太阳照耀下，二人从二重桥进入草坪，同时自杀。不久（正午），天皇便向全国广播了接受《波茨坦公告》的诏书。古贺秀正参谋在安放在师团长办公室的森赳中将的棺材前自杀。井田正孝中佐企图自杀，但未被允许。

8 月 19 日，被逮捕的石原贞吉参谋也死了。他在去说服反对投降而发动叛乱的部队归顺的时候，被叛军打死。这是一个很讽刺的结局。8 月 24 日深夜，投降的善后工作有了头绪后，东部军司令官田中静一也自杀了。

视　点

两面性

8月15日的政变意外地体现了旧日本军队明显相互矛盾的两面性。一面是它的狂热。无论怎么从保护国家、民族尊严的纯粹动机出发，当已经注定战败的时候，仍然不顾任何牺牲，想要战斗到最后一兵一卒，这无疑是疯狂的举动。这些军人以天皇为现人神，然而宁可违反天皇的旨意也要继续战斗，这只能说是一种狂热。

两面性的另一面是，虽然它具有这种狂热的因素，然而作为一个组织，军队并没有被狂热推动，反而封杀了它。当然，这两面有时似乎是交错的。例如，陆军中央的一部分人在天皇做出决定之前曾经倾向于政变计划便是如此。阿南惟几陆相也许正是为了防止出现这样的交错情况而自杀的。

姑且不论阿南惟几陆相自杀的原因，我们在这里应该重视的一点是，在把"承诏必谨"作为军队的方针之后，军队按照组织的逻辑采取了冷静的行动。一旦决定了军队的方针，正规的指挥命令系统启动以后，假命令便立刻被撤销，政变被粉碎。

在 8 月 15 日以后军队解散的过程中，这种组织的逻辑也得到贯彻。曾经那样顽强，有时近乎疯狂地作战的军队，令人意外地、毫不抵抗地投降，被解除武装，被解散了。战败时，日本有陆军 547 万人、海军 242 万人的兵力。本土有 436 万人，国外有 353 万人。如果当时的人口按照大约 7200 万人来计算的话，便是动员了 11% 的人口。这确实是一个庞大的动员数字。这支庞大的军队的一大半在"承诏必谨"的方针下，在极短的时间内，几乎是秩序井然地被解散了。

复员

当然，并不是完全没有抵抗。除了 8 月 15 日的政变以外，还是零星地发生了一些不承认战败而叫嚣彻底抗战的行动，这是事实。

例如，在首都周边，水户的陆军教导航空通信师团军官以下三百几十人据守在上野的山上，发动了声势浩大的叛乱。近卫师团的石原贞吉参谋去说服他们归顺而被杀，就是在这个时候。在埼玉县丰冈（今入间市）的航空军官学校，教官中的一部分青年军官也出现了不安稳的状态，煽动学生。另外，还发生了预科士官学校的学生占领川口市的广播站，强行要求广播的事件。东部军司令官田中静一在说服这些学生不要鲁莽以后自杀。海军方面，厚木基地的航空队司令小园安名大佐不承认停战，向全体海军发电报呼吁继续抗战，导致整个基地卷入了反抗军队中央的漩涡。

不仅仅是以上首都附近的活动，停战以后，全国各地，尤其是前线基地都发生了混乱，还发生了抵抗投降的骚动。但是，重要的不是发生这些混乱和骚动的事实，而是它们在驻日盟军总司令道格拉斯·麦克阿瑟进驻厚木（8月30日）之前都被平息了。

在国外，各地也发生了同样的混乱。但是，在这里也没有发生重大事件，这一点值得重视。国内的复员工作实质上在年内就结束了，从国外回来的军人复员工作除了英军控制地区和苏军控制地区以外，第二年基本结束。这些地方复员晚，不是因为日本方面的混乱和抵抗，原因完全在于控制国一方的情况。

在复员的同时，军队的中央机构也相继被撤销和解体。在战败大约一个月后的9月13日，大本营被撤销。10月15日，陆军的参谋本部和海军的军令部被撤销。11月30日，陆军省和海军省被撤销。这样，曾经强大一时的日军宣告结束，从此消失。

统帅权

看到这样过于顺利的解除武装和解散，清水几太郎曾经评论说，这是天皇的统帅大权所赐。确实，这样看不无道理。作为一个组织的军队，在接到天皇停战的旨意后，贯彻了承诏必谨的方针。天皇于8月17日向陆军和海军的军人下赐了敕语，于8月25日下令复员时下赐了告别的敕谕。另外，天皇向国外（南方①、中国）派遣皇族军人作为代表，重新传达了停战的旨意。这样，天皇的统帅大权，在让停战的旨意贯彻到军队组织这个意义上，毫无疑问是日本能够顺利投降的一个重要因素。

不过，与此同时，我们也不应该忘记，军队利用这种大权，曾经利用各种各样的机会蛮横无理地推行政治，强行追求自己的组织利益。而且，给军队的狂热赋予不当的权威和权力的也是统帅大权。无论是政府无法对抗动辄提出狂热主张的军队，最终无可奈何地诉诸鲁莽的战争，还是明显败局已定，却迟迟不肯投降，其重大的原因都在于统帅权的独立。

然而，这种臭名昭著的统帅权独立，正如本书将要阐明的那样，本来并不是为了增强军队的政治影响力，也不是企图将军队政治化和让军队介入政治而制定的一项制度。相反，统帅权独立具有为确保军队的政治中立性，防止其参与政治而制定的制度的一面。

也就是说，统帅权独立是为了防止军队参与政治而制定的一项制度，然而，它不久却变成了支持军队参与和介入政治的制度，最后又发挥了帮助军队解散、结束的作用。这是何等的讽刺和矛盾。

忠于天皇

关于军队的悖论不仅仅限于统帅权独立。例如，与

---

① 南方特指第二次世界大战前东南亚各国和南洋群岛。

天皇的关系也是如此。发动 8 月 15 日政变的少壮军官们都具有将天皇尊崇为现人神的独特的国体观。从他们的逻辑来看，天皇停战的旨意不是天皇本来应有的旨意，只不过是被"君侧之奸"歪曲了。因此，如果锄掉"君侧之奸"，那么追求护持国体的纯粹的天皇旨意便会显现出来。

然而，他们的这种逻辑与现实的天皇的旨意从正面发生了冲突。他们的行动违反了现实的天皇旨意，而忠实地服从现实的天皇旨意的是，提出"承诏必谨"的军队首脑，以及政府和宫中的、他们所说的"君侧之奸"。

总而言之，虽然都向天皇宣誓忠诚，但以畑中健二少佐为首的少壮军官们所托的天皇旨意与军队组织服从的天皇旨意，从根本上是对立的。这样的悖论是在十年前的二二六事件中也曾见到的模式。

无论如何，日本的军人，尤其是军官都对天皇怀有一种强烈的有时几乎是疯狂的忠心，这一点毫无疑问。因此，日本军队常常被称为"天皇的军队"，而不是"国民的军队"，甚至有人用"天皇制军队"这样的表述。这样的称呼未必都不恰当。因为军人忠诚的对象是天皇，这是毫无疑问的事实。

不过，如果说忠于天皇就意味着日本军队是非近代的或者近代前的军队，也许不够准确。所谓天皇，总而言之，无非就是国王。所谓忠于天皇，本来应该与忠于国王是一样的。而且，这一点也正如后文所述的那样，从忠于封建领主，向忠于作为中央集权国家中心的国王的转变，是极其近代的现象。这种对近代式的国王的忠诚，与政变军官身上所见到的、有违近代性的信仰式的天皇崇拜不知不觉同时并存，甚至混为一体的现象，也仍然只能说是一种悖论。

"天皇制军队"

日本军队总是给人一种独特的印象。这种印象大半也许是停战前发动政变的军官所表现出来的那种狂热。日本军队的狂热行动的例子不胜枚举。例如，从一开始就以死亡为前提的特攻队便是如此。发动鲁莽的作战，或者作战失败宁死不撤退，这些为数不少的例子也是如此。曾经发生在战场上的杀死平民、强奸、虐待俘虏这样的违反国际法的行为，应该也是狂热的一部分。

不过，这里我想保留两点看法。第一点是，将具有这种特征的日本军队概括为"天皇制军队"是有疑问的。确实，政治体制和支持它的军队的性质之间，也许有某种联系。但是，不能因为是效忠国王的军队，就必定是狂热的。

关键是"天皇制"这个概念是什么意思。这里也许没有必要重复围绕它的争论史。问题在于"天皇制"这种界定的方法。常常有人说，战前的日本是一种史无前例的特殊体制，这一点与过去将日本的"国体"形容为"万邦无比",有某种相通之处。

使用"天皇制军队"这个词的时候,也是从它是支撑极其特殊的体制的特殊军队这个前提开始讨论的。这与支撑"万邦无比"的"国体"的无与伦比的"皇军"的说法,是一模一样的。不同的只是,前者将日本军队断罪为诸恶之源,而后者将日本军队赞美为理想型的军队。在强调其特殊性,拒绝与其他国家进行比较这一点上,二者是共同的。

也许日本军队是特殊的。但是,将它的原因简单地归咎于特殊的"天皇制",也许应该慎重。世界各国的军队具有作为军事组织的共同性。即使君主制国家的军队,也有相应的共同性质。如果要谈论日本军队的特殊性,也许应该首先确认它们之间的共同性。

成长与变化

应该有所保留的第二点是,即使太平洋战争末期日本军队带有狂热的特征是事实,那么日本军队是不是从一开始就具有这种性质呢?狂热的不合理性是日本军队本来的特性吗?

我们应该切忌只从结果看待历史,否则一切看起来都是必然的现象。日本军队也是如此。片面断定它从诞生的一开始就是一个狂热的组织,这种做法应该慎重。

例如,1900年,出兵镇压义和团运动的日本军队曾经以军纪严格而得到高度评价。据说，八国联军进入北京以后，各国军队大肆烧杀抢掠，而日本军队的抢劫行为最少。在日俄战争中，日本军队对俄国俘虏也给予了超出战时国际法规定的厚待。

日本军队的这种状况与第二次世界大战爆发前后日本军队的形象完全不同。它的什么地方、什么东西发生了变化呢？我想，日本军队随着近代化和规模扩大，似乎在根本上发生了变化。

本来，所谓军队，被称为实践战争这种人类行为中最不合理的行为的最合理的组织。因此，被战争这种不合理的极限状况所迫，个别的军人动辄做出不合理的举动也许有不得已的部分。在日中甲午战争和日俄战争中，日本军队也并不是完全没有狂热的行为。但是，这样的行为仅止于例外。然而，在第二次世界大战爆发前后的日本军队中，狂热这种不合理性已经不是例外，而是一种近乎常态的状态。

确实，大冈升平的《野火》、结城昌治的《军旗飘扬下》等著作中赤裸裸描写的，是太平洋战争末期节节败退、组织逐步解体的军队情况，是极限中更加极限的状况。可以说，是最差的状况下最差的军队状态。但是，也许不能因此而将它作为极端的例外来处理。这是因为，尽管没有那么极端，但性质相同的行为和状况，即使不是太平洋战争末期，也经常可以见到。另外，正如野间宏的《真空地带》、山本七平的《一位下级军官所见帝国陆军》等书中描写的那样，脱离常规的内务班生活和形式主义，并不只限于极限的前线，而是蔓延到了整个军队内部。所谓形式主义，按照山本七平的解释，就是只要表面上合乎逻辑，不问内容如何，而且为此不择手段的一种态度。可见，本来应该是合理的军队发生了变质。

其原因，也许在日本军队的近代化和成长过程本身之中。在近代化和成长的过程中，军队开始面临各种各样的问题，在应对这些问题带来的挑战中，军队逐渐发生了变化。如果说，近代化和成长带来了不合理性和狂热，那么，这也可以说是日本军队中产生的一个悖论。

本书的目的

日本军队是一个包含着各种悖论的组织。尤其有趣的是，在它的近代化和成长过程中发生了异化这一点。其他的悖论实际上也与这种异化的实体有着密切的联系。

不过，军队的成长和近代化并不是在军队内部独自完成的，或者说不是封闭地进行的，大部分应该是通过与社会接触、联系进行的。因此，它的成长发生异化的时候，来自社会的刺激和影响必然具有重要的意义。

从以上观点出发，本书将从明治时期的创建开始，追溯日本军队的成长和近代化过程，探究它为什么发生了异化，并阐述它实际上是如何变化的。在阐述时，将不仅仅着眼于军事组织，而且通过它与社会、政治的联系加以阐述。在下面的叙述中，我们将聚焦日本陆军，因为它更加鲜明地体现了作为日本军队的特征和与政治、社会的联系。

第一章

诞生

创建国家军队

1878 年 8 月 23 日

1945 年 8 月 15 日政变的大约 70 年前，仍然是一个闷热的夏夜，碰巧也同样是一部分近卫兵发动了叛乱。

发动叛乱的是驻扎在皇宫附近的竹桥兵营的近卫炮兵大队。1878 年 8 月 23 日深夜 11 点多，由于对西南战争后的论功行赏不满而计划强行向天皇提出要求的近卫炮兵，按照计划开始行动。此时，察觉事态的大队长宇都宫茂敏少佐跑来，想要阻止事件的发生，但是被情绪激动的士兵杀死。同样想要制止士兵们的值班大尉也遭刺杀。发动叛乱的只是士兵，炮兵大队的一大半人参加了这场叛乱，人数超过 200。

发动叛乱的近卫炮兵拥到近卫步兵联队的总部，按照早先的约定，要求近卫步兵一起行动。但是，他们遭到步兵的射击，双方发生了冲突。步兵方面，一名少尉和一名士兵死亡。炮兵兵营内，饲料棚被烧毁。有些子弹落入首席参议兼大藏卿大隈重信的宅邸内。

此后，许多叛兵前往赤坂。由于几年前皇居烧毁，当时临时皇居位于赤坂。叛兵企图在那里直接向天皇提出要求。但是，政府事先察觉叛乱，已经部署了护卫皇

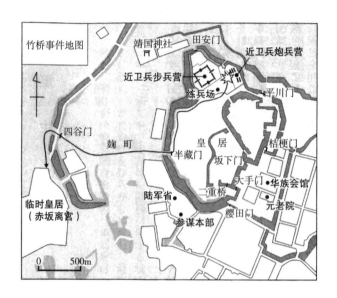

图中文字：

竹桥事件地图

靖国神社　田安门　近卫兵炮兵营

近卫兵步兵营

练兵场　平川门

四谷门　麴　町

皇　居

半藏门　坂下门

桔梗门

临时皇居
（赤坂离宫）

陆军省　二重桥　大手门　华族会馆

元老院

参谋本部　樱田门

0　500m

图 1-1　竹桥事件地图（1878 年 8 月 23 日深夜，发动叛乱的近卫炮兵拥到近卫步兵的驻地后，前往位于赤坂的临时皇居，企图向天皇直接申诉）

居的兵力。94 名叛兵抵达皇居前门后，与护卫兵对峙。但是在叛兵中德高望重的大久保忠八开枪自杀，随后，叛兵扔掉武器，束手就擒。此时，日期已经为 8 月 24 日，时间是子夜一点半左右。据说，叛乱被完全镇压，是凌晨 4 点。

对叛乱的处罚十分严厉。根据泽地久枝的调查，386 人受到了处罚，其中 55 人被判死刑。除了近卫炮兵大队以外，其他部队也有人因为参与该计划而受到了处罚。其中，绝大多数是士兵（295 人，其中死刑 53 人）。

处罚严厉说明政府受到了强烈的震动。因为无论怎么说，近卫兵毕竟是明治政府最初拥有的、自己的直属部队，也是其最为信任的部队。据说，其中的近卫炮兵在西南战争中令萨摩藩部队闻风丧胆，对战争的贡献最大。正如从这种强烈的震动所见到的那样，这次叛乱事件（竹桥事件）充分体现了建军时期的军队和与军队有关的状况。通过这一事件，也许能够明白当时的军队存在什么样的问题，军队与政治和社会具有什么样的联系。

不过，在思考这次事件的原因和背景之前，首先需要看一看组建近卫兵之前的社会状况。

直属军队的尝试

对于思考日本军队的诞生很重要的一件事是，宣告"王政复古"而上台的明治新政府，在成立之初并没有自己的军队。鸟羽伏见之战①以来，战胜幕府军的所谓官军，是讨幕派各藩的联军，而不是新政府自己的军队。由于没有自己的军队，新政府远不能称为一个稳定的政权。为了确保政权的稳定性，新政府必须拥有自己的军事力量。

新政府在成立后不久，设立了海陆军科作为管辖军事的中央机构。但是，新政府实质上并没有可管辖的军队。戊辰战争时，农村的武士、脱藩的浪士等所谓的草莽志士们，曾经作为朝廷直属的游击队参加战争，但是这些队员大多狂放不羁，未必服从新政府的控制。他们常常违反纪律，不服从管理，甚至经常扰乱治安。他们作为"浮浪之徒"，也成为被取缔的对象。被称为"亲兵"（不同于后来的萨摩、长州、土佐三藩献上的御亲兵）的一部分草莽游击队员顽强地生存下来，后来被编入政府直属的军队，但他们并不是直属军队的前身。

江户开城②后的1868年闰四月，海陆军科改称的军防事务局，制定了《陆军编制法》，要求各藩根据法定标准收获量，提供兵员。具体来说，每1万石收获量出10人（暂时为3人），负责畿内地区的警卫，同时在各

---

① 鸟羽伏见之战：1868年1月27～30日，支持明治天皇的新政府军和支持德川幕府的幕府军在鸟羽、伏见进行的首次战役。战役以新政府军的全胜告终，戊辰战争也由此开始。
② 江户开城：1868年4月德川幕府向讨幕军和平移交江户幕府的根据地江户城的事件。

图 1-2 竹桥兵营（从北诘桥方向眺望的近卫兵兵营。1871 年竣工。这个建筑应该是近卫步兵的兵营。近卫炮兵的兵营在它的右侧。石黑敬章提供）

藩备置 50 人。由此组建的部队称为"征兵"（不同于按照后来的征兵制进行的征兵），加上从草莽游击队编入的人员，据说达到两千多人。不过，士兵士气低落，许多人称病要求替换，军纪松弛。后来，在戊辰战争结束的第二年（1870）春季，这些人被命令返乡休息，逐渐解散。这样，通过这种"征兵"，建立政府直属军队的尝试，最终没有成功。由各藩提供的"征兵"是否摆脱了对藩的忠诚，而成为政府直属军队，也是一个疑问。

1868 年 10 月，① 政府直属的兵库县知事伊藤博文提出，只要兵权掌握在各藩的藩主手里，朝廷（新政府）只会软弱无力。他建议，应该把平定东北地区、凯旋回来的各藩联军，变为朝廷的常备军。伊藤博文的从藩主手中夺取兵权、统一到中央政府的建议受到政府的关注，但要实现它，当然会遇到巨大的障碍。

公议舆论的实际情况

不言而喻，创建作为统一国家军队的中央军队、政府直属军队最大的障碍，乃是包括对实现维新做出贡献的西南四强藩在内的各藩。确实，新政府由大久保利通、木户孝允等出生于萨摩藩、长州藩的人领导，但是这两个藩并不积极支持新政府。

---

① 由于日本在 1872 年年底之前使用的是阴历，因此本书 1872 年年底之前的日期虽然使用的是公历形式，但指的是阴历。

最初，新政府以"天皇亲政"和"公议舆论"为正统性原理，希望在各藩联合的基础上推行政治改革。这种情况下，所谓"舆论"不是民众舆论，而是各藩的主张。因此，除非构成"公议舆论"的各藩同意，否则创建政府直属的军队便难以实现。但是，可以预料，各藩会强烈反对统一军队，因为这会削弱自己的权力。新政府并没有实力的保证，也就是军事力量，而敢于不顾反对意见而断然实行改革。这使得创建政府直属军队这件事陷入了左右为难的困境。

例如，1868 闰四月在作为立法机构设立的议政官进行有关军备、兵制的咨询时，尽管贡士（各藩的代表）的大部分意见不反对组建政府直属的军队，但是基本上都把它定位为朝廷的护卫部队，而且坚持认为它应该与藩兵（各藩的军队）并存，并没有否定藩兵而建立政府直属军队作为中央统一控制的常备军的设想。

另外，即使在版籍奉还①后的 1869 年 7 月作为立法机构而新设的集议院，议员，即代表各藩的公议人对陆军制度也不过是提出了与之前贡士同样的意见。新政府所依据的"公议舆论"仍然没有摆脱封建制。

两种设想

这个时候，关于创建政府直属军队的方法，有两种

---

① 版籍奉还：1869 年日本各藩主向朝廷返还土地（版）和人民（籍），是维新政府为加强中央集权而实施的政策，成为废藩置县的前提。

设想，代表人物分别是长州藩的大村益次郎和大久保利通、岩仓具视等人。两者的意见发生了对立。1869 年，大村益次郎主张，从参加倒幕军事行动的游击队中挑选人员组成朝廷直属部队，应付当前的需要，从第二年开始进行征兵，三年后建立常备军，五年后完成。大村益次郎似乎设想把农民作为征兵对象，而不是各藩的武士。另一方面，大久保利通等人也许是因为受身份等级制所限，对从农民中征兵持消极态度，而想用西南强藩的藩兵建立常备军，对于他们来说，也许是急需兵力来维持政权的稳定。另外，他们可能考虑，如果把强藩的藩兵变成中央常备军，不会受到"公议舆论"的阻力。

但是，大村益次郎认为这种方针是急于求成，并批评建立作为权宜之计的军队制度只会有害无益。他在担任军务官（军防事务局的后身）副知事之后，成为兵部省大辅（次官），在大阪设立了包括培养军官、下士官的"兵学寮"① 等的陆军各种设施，奠定了建立军队制度的基础。

然而，同年 9 月，由于被视为废除武士特权的核心人物，大村益次郎在京都的一家旅馆遭到守旧派士族②的袭击，身负重伤，两个月后不治身亡。大村益次郎死

---

① 寮：日本律令制下附属于省的官署。
② 士族：1869 年奉还版籍后，朝廷授予旧武士家系的身份称谓。1947 年废除。

后，兵部省建立政府直属军队的活动由于失去了领导人，在一段时间内陷入了停滞。

山县有朋的出现

建立政府直属军队的活动陷入停滞以后，给它带来转机的是山县有朋。山县有朋从欧洲视察回国后，于1870年就任兵部少辅一职，开始对确立陆军军制度发挥领导作用。山县有朋是长州藩奇兵队①出身，与大村益次郎一样，不拘泥于身份等级制，主张征兵。首先，在同年闰十月，经山县有朋同意，大阪的兵学寮在各藩的武士之外，开始允许普通平民入学，从而开拓了一条平民不仅能够当军人，而且能够当干部的道路，具有划时代的意义。

接着，同年11月，新政府（太政官）制定征兵制度，下令府、藩、县，不论士族、平民，挑选身体强壮、能够当兵的人，每1万石收获量派出5人前往位于大阪的兵部省办事处。虽然此时仍然以藩的存在为前提，但是摆脱了身份等级制。据说，集中到大阪的士兵获发了军帽、军服，但废除了日本刀，尝试统一佩枪。不过，虽然兵营生活并不是那么苛刻，但是仍有许多人逃跑。也许当时人们的现实生活模式与受纪律、规章制

① 奇兵队：1863年由高杉晋作创建的长州藩的非正规军，兵员主要为最下层的武士，包括农民、小商贩，均为志愿参加。活跃于戊辰战争。

度拘束的军队生活之间，有相当大的落差。

结果，按照征兵制度进行的征兵，在第二年夏天征集了将近 1500 人的时候便宣布停止，而且仅这一次便告中止。主要原因在于，当时新政府与各藩之间陷入了紧张。为了缓和这种紧张状态，巩固新政府的政权基础，政府提出创建御亲兵①。为了创建御亲兵，不得不暂缓征兵的制度化。

御亲兵

新政府与各藩关系紧张的原因，在于政府加强中央集权和推进近代化的政策。政府不顾实际情况，向各藩以外的直辖地征税，招致农民的反抗。反抗的农民与对政府的政策心怀不满的士族这两股势力有可能会联合起来。

士族的不满当时已经在暗杀大村益次郎这件事上体现出来，并以长州藩各个游击队的叛乱这种大规模的形式表现出来。长州藩为了减轻财政困难，同时也为了消除奇兵队等非正规部队以下犯上的风气，下令将它们解散，对藩兵进行了重新整编。结果，这些部队大约有 2000 人离队，以示反抗，并与藩厅发生了冲突。这场叛乱从 1870 年 1 月一直持续到 3 月，并有可能卷入农

---

① 御亲兵：日本明治维新初期天皇的直属军队。1871 年由萨摩、长州、土佐三藩的兵力约 1 万人组成，后改称近卫兵。

民或者蔓延到全国各地。

正在这个时候，社会上盛传萨摩藩的西乡隆盛将要率兵进京，而不满的士族们正迫不及待地等待他的行动。本来，萨摩藩在西乡隆盛的领导下进行军事制度改革，藩兵和农村武士组成的常备军达到4万多人。萨摩藩毫不掩饰对新政府政策和姿态的不满，并且拥有强大的兵力，因此它的动向会对邻近各藩产生对新政府不利的影响。

在这样的情况下，一方面，新政府的领导人们产生了危机感，希望笼络西乡隆盛进入政府，从而缓和紧张状态，巩固政府的权力基础。另一方面，西乡隆盛希望以军事力量为背景进入政府，纠正他认为不断堕落的政府的姿态。作为妥协，政府接受了西乡隆盛的建议，决定从萨摩、长州、土佐三藩挑选精壮的士兵，组成御亲兵。1871年2月，获发组建通知的御亲兵总兵力有数千至一万人，其中萨摩藩兵占了将近一半。

这个御亲兵就是日本陆军实质上的前身。不言而喻，御亲兵是作为国家军队组建的。据说，西乡隆盛提议组建御亲兵的时候，山县有朋曾经主张，既然是御亲兵，就不应该是藩臣，即使是萨摩藩派出的官兵，也必须做好万一需要时背叛萨摩藩藩主的准备。对此，西乡隆盛回答说，当然如此。

但是，御亲兵，至少其中来自萨摩藩的官兵都没有能够摆脱藩兵的意识。尽管不似封建时代那样忠于萨摩藩的藩主，但是正如后来显明的那样，大多数萨摩藩的士兵都深受作为藩领袖的西乡隆盛的人格影响，从某种意义上效忠于他。

御亲兵是政府直属的国家军队的基础，也是近卫兵的前身。但是，御亲兵的许多官兵存在着一个内在的矛盾，那就是还没有摆脱封建意识。对于大久保利通、岩仓具视这些新政府的领导人来说，这也许是一件不得已的事。为了缓和与萨摩藩的紧张关系、强化政府，无论如何都要笼络西乡隆盛，依靠处于他影响之下的兵力。而且，他们与已故的大村益次郎不同，对于超越身份等级制的征兵制，本来就持消极态度。

镇台

在组建御亲兵的同时，同年 4 月政府设置了镇台①。起初，设 2 个镇台，后来，随着废藩置县，于 8 月改设为 4 个镇台。镇台兵与御亲兵加起来，当时的政府直属军队的兵力在 1.5 万人至 2 万人之间。如前所述，之所以设置镇台，直接原因在于当时全国各地发生农民起义，并开始与对政府不满的士族相互联合，采取了反政府运动的形式。也就是说，政府企图在中央设御亲兵以外，在地方设置镇台，镇压这种反政府运动，进而通过威慑，制止暴动。

———————————

① 镇台：明治初年派驻各地的军队。

例如，1870 年 11 月，社会上谣传，前一年在长州藩发动叛乱的一部分主谋逃到九州日田县（今大分县的一部分），并袭击了县厅。农民听信这个谣言，发动了起义。虽然事态当时被平息，但此后邻近的地区也发生了农民暴动，还出现了久留米藩窝藏长州藩叛乱主谋的事件。另外，政府命令萨摩藩出兵镇压暴徒，但萨摩藩迟迟不服从命令，遭到政府的怀疑，政府甚至一度担心萨摩藩是否会如约派出御亲兵。

这些事件表明，要镇压各地的暴动，单纯依靠各藩的藩兵是不够的。正如久留米藩和萨摩藩的行动所体现的那样，指挥藩兵的各藩本身未必值得相信。另外，也许藩兵自己甚至同情这样的叛乱。这样，政府痛感在地方要地常驻政府直属军队的必要性。

镇台与御亲兵一样，是作为政府直属军队的国家军队的前身。不过，镇台兵和御亲兵一样，尽管是政府直属军队，最初大半也是由各藩的藩兵编成的。因此，可以说，镇台兵也带有浓厚的封建色彩。国家军队的基础虽然建立了，但是还远远称不上近代军队。

克服封建制

废藩置县

明治新政府在中央设置御亲兵，并在地方派驻军队以后，开始实施废藩置县的变革（1871 年 7 月）。明治政府完成了从各藩的联合体向中央集权制的转变，剥夺了藩主的领地支配权，从而废除了作为封建制度支柱之一的地方分权制。

政府能够实现废藩置县，是因为政府具备了排除改革阻力的实力。这就是御亲兵。即使御亲兵的兵力不是那么雄厚，但它背后的萨摩、长州、土佐三藩的支持也发挥了作用。而且，各藩的财政极其困难，已经不能维持原来的体制，这也对实现废藩置县起到了有利的作用。

总之，在剥夺藩主的领地支配权的同时，也剥夺了他们的兵权。随着废藩置县的实施，原则上也废除了各藩的藩兵，兵权统一到了中央政府。不过，如前所述，御亲兵和镇台兵当前都是由旧藩兵组成的。

否定身份等级制

如果说封建制的支柱之一是地方分权制的话，另一个支柱便是身份等级制。封建的地方分权制因废藩置县而被解体以后，经过大约一年半的时间，身份等级制也因征兵制而走向解体。

太政官于 1872 年 11 月颁布的《征兵告谕》称，武士"抗颜坐食（旁若无人，不劳而获），甚至杀人而官不问其罪"，对封建身份等级制给予了严厉的批判，并提出了四民①平等、全民皆兵的理念。

> 世袭坐食之士，许减其禄，脱刀剑，使四民
> 渐得自由之权，是乃上下平均，人权齐一之道，
> 则兵农合一之基也。于是，士非从前之士，民非
> 从前之民，均系皇国一般之民，报国之道亦应固
> 无其别。

这里，充分体现了明治政府走向近代化的改革热
情。日本要照搬作为近代化榜样的欧洲各国的征兵制。

征兵制的目的

征兵制，当然不仅仅是从否定身份等级制、四民
平等的理念出发的。首先，它是对以往的士族兵不信
任的产物。无论是由士族兵组成的近卫兵（1872 年 3
月改称御亲兵），还是镇台兵，都的确不好对付，难以
管理。

例如，封建体制下的上下关系和军队内部的地位未
必一致，军队的等级秩序出现了不协调的一面。士兵中
有二三百石俸禄的高级武士，军官中也有十四五石俸禄
的下级武士。在军官与士兵之间，无论是在权威方面，
还是在工资方面，都设了较大的差距，但不少士兵对此
心怀不满，有的部下不把上级当作上级。

---

① 四民：皇族、华族、士族和平民。

表1-1 陆军等级表（以步兵为例）

军 衔	等 级
大 将 中 将 少 将	将官
大 佐 中 佐 少 佐	上长官（佐官）
大 尉 中 尉 少 尉	士官（尉官）
	准士官
曹 长 军 曹 伍 长	下士
一等卒 二等卒	卒

注：（1）军官指少尉以上。

（2）上长官、士官的区分在1937年以后不再使用。

（3）作为准士官，于1894年设特务曹长，1936年改称为准尉。

（4）1931年，下士改称下士官，卒改称兵，一等卒改称为一等兵。

（5）1877年，在一等卒上面设上等卒（1855年以后，改称上等兵）。1941年，在上等兵上面新设兵长。

资料来源：根据《军制纲领》（1875）制作。

另外，由于藩的意识没有消除，所以也难以让他们有一体感。有些士兵毫不掩饰地表现出不愿服从来自其他藩的队长指挥的态度。而且，经历过幕末维新这种秩序混乱的时期，参加过戊辰战争实战的士兵们态度更加粗野，让他们服从管理非常困难。此外，因封建制解体而被逐渐剥夺特权的士族，一般对政府的改革持批判态度，士族兵也不例外。

还有财政上的问题。如果由士族编成军队，由于军务是他们的职业，所以仅仅支付支撑他们生活的工资，就需要巨额的经费。对于刚刚诞生的明治政府来说，这是一个难以承受的负担。随着废藩置县的实施，政府继承了以往由各藩支付给武士的俸禄，而它的金额高达政府财政收入的30%。

与之相比，如果采用征兵制，由于兵役是国民的义务，因此，只需要发放少量的津贴。如果将结束了必要年限训练的士兵，作为预备役储备起来，那么战时可以动员相当数量的兵力。也就是说，减少常备军，控制经费，增加预备役，以备战时动员。这是征兵制的要点。

对征兵制的反抗

政府实行征兵制遭到了不少人的反抗。首先，士族理所当然地会反抗。按照四民平等实行的征兵制，剥夺了作为封建精英的武士、士族的垄断性功能和职业——军务，让他们失去了这个功能所附带的各种特权。

当时，各藩领取俸禄的士族全国有40多万人，加上他们的家属，将近200万人。而由士族充当的近卫兵和镇台兵，即使加起来，也只有几万人，被剥夺藩兵职

图 1-3　最早的征兵体检（『開国文化八十年史』）

业的许多士族必须另寻职业。尽管政府继承了家俸制度，士族生活暂时不会困难，但是，征兵制对于士族来说，仍然意味着经济上的打击。不久，政府通过发行金禄公债①证书，连俸禄也停止了发放。

比经济上的打击更为严重的是精神上的打击。《征兵告谕》将武士称为"抗颜坐食"之徒，遭到了武士们的激烈反对。1876 年，政府颁布《废刀令》，禁止武士带刀。佩刀是武士的一种精神象征，被禁止后，士族的反抗情绪益发高涨。此后，各地发生了士族叛乱，其中一个原因正在于此。

连政府军队内部也有人反对征兵制。萨摩藩出身的陆军少将桐野利秋公开称："把乡下佬集中起来，只能是制造人形玩偶。究竟何益之有?"他主张，农民受不了打仗，因此他们形成不了战斗力。这是武士们，尤其是具有强烈自豪感的近卫兵共同的想法。

反"血税"暴动

具有讽刺意味的是，在四民平等的理念下，平民被赋予了对国家做军事贡献的权利，但是征兵制也遭到了他们的反抗。一部分原因是，《征兵告谕》在下面这样的文脉中，将兵役称为"血税"，引起了人们的误解。

---

① 金禄公债：作为明治政府废除旧俸禄制度时华族、士族俸禄的替代品，于 1876 年发放的公债。

> 凡天地之间，一事一物，无不有税，以充国用。然则，为人者，固应尽心尽力而报国。西人称之为血税。以其生血报国之谓也。

也许措辞有些难懂，"血税"这个词引发了荒诞无稽的流言蜚语。有的说，"血税"就是真的取士兵的鲜血卖给外国人；有的说，用它制造葡萄酒；有的说，用它染红毛毯、军服、军帽，诸如此类。政府感到吃惊，便把《征兵告谕》写得通俗易懂一些，发布了《征兵通知》，但是似乎起到了相反的效果。

这个时候，有人利用这种误解和流言蜚语，经常煽动民众反抗政府和暴动。当然，应该知道，这些暴动发生根本的原因，是对政府近代化政策的不满。下面，我们介绍一下主要的反"血税"暴动事件。

1873 年 5 月下旬，由于有人利用农民对"血税"的误解进行煽动，北条县（今冈山县的一部分）数万农民起义，发生了长达六昼夜的暴动。据说，富豪的宅邸、学校、受歧视的部落被烧毁，官吏、教师等被杀。多达大约 400 户的房屋损坏、烧毁，造成 10 多人死伤。暴动的原因是，反对征兵、学制（居民负担建设小学）、强制剪短发、废除"秽多"①的称呼等。受处罚者，斩首十数人，徒刑、惩役②数百人，罚款超 2.6 万人。

---

① 秽多：中世以后，在日本被视为贱民的一个阶层。
② 惩役：拘押在监狱中科以劳务工作的刑罚。

北条县的暴动也蔓延到了相邻的鸟取县。6月中旬，一位农夫看到陌生人，误以为是征兵者，大声叫喊："来榨血啦！"随后，2.2万农民起义，暴动长达五天。暴动农民发出的请愿书中，除了废除征兵以外，还包括废除小学、废除阳历等内容。

6月下旬，名东县（今香川县的一部分）同样因情绪激动的农民误解，数万人起义。包括数人死罪在内，被判为有罪的人多达1.7万人。从这样的例子可以看出，民众未必欢迎政府的近代化政策，经常反对改革，认为增大了他们的负担。

逃避征兵

即使没有因"血税"一词产生误解的平民，也没有对征兵表示欢迎。他们并不理解获得服兵役的权利这件事的意义，而只是觉得服兵役是一项沉重的义务。因为原本他们一直认为，防御外敌是武士的工作，而不是平民应该参与的事情。而且，他们害怕兵营生活的纪律和严格。另外，尽管是暂时的，因为征兵而失去主要劳动力的家庭认为生活将会变得更加艰苦。

在这一点上，陆军少将山田显义提出了征兵为时尚早的看法，他的主张有一定的道理。山田显义认为，完善国民的普通教育应该比征兵制优先实施。也就是说，要通过完善教育，让国民理解征兵制的意义。进而，他还主张，在国民教育中纳入军事训练，从而缩短服兵役时间。如果服兵役时间缩短了，便可减轻当兵家庭的痛苦。

但是，政府也许认为那样做不切实际。当时，需要尽快把难以管理的近卫兵和镇台兵从士族兵替换为征召的士兵。如果预料到对近代化政策不满的士族和一部分农民会反抗，那么替换就更为紧迫了。

推动征兵制的人是山县有朋。但是，他也注意到征兵对于经济贫困的家庭会是一项强加的负担，所以他考虑从经济富裕的人当中优先征兵。然而，1873 年颁布的《征兵令》与这种想法恰恰相反，它规定缴纳替代金的人可以免除兵役。这样，富人便被免除了兵役。这件事更加让人感到征兵制不公平，增强了人们对它的反感，同时也成为促使许多人逃避兵役的一个诱因。

《征兵令》规定，可以免除兵役的人，除了缴纳替代金的人以外，还有体格不良的人、陆海军的军官学生、官吏、指定学校的学生和留学生、户主及其继承人、因父兄患病等必须支撑一家的人、兄弟被征兵正在服兵役的人、罪犯等。人们为了逃避征兵，充分利用了这些规定。例如，出现了有的人家二儿子、三儿子分家成为户主，有的人成为他人家的养嗣子①，从而得以免除兵役的情况。后者就是所谓的"征兵养子""军队养子"。日后成为政友会总裁的铃木喜三郎，还有雕刻家

---

① 养嗣子：日本旧民法中具有户主继承人身份的养子。

高村光云（诗人高村光太郎的父亲）、早稻田大学教授兼社会民众党首任党首（中央执行委员长）安部矶雄等人，都属于这样的"征兵养子"。起初，《征兵令》不适用于冲绳和北海道，因此也有人把户籍迁到这些地方，以免除兵役。据说，把户籍迁到北海道的夏目漱石就是这样的例子。当时，甚至还出版了《征兵遁法》这种讲授逃避兵役方法的书籍。

毫无疑问，民众讨厌征兵制。后来，有人编创了"兵役惩役，一字之异，一佩军刀，一锁铁链"这样的话，就充分表达了这一点。当时，由于户籍法不完善，因此利用户籍法的漏洞逃避兵役者达到了相当大的数量。1876年，年满20周岁的征兵对象（壮丁）大约为30万人，其中82%符合免除兵役的条件，而1878年达到了89%。当然，其中也许包括相当多逃避兵役的人。

征兵制的性质

经常有人批评，日本的征兵制不是真正的全民皆兵制。他们指出，它是允许一部分特权阶层免除兵役的不公平的制度，对于实际服兵役的平民、农民来说，完全就是一种赋役。确实，我们不能否认，日本的征兵制最初免除户主及其继承人、官吏、学生、缴纳替代金的人的兵役，因而使一部分人免除了兵役的负担。但是，这有其相应的原因。

免除户主和继承人的兵役，或许是因为顾及维持社会的稳定性。也就是说，是为了保持"家"制度。征兵制照顾"家"制度并不只限于日本。法国 1832 年颁布的《征兵法》也是如此。日本是以它为样板的。不过，法国的《征兵法》，虽然照顾到保持"家"制度，但并没有一律免除户主及继承人的兵役。可以说，日本在保持"家"制度方面十分重视户主的作用。如果没有免除户主和继承人的兵役，也许对征兵制的反抗会更加强烈。

免除官吏、学生的兵役，是因为政府希望让他们在近代化事业中军事以外的领域发挥他们的知识和能力，从而能够有效地推动日本的近代化，并不是想要给予他们免除兵役的特权。政府要求他们在不同的领域为国家做出贡献。

关于免除缴纳替代金的富人的兵役，难以说明它的原因。有一种说法认为，这是为了增加国库的财政收入。这种说法没有根据。法国 1832 年颁布的《征兵法》中有替代金的规定，所以也许是沿袭了这种做法。不过，法国在 1872 年（也就是日本制定《征兵令》的前一年）已经废除了这项规定。无论有什么样的原因，如前所述，都不能否认这项免除兵役的规定增加了民众的不公平感。不过，支付替代金（270 日元）而免除兵役的人并不多，截止到 1879 年，每年不足 30 人。

总之，尽管日本的征兵制不完美，但它并不是只让特定的阶层或者身份的人服兵役，所以可以说它是一种全民皆兵的制度。不过，人们把兵役理解为一种赋役，也无可厚非。本来，连他们是否有"国民"这个观念，都是值得怀疑的。兵役无非是一项朝廷强制的任务。

　　因此，如果非要说按照这样的征兵制建立的军队不是"国民的军队"，那也只能这样说了吧。尤其是，如果规定"国民的军队"是以国民进行武装的权利为前提的话，就更加如此。实际上，明治政府不承认国民进行武装的权利。岂止是进行武装的权利，在一段时间内甚至不承认国民具有参政权。因此，所谓征兵制，从国民方面来看，并不是被赋予权利，而只是强制了义务。

　　不过，欧美各国承认国民有武装权，原本源于国民拥有反抗的权利，大多数体现为民兵武装。对于明治政府来说，当时正在埋头创建新的国家，而且各地农民和士族不断发动叛乱，也许还没有国民的反抗权这个陌生的概念，甚至不敢承认国民的参政权。在这样的情况下，作为中央集权国家，它需要拥有政府直属的自己的军队。

　　而18世纪末在欧洲被理想化的民兵，不久就被证明不堪保卫国家的重任。到19世纪后半期，从国王的军队派生出来的常备军，便成为国家军队的主体。日本正是要模仿这种欧洲大陆君主国的、通过征兵制维持的常备军。

精兵主义

《征兵令》后来进行了几次修改。初期修改的目的在于，限制免除兵役条款，防止逃避兵役。同时，也注意减少社会的不公，十年后废除了缴纳替代金免除兵役的规定。

符合免除兵役条件的人很多，确实是一种严重的事态。有些地区，甚至出现了少量缺编的现象。当时，一般是从征兵体检合格的人中，通过抽签，挑选现役兵，但是 1879 年已经没有进行抽签的余地了，甚至体检不合格的人也不得不让他们进入军队。

不过，正如加藤阳子指出的那样，我们还要注意到，实际上征召的现役兵并没那么多，截止到西南战争后，每年只有 1 万人左右。当然，为了尽量得到优秀的现役兵，最好能够从众多的征兵对象中精挑细选。但是，即使征兵对象因符合免除兵役条件的人而减少，实际接受征兵体检的人，只要有所需现役兵的几倍，也就足够了。

为什么只征召 1 万人左右的现役兵呢？原因很简单。如前所述，这是受到财政上的制约。明治政府采用了精兵主义，也就是，征召少量的现役兵，通过长期训练（1927 年之前，服现役时间为 3 年。不过，步兵自

1907 年开始，服役时间为 2 年）培养精兵的方式。这样做，可以减轻财政负担，而且，如果延长预备役时间，战时也应该能够动员足够的兵力。

但是，这种方式也有缺点。如果服现役时间长，那么会相应地增加服兵役的痛苦，对于主要劳动力服兵役的家庭来说，生活也会更加艰苦，对征兵制的厌恶和憎恨也就产生了。

士族兵的活跃

精兵主义的另一个缺点，还是数量不足。政府计划引入征兵制，1873 年 1 月把镇台的数量从 4 个增加到了 6 个，但是，即使如此，包括近卫兵在内的兵力也只有 3 万人左右。

山县有朋的目标是用征召的士兵逐渐取代士族兵。如前所述，这是因为士族兵难以管理。1875 年 2 月，陆军省明确了逐渐让士族兵退伍的方针。但是，这项工作结束的期限是 1883 年。因此，即使引入了征兵制，在一定时间内士族兵仍然可以在军队中专横跋扈。

实际上，各地发生暴动的时候，在前往镇压的镇台兵中，士族兵经常冲锋陷阵。不仅如此，镇台兵迟迟不到，或者仅仅靠派出的镇台兵兵力不足的时候，在当地征召的士族兵对镇压暴动也发挥了重要作用。

镇压反"血税"暴动，就是如此。在前面介绍的北条县发生的反"血税"暴动中，政府征召 300 多名旧津山藩的武士，与镇台兵一起镇压了这次暴动。在鸟取县的"反血税"暴动中，也有 50 名士族应征参加镇压。

1874 年 2 月，江藤新平在佐贺发动叛乱的时候，除了近卫兵和东京、大阪、广岛、熊本 4 地的镇台兵以外，还征召了四千数百名士族兵。同年，日本出兵台湾的时候，除了熊本镇台的官兵以外，还在鹿儿岛招募了大约 300 名士族兵出征。在 1876 年 12 月从三重县波及邻近各县的农民暴动中，暴动人数达到数万人，仅靠名古屋镇台、大阪镇台大津分队的镇台兵和巡警，兵力不足，因此也征召了大约 1200 名士族兵。除此之外，还有不少使用士族兵镇压农民暴动和士族叛乱的例子。

相对于当时的暴动和叛乱，近卫兵、镇台兵明显兵力不足。虽然征募兵的能力未必不如士族兵，但由于不得不依赖于士族兵和临时征召的士族兵，因此对征募兵的评价不佳。据说，在熊本县，镇台兵被称为"傻大兵"。甚至人们开始怀疑征兵制本身。这样的征募兵令人刮目相看，是在西南战争的时候。

西南战争

1877 年爆发的西南战争，是民众对政府的反抗达到了顶点的时期。略微夸张的话，甚至可以说日本处于内乱状态。明治政府创建自己直属的军队，终于在这种内乱状态派上了用场，但是，创建直属军队所代表的激进政策也是诱发内乱状态的主要原因。另外，政府直属军规模实在太小。这是由于财政上的制约，同时也是由于政府没有预料到扑面而来的内乱的严重性。想要在紧急情况时能够动员预备役调动足够的兵力，尚需时日。

在西南战争中，面对西乡隆盛率领的大约3万名叛军，政府军动员了陆海军加在一起5万多人的兵力，其中一半以上是镇台兵、近卫兵，其余是包括作为巡警征召人员在内的士族兵。仅靠征兵，兵力仍然不够。

政府尽量避免直接招募士族兵。一方面，政府坚持通过征兵征召正规的士兵，另一方面选拔士族充当巡警，临时组织由巡警组成的部队，派到前线。这是为了维持征兵制而采取的一种苦肉计。

面对萨摩藩的士族兵，政府军作战非常勇敢。当然，在首战中，政府军还心中没底。据说，挫败西乡隆盛进攻的熊本镇台司令长官谷干城，之所以决定坚守熊本城，原因之一就是，他认为镇台兵在野战中打不过西乡隆盛的军队。政府军曾经屡次被西乡隆盛的拔刀队击败。但是，最终战场证明，被西乡隆盛的军队蔑视为"百姓町人"的政府军，如果经过充分的训练，熟练掌握先进的武器，也能够与士族兵一样作战，从而消除了

图 1-4 西南战争中坚守熊本城的军队（前排右起第二人为参谋长桦山资纪中佐，第三人为谷干城少将，后排右端为联队长川上操六少佐，左端为大队长小川又次少佐。富重利平摄影，富重写真馆收藏）

民众对政府军和征兵制的怀疑。

在西南战争中取得赫赫战功的是近卫兵，尤其是近卫炮兵。据说，当时西乡隆盛的军队曾经赞扬近卫炮兵的精锐，说："如果没有红帽子（近卫兵）和大炮（近卫炮兵），就冲进美丽的江户了""如果没有近卫兵的大炮和招募的士族兵，就冲进美丽的江户了"。然而，正是这些近卫炮兵在西南战争后发动了叛乱。

竹桥事件

近卫炮兵为什么发动叛乱？当时叛军提出的理由之一，是对西南战争论功行赏不满。他们说，政府行赏只针对军官。而实际上，行赏是从级别高的人开始的，所以并不是没有对下士官和士兵（当时使用下士、卒这样的称呼，为了避免烦琐，这里统一称为下士官和士兵。详细参见 36 页的等级表）行赏，而是在稍后对他们行赏。但是，近卫炮兵认为自己在西南战争中战功最大，因此对于他们来说，即使只是在稍后行赏，也会非常不满。

他们另一个不满的理由是待遇降低。由于西南战争中花费大，1877 年 12 月政府将各省的预算一律削减了1/5。因此，第二年 5 月，陆军省相应地削减了官兵的薪酬。

士兵的薪酬减少了 1/20，但是降薪未适用于步兵。

这是因为，在各个兵种中，步兵的薪酬是最低的。另外，由于本来近卫兵的薪酬就比镇台兵高一些，所以近卫炮兵的绝对减薪额度最大。对于以自己在西南战争中的贡献感到骄傲的他们来说，政府的这种行为难以理解。

然而，是否仅仅因为对论功行赏和薪酬不满，士兵就发动了叛乱呢？我总觉得，其他的原因似乎也起了重要的作用。其中，正如泽地久枝强调的那样，反对兵役应该作为叛乱的一个潜在原因受到重视。

实际上，起初征募兵只是进入镇台，而没有进入近卫队。这也许是因为政府照顾到自豪感强而且对征兵制表示反感的近卫兵。1875年1月，终于征募兵出身的士兵也开始进入近卫兵。这是由于西乡隆盛在征韩论争中失败而下野，来自萨摩藩的近卫队官兵大批回到鹿儿岛，政府为了补充兵员而采取的一项举措。政府从镇台兵中挑选"身体强壮而且品行端正者"，让他们在近卫队服五年兵役。

被挑选为近卫兵，当时被当作一项荣誉。另外，如前所述，按政府规定，薪酬也会上涨，并可免除预备役（当时称为"后备军"）。但是，这样的条件，对于士兵来说是多大的优厚待遇和恩典，是一个疑问。也许他们反而感觉，延长现役等于延长了痛苦的时间。因为本来士兵薪酬就不高，所以薪酬增加也不是那么有吸引力。而且，没有进行他们期待的论功行赏，反而削减了薪

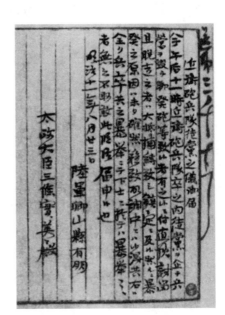

图 1-5 山县有朋的竹桥事件报告（国立公文书馆收藏）

酬，并且为了节约经费，兵营的日常生活也被迫缩减开支。这种情况是叛乱的潜在原因。

我们还需要注意到，在近卫炮兵的意识中，暴动是强行向天皇提出要求，而不是叛乱。对于在幕末以后的社会动荡时期长大的他们来说，农民强行向天皇提出要求的行动，有可能是耳熟能详的事。而且，他们在西南战争中打败了由过去统治阶级的士族组成的萨摩藩的军队，作为使用最新式武器的炮兵，起到了比一般军官更大的作用。也许正因如此，他们充满了自信，敢于挑战上级乃至军队高层。

据说，当时的兵营生活，比我们今天想象的更加"自由"。尤其是这一年的夏天非常炎热，因此下午士兵停止训练，而且允许外出。所以，士兵们能够在兵营外面聚会，推动计划。

与后来的内务班相比，这个时期的营房生活确实既不是照章办事，也不允许横行霸道。不过，这种"自由"往往也等同于军纪松弛、管理涣散。另外，虽然不是近卫炮兵，但是据说当时服完兵役退伍的人中，有些在当兵时养成了无赖的习惯，不想兴家立业，令家人担心，甚至引发周围人的反感。因此，逃避兵役，也有由于父母担心而促成的一面。时任陆军卿的山县有朋在事件发生前的书信中，已经得知近卫兵中有不满情绪。他说："若不做一改革，将来维持军纪之目的，甚为无望，深为痛惜。"而事件的爆发令他再次痛感确立军纪的重要性。

确立军纪

军纪与封建意识

在竹桥事件的大约三个月前，一直领导明治政府的大久保利通被人暗杀。可以说，接连发生的事件，让政府受到巨大震动。虽然明治政府平息了西南战争这场最大的内乱，但是政权的基础尚不稳定。其中，本应从根本上支撑权力的军队出现动摇，对明治政府是一个重大的打击。

政府认为，军队动摇的原因在于军纪松弛。这并不是竹桥事件中才清楚的事。正如我们前面多次指出的那样，士族兵，尤其是近卫队的士族兵身上，存在与近代军纪相当不相称的倾向。而且，竹桥事件说明，替代士族兵的普通士兵也未必军纪严明。

我们从西南战争以前开始，回顾一下没有确立军纪的例子。最为显著的一个例子，是围绕征韩论争近卫兵采取的行动。当时，政府首脑围绕征韩论，陷入了严重的对立。出身萨摩藩的陆军少将桐野利秋和筱原国干在军内四处游说散布征韩论。另外，西乡隆盛下野后，出身萨摩藩的近卫兵官兵不顾天皇两次亲自挽留，大举辞职，回到鹿儿岛。木户孝允对此评论说："士兵涉政府之议，论是非，强谋进退等，实未国成其国之体统，实为慨叹不堪。"这确实可以说，是一个军人直接干预政治问题、政治化的典型事例。

进而，作为事件的余波，1873年12月发生了熊本镇台的一部分士兵发动暴动、放火烧毁兵营的事件。同一时间，该镇台的鹿儿岛分队也发生了一起火灾后，驻扎在那里的士族兵发动暴动，擅自解散回乡的闻所未闻的事件。他们后来投奔了西乡隆盛。

从这些事件我们可以看出，当时的军人依然具有强烈的封建意识。西乡隆盛离开政府以后，萨摩藩的官兵们也跟随其回到了鹿儿岛。此事表明，他们仍然是忠诚于藩（当时是作为藩的领导人的西乡隆盛），而不是忠诚于国家。可以说，虽然封建分权制作为制度解体了，但这种制度所附带的意识并没有随之消失。

军人干预政治，在极端情况下通过暴动这样的手段来表达其政治主张，也是他们的封建精英意识使然。本来，在封建体制下，武士不只是单纯的军事精英。他们是不仅承担军事，而且承担政治、行政的统治精英。

因此，即使进入明治时期以后，他们仍然常常对政治问题发表意见。关心政治问题、对政治问题发表意见、为自己的政治主张采取行动，被他们视为作为精英理所当然应有的姿态。在这里，虽然封建身份等级制解体了，但在一段时间内也仍然存在身份等级制残留下来的精英意识。在征韩论争前后的近卫兵身上明显表现出来的这种政治性，可能也被后来进入近卫队的普通士兵所继承。

《读法》

明治政府也并非没有注意到，这种封建意识有可能危及军队的秩序，也就是军事组织的根本。政府早就痛感到确立军纪的必要性。例如，1872 年 1 月，兵部省制定了《读法八条》，作为军人应该遵守的规范。

《读法》以忠诚为基本，倡导对上级敬礼和服从，对同辈态度温和，同时禁止结党、逃跑、盗抢、赌博、强卖、借贷金钱、打架、放荡、耍酒疯、欺骗、懒惰、怯懦等，并明文规定，如有这样的行为，将给予刑罚处置。规定禁止的事项，可以认为恰恰是经常发生的行为。处以严惩的是结党营私和携带武器逃走。另外，《读法》的内容后来进行了几次修改，并在士兵入伍宣誓时让他们朗读，在上面签名盖章，发誓遵守。这种"仪式"一直延续到 1934 年。

政府制定《读法》后，又颁布《海陆军刑律》，规定了严厉的刑罚，尤其是对抗命、结党的罪行。尽管如此，军人的犯罪仍然有增无减。根据当时的统计，犯罪的军人，1874 年大约为 70 人，1875 年大约为 530

人，而 1876 年则达到了大约 1080 人。据说，由于晋升后会延长兵役时间，因此有些士兵不愿意继续当兵而故意犯罪。总之，随着替代士族兵的普通士兵增加，犯罪也不断增加。而且，竹桥事件是一件最为严重的抗命、结党罪行，因此政府对它加以严惩。

这里也有西南战争的教训。政府认为，西乡隆盛的兵力不如政府军，然而却能够长期顽强抵抗，支撑这种抵抗的正是他们强大的精神力量。虽然在武器和训练方面，政府军处于优势，但是不得不承认，在精神力量方面，由士族兵组成的西乡隆盛的军队比政府军更加强大。

这样，确立军纪的问题就包含着几个矛盾。首先，必须清除士族的封建意识。其次，必须给官兵灌注不输于士族的精神力量，创建一支战斗力强而且管理严格的军队。但是，尽管士兵是在全民皆兵的理念下征召的，但是他们未必欢迎兵役。而且，在幕末维新的动荡时期，军人往往没有秩序感。如果说确立军纪是让这样的军人服从上级命令，拥有坚忍不拔的精神力量，并且获得社会的尊敬，那么，这并非一件轻而易举的事。

西南战争结束、事态大体平息的时候，山县有朋为了确立军纪，再次指示他的智囊西周起草一个新的军人行为规范。竹桥事件正是发生在西周起草的军人行为规范基本完成的时候。

《军人训诫》

竹桥事件后过了将近两个月，即 1878 年 10 月中旬，以山县有朋陆军卿的名义印发了这个行为规范。这就是《军人训诫》。政府终于制定了陆军的法制、规则，但是这些只不过是外部的形式，而内部的精神仍然没有成熟。因此，今后必须同时发展外部的形式和内部的精神。这是制定《军人训诫》的宗旨。

《军人训诫》把忠实、勇敢、服从列为形成军人精神的三大要素。在此基础上，相当具体地列举了各种各样的军人行为规范。例如，除了恭敬"圣上"（天皇）、遵守军队内部等级秩序、尊敬文官、礼貌对待平民、配合警察等内容以外，《训诫》还涉及如何对待部下、与同僚交往等内容。

值得注意的，也许是对服从和不干预政治的规定。首先，关于服从，进行了这样的说明："无论认为上级的命令多么不合理，都必须服从。如果认为命令不合理，在先予服从后，可以按照正当程序进行抗议。不过，抗议时，绝对禁止结党。"

日本陆军这种服从的规定借鉴了法国军队的训练教材。根据佐藤德太郎的研究，这是 19 世纪初拿破仑战争的产物。在拿破仑战争中，战争方式从过去以攻城战为主的阵地战变为运动战，而且在法国革命的过程中全民皆兵制得到实施，因此一场会战投入的兵力规模与以往相比有了重大的飞跃。这样，巧妙调动几个大兵团，在适当的时机把它们集中起来，攻击敌人的弱点，被作为用兵的基本方法。而且，为了做到这一点，要求最高司令的决策贯彻到战场上每个部队的基层，全军按照他的命令，如同手足一样行动。这是因为，如果不这样做，就无法在适当的时机、适当的地点，集中多个大规模兵团。绝对服从命令，正是来源于此。

即使认为命令不合理，也必须首先服从，这样的规定并非日本所特有。本来，服从命令是以战斗为目的的军事组织的本质，也是基本的原理。如果总是怀疑命令是否适当，行动上犹豫不决，那么在战场上必然导致战斗的失败。而几个大规模兵团展开运动战的时候，更是如此。所以，要创建精锐而顺从的军队，服从乃是根本。

问题是这种服从的根据是什么。在封建时代，有身份等级制，武士受主君恩赐，因而具有为主君效劳的观念。但是在创建近代国家军队的时候，必须清除封建意识。

确实，《军人训诫》中说，"今之为军人者，纵非世袭，亦必为武士"，与《征兵告谕》对武士尖刻的批判不同，对武士道精神做了肯定的评价。因此，也可以解释为：征募兵已经逐渐取代士族兵，所以已经没有必要否定封建意识，而是想要拿出以前予以否定的封建的武士道当作服从的根据。

然而，服从在近代军事组织的等级秩序下任命的上级，与服从在封建制下按照身份、门第的主君，两者性质不同。《军人训诫》以武士道中提取、强调的精神要素也是忠勇，也就是忠实和勇敢。它并不是要用武士道直接作为服从的根据。总之，关于服从的根据，也许只能说《军人训诫》尚处于摸索阶段。

不过，军人违反服从的行为，也就是不服从，正如征韩论争中近卫兵的行动和竹桥事件所代表的那样，在现实中，体现为政治行动。这样，政府就会认为，不服从与政治行动，反过来说，服从与不干预政治之间具有某种关联性。

关于不干预政治，《军人训诫》中说，"非议朝政，私议宪法，讥刺（批评）官省之布告诸规等举动，乃与军人之本分相背驰之事"，即使只一人有这样的行为，他人也会纷纷效仿，终至蔑视上级，其弊害不可估量。身为军人，如果对政治确有认真思考之处，以稳妥的方法表达其意也并不难。然而，"喋喋不休，恣意论辩，动辄慷慨时事，倡导民权，以非本分之事自任，为武官而拟处士之横议与书生之狂态，以之自我夸张（妄自尊大）"，本来就是不被允许的。军队也禁止不经规定的程序提出建议。更何况向与军人所管之事无关的官府提出建议，当然应该是严格禁止的。另外，给报纸、杂志匿名投稿，谈论时事，也违背本分。本来，军人在参军之时，都是宣誓拥戴天皇、忠于朝廷的人，所以不能做丝毫有愧于初衷的事。

这里值得注意的是，这些禁止的行为实际上都是发生过的。如前所述，士族出身的军官也许从封建的精英意识出发，会有一些政治言行。而且，政府担心，民权论不仅影响这些军官，还会影响征募兵出身的下士官和士兵。关于竹桥事件，陆军裁判所也曾指出暴动的部分原因是："或有如议征兵之制度，涉民权论者等。"

为什么军人不得干预政治呢？《军人训诫》归因于军人的本分。也就是说，因为军人必须忠于天皇和朝廷，必须尊重上级，服从上级命令。而干预政治是与此军人本分相悖的。另外，军人应该以军事为本职，而不再是封建时代的政治精英，这一点也包含在军人的本分之内。

干预政治

然而，在《军人训诫》颁布以后，军人干预政治的例子并未减少。反而，随着自由民权运动的兴起，还出现了受其影响、对自由民权表示赞同的军人。到了1880年，这样的行为变得尤为显著。

例如，据说大阪镇台的一位伍长①想要让家乡的神奈川人参加开设国会的请愿，写了一篇檄文，送给县令，要求在其管辖地区发布。另外，东京镇台的一位伍长，抗议政府不接受开设国会的请愿，要在宫内省门前

---

① 伍长：日本旧陆军的军衔之一，在军曹之下，兵长之上，是最下级的下士官。

以死相谏。

政府对自由民权运动的影响感到不安，于同年 4 月颁布了《集会条例》。其中包括禁止军人、警察、教师、学生参加集会和结社，讨论政治问题的条款。尽管如此，上述军人参与政治的事件并没有绝迹。反而，这些事件都是在《集会条例》颁布以后发生的。

军人干政最为著名的一个例子，也许是 1881 年 9 月同为陆军中将的鸟尾小弥太、谷干城、三浦梧楼和少将曾我祐准四位将军向天皇上奏，抗议政府出售开拓使①官有资产的事件。这一事件，是所谓"明治十四年政变"的一环。由于此次政变，主张立刻开设国会的大隈重信被罢免了大藏大辅的职务，同时政府撤销了开拓使国有资产的出售，并颁布了 1890 年开设国会的敕谕。

毋庸置疑，四位将军的行为是从武士的伦理观出发的。但是，它也明显属于军人干政的范畴。同一时期，大阪镇台的一位伍长，为了建议开设国会而逃出兵营。广岛镇台的数名士兵也反对出售开拓使官有资产而逃出兵营。不过，据说他们在听到开设国会的敕谕后，都回去自首了。

《军人敕谕》

为了应对这样的事态，政府于 1882 年 1 月颁布了

---

① 开拓使：明治初期负责开拓北海道的机构。1869 年创设，1886 年统一并入北海道厅。

《军人敕谕》。制定《军人敕谕》的契机是军纪的松弛随着自由民权运动进一步恶化。早在两年前，按照山县有朋的指示，西周拟订了《军人敕谕》草案，经过井上毅、福地源一郎等人的修改，完成了最终的方案。值得注意的也许是从 1880 年就开始拟订草案这一点。之所以如此，原因仍然在于政府担心自由民权运动对军队产生影响，而鸟尾小弥太等四位将军的上奏事件，进一步加剧了这种担心。

无论是《军人敕谕》还是《军人训诫》，都是由同一个人起草的，因此使用的逻辑基本相同。不过，二者在语言风格上有相当大的差异。也就是说，刚才所说的《军人训诫》使用了有点晦涩难懂的语言，而《军人敕谕》则相当口语化。也许前者是针对军官的，而后者则注意让普通的士兵也能够理解。

《军人敕谕》最大的特点在于，强调国家军队是天皇的军队。它说，"我国军队世世处于天皇统率之下"，然后翻阅历史，"故朕赖汝等为股肱，汝等仰朕为首领，其亲尤深"，阐述了天皇与军人具有特殊的关系。

此前，《军人训诫》列出了忠实、勇敢、服从三个要素，作为军人的行为规范或者军人精神的要素，而《军人敕谕》则列出了忠节、礼仪、武勇、信义、朴素五个要素。其中，"服从"归于"礼仪"一项。这里出现了一句有名的话："须知下级者承上官之命，实为直接承朕之命义。"这样，把服从的根据归结到了对天皇的忠诚。

由于封建的身份等级制已经解体，因而并不是因为上级在社会身份秩序中比自己高，所以服从。而从西乡隆盛和近卫兵的例子来看，服从于上级个人的人格也不理想。归根结底，无论上级是什么样的人，只要他有命令权，就必须服从他的命令。另外，还必须让"国民"意识尚不成熟、不欢迎兵役的普通士兵们服从命令。

这样，服从的根据唯有天皇的权威。通过效忠天皇，服从天皇的命令，从而使得服从上级具有了绝对性。当时，天皇是具体体现"国家"和"国民"这些新观念的象征。因此，应该说，《军人敕谕》利用天皇这个象征，确立了服从原理。而这个原理是近代国家军队军纪的理论基础。

这件事与军人不干政也是相通的。在《军人敕谕》中，把不干预政治归入了"忠节"这一项。在以"军人应以尽忠为本分"开始的部分，最后有这样一段话："不惑于舆论，不拘于政治，唯有一心一意自守本分之忠节，须知义重于山岳，死轻于鸿毛。"

也有一种看法着眼于此处忠节（忠诚）的对象是国家，而没有明确表示是天皇。但是，也许不必过于重视这个区别。这是因为，如前所述，天皇是"国家"统一的象征，忠于国家被认为与忠于天皇基本上意义相同。而且，《敕谕》反复说，国家军队是天皇的军队。

强调忠于国家或者天皇，具有两个含义。其一，提倡忠于国家或者天皇，而不是忠于藩或者藩主。可以说，通过将忠诚的对象从过去的封建领主，转变为天皇这个国家统一的象征，再次强调军队是国家的军队。在这个意义上，忠于天皇含有近代的信息。

其二，出于对天皇的忠诚而不干预政治。也就是这样一种逻辑：因为效忠天皇，所以军人就应该服从天皇批准的政府政策，不议论它的是非，也不受周围批判政府的影响，为国家献身。参与拟订《敕谕》的井上毅在他起草的意见书中有如下一段论述，这里也使用了基本一样的逻辑。

> 天子乃兵马之元帅，军人乃王室之爪牙，故军人者，专有爱国忠君之义，而无结党议政之权。

另外，参加拟订《军人敕谕》的另外一个人福地源一郎也做了如下阐述，更加明确地说明了《敕谕》的宗旨。

> 无论朝野进行何种政论，无论政治出于何种党羽之手，其政府乃我天皇陛下之政府，其政治乃出自天皇陛下委托宰执之政治，故军人应服从其政府之命令，不分昼夜寒暄（寒暖），为我天皇陛下尽本分之忠节，殊为重要。

总之，对天皇忠诚就要求军人不干预政治。这里也含有《军人敕谕》的近代信息。

福泽谕吉的帝室论

非常有趣的是，福泽谕吉采用了与《军人敕谕》相近的逻辑。在1882年写的《帝室论》中，福泽谕吉对即将开设的国会进行了阐述，指出了这样的危险性：

> 在此唯恐军队支持一方政党之一事。纵令国中控制多数之政党，以一小队士兵，将其解散，逮捕议员，亦甚为易事。我国之军人抱有政治思想者不少，对各政党自生好恶亲疏之情，此时，如政党亦加以利用，则国会非议员之论场，只会是军人之战场。

他所指出的正是军队明目张胆介入政治的危险性。军人中有不少"抱有政治思想者"，说明福泽谕吉观察到，军人中仍然残留色彩浓厚的士族精英意识。那么，应该如何排除军队介入政治，使议会政治得到健康发展呢？福泽谕吉在这里拿出了帝室的存在意义。

> 事既如此，今欲收揽此军人之心，制其运动，必不得不依赖于帝室。帝室远在政治社会之外。军人唯以此帝室为目的而运动。帝室不偏不党，不舍一政党，又不助一党。军人亦与此同。固今之军人，自应从陆海军卿之命而进退，然卿只支配其形

态，司其外面之进退。应知，制内部之精神，收揽其心之引力，独存在于帝室之中心。……唯有帝室之尊严和神圣，政府向帝室奏和、战二议，军人亦见出于其最上之一决亲裁，方始安心，各自之精神恰如帝室之直辖，决意为帝室而进退，为帝室而生死，方可舍命而向战阵。

福泽谕吉认为，效忠于超越政治（在政治社会之外）的天皇，军人就会不介入政治，不具有政治性。就是说，因为效忠天皇，所以军人能够服从天皇所认可的政府方针，在战场上为国家拼命战斗。这里使用的逻辑确实与《军人敕谕》的逻辑是相通的。

《敕谕》的绝对化

我并不是说《军人敕谕》彻头彻尾什么都是近代的。毫无疑问，它所体现的是一种传统的价值观。不过，这里我们需要注意的是，它试图把传统价值和传统象征偷梁换柱，以此传递近代的信息。福泽谕吉之所以使用与《敕谕》同样的逻辑，其目的也在于此。

对《军人敕谕》的这种理解，与我们现在对《敕谕》的一般印象截然不同。一般的印象扼要地说，就是军人把天皇神化，把《敕谕》视为圣典一样加以绝对化。

造成这种印象的，也许是军队的一些情景。例如，一提到"天皇"两个字，军人马上便要立正，而说错

《敕谕》一个字，便会受到毫无道理的个人惩罚。但是，军队出现这样的情景，并不是颁布《军人敕谕》当时，而是此后过了一段时间才开始的。

本来，《军人敕谕》并没有打算神化天皇和把《敕谕》本身绝对化。不过，《敕谕》使用的一些语句后来被误解或者扩大解释，也是事实。

另外，以效忠天皇作为军人服从命令的根据，并以效忠天皇作为军人不干预政治和保持政治中立性的根据，在当时也是无奈之举。而能否以此应付此后社会状况的变化，则另当别论。后来，天皇被神化和《敕谕》被绝对化的一部分原因，恰恰是因为《敕谕》的逻辑跟不上社会状况的变化了。关于这一点，我们将在后面再做探讨。

禁止军人干政的规定

从颁布《军人敕谕》前后开始，日本开始明令禁止军人干政。例如，1881 年 12 月取代《海陆军刑律》而制定的《陆军刑法》和《海军刑法》规定："军人对政事进行上书、建议或者谈论，抑或以文件广泛宣传者，处以一个月以上三年以下轻微监禁。"发生四位将军上奏事件的时候，还没有惩罚的规定，但是制定这部《陆军刑法》以后，这样的行为原则上也开始被视为处罚的对象。

接着，次年 2 月，《府县会规则》修订后规定，现役军人没有选举权和被选举权。在 1889 年 2 月的《众议院议员选举法》中，也否定了军人的选举权和被选举权。

1890 年 7 月，取代《集会条例》而制定了《集会及政治结社法》。该法也与《集会条例》一样，禁止军人参加政治集会和参与政治结社。1900 年 3 月，废除该法而制定的《治安警察法》中也含有同样的规定。

这样，不仅通过《军人训诫》和《军人敕谕》从军人的内在精神抑制了军人干政，而且通过多重法律措施加以严厉禁止。实际上，除此之外，还有一项为了保证军人不干政而制定的制度。这就是统帅权的独立。

统帅权的独立

所谓统帅权独立，即负责作战、用兵的军令机关从政府分离、独立出来，置于天皇的直接指挥之下的一种制度。它始于 1878 年 12 月，参谋本部从太政官（政府）独立出来，成为天皇直属的机关。这是发生竹桥事件同年年底的事。数年后颁布的《军人敕谕》称，"夫兵马之大权，为朕所统，唯其各司，任于臣下，故其大纲由朕亲揽之，而不敢委于臣下"，表明了天皇直接统率军队的想法。

1885 年 12 月，废除太政官制、建立内阁制度时，通过规定内阁职权，明确了内阁总理大臣没有统帅权。1889 年 2 月颁布的《宪法》中，明文规定天皇掌握统帅大权。虽然没有明确承认统帅权独立的条文，但也没有否定的条文，一般视为《宪法》事实上也确认了统帅权的独立。

那么，统帅权究竟为什么独立呢？换句话说，让军令机关（统帅机关）独立于政府的原因是什么呢？

一般都是根据推动设立参谋本部的桂太郎（当时为中佐）的建议和回忆，从西南战争的经验和引入德国军事体制寻找它的原因。确实，人们普遍认为，在西南战争中，政府军不仅在精神方面不如西乡隆盛的军队，而且在战略方面也有明显的缺陷。

例如，当时，被任命为征讨参军的山县有朋和黑田清隆之间围绕作战问题发生了分歧。由于领导二人的征讨总督有栖川宫炽仁亲王不是武官，因此无法有效地把两者联合起来，只得让山县有朋率领的部队和黑田清隆率领的部队各自为战。此外，由于缺少统一的战略指导，部队多次损失惨重。因而，战后，社会强烈要求改善这种战略和作战方面指导不力的状况。

正在这个时候，1878 年 7 月，桂太郎在第二次历时三年派驻德国后回国。根据他的建议，政府采用了德国的军政、军令分开的军事体制。也就是说，采用了陆军卿（后为陆军大臣）主管军政（军事行政）事项，而与陆军卿地位平等的参谋本部长（后为参谋总长）主管军令（作战、用兵）事项的制度。

但是，果真只是这些原因吗？其实还牵涉到政治上的原因。其一是，防止再次出现西乡隆盛。征韩论争的时候，西乡隆盛担任政府首席参议、近卫兵都督（近卫兵司令），而且是陆军中唯一的大将。也就是说，他是政治上的首脑，在军事上地位也最高，是事实上的最高司令。因此，围绕征韩论的政治论争直接波及军队内部，在他下野的时候，当时包括近卫兵在内的常备军都发生了严重的动摇。

所谓防止再次出现西乡隆盛，就是防止出现某一个人既是政府的领导人又是军队的领导人，而掌握军队的指挥权这样的局面，也就是所谓的政权与兵权分离。为此，政府认为，彻底分离政治和军事的功能，分开主管这两个功能的机关，是一种有效的措施。

不过，担任参议的山县有朋曾经从陆军卿平调，就任首任参谋本部长。另外，担任参议和陆军卿的大山岩也临时兼任过参谋本部长。也许这些是过渡性的措施，采用内阁制度以后，一直到太平洋战争时首相兼陆军大臣东条英机兼任参谋总长之前，没有发生过首相或者阁僚兼任参谋本部长的情况。

所谓政权与兵权分离，就是把军队和政治分开，同时也是为了确保军队的政治中立性。在这一点上，应该也有针对当时日益高涨的自由民权运动的预防措施的意义。也就是说，政府从制度上采取了预防措施，这样，即使自由民权派参加政权，其政治影响力也不会通过军令事项直接波及军队。这也是统帅权独立的原因之一。当时就有人认为，设立参谋本部的几个月前发生的竹桥事件受到了民权派的影响，由此来看，针对自由民权运动的预防措施这样一个目的不容忽视。

最后，把军令机关变成天皇直属也许还包含了另一个目的，那就是强化军人对天皇的忠诚。山县有朋在颁布《军人训诫》和《军人敕谕》中发挥了主导作用，他采纳桂太郎的建议，推动了统帅权的独立。这件事让我们想到，几乎处于同一时期的这两项政策有着共同的出发点和目的，而它们与福泽谕吉的想法也有相似之处。至少福泽谕吉对制度化的统帅权独立没有提出批判意见，而似乎持认可的态度。

由此来看，如果说《军人训诫》和《军人敕谕》是要从军人道德或者军人精神这样的内在层面确保军人忠诚于天皇、国家，那么统帅权的独立可以看作意在国家的机构和制度方面达到相同的目的。总之，统帅权的独立不是为了军人介入政治而制定的制度，反而是被期待用以确保军队的政治中立性、保证军人不干预政治的一种制度。

然而，正如梅溪升指出的那样，"制度往往远远超出当初制定的目的而发挥作用"，后来的历史完全证明了这一点。

第二章

成长

走向职业军人的道路

宇垣一成的匿名信

1913 年初夏，陆军省军事课课长宇垣一成大佐因散发《关于陆海军大臣问题》的匿名信，在社会上引起巨大反响，而被降职到地方。当时，在后来称为大正民主的政治体制背景下，政党和舆论批评军部大臣现役武官制（陆海军大臣必须由现役大将或者中将就任的制度）的声调越来越高，当时的山本权兵卫内阁确定了修改这项制度的方针，规定至少预备役将官能够就任军部大臣。但是，宇垣一成大佐强烈谴责这项制度改革。他擅自委托熟悉的新闻记者印刷了一份匿名的意见书，并分发给有关方面。

宇垣一成举出了反对制度改革的四个论据：如果让预备役军人担任军部大臣，①将会形成对于军人来说最为忌讳的党派思想；②有害军事上的发展；③破坏服从命令的关系；④有害神圣的统帅权的作用。首先值得注意的是，这个时候，统帅权独立已经被用作拥护军队既得权益的逻辑。在散发批评政府方针的匿名信这一点上，宇垣一成的行为无疑违反了军人不干政的原则，但是这种行为却被拥护统帅权独立这个逻辑合理化了。

然而，虽然宇垣一成的干预政治和此时统帅权独立的矛盾也值得深思，但是更加值得注意的，也许是用以拥护军部大臣现役武官制的论据本身，尤其是①和②。直截了当地说，这种逻辑清楚地表明了军人（军官）是一个职业的意识。具有军人是一个职业的意识，也可以看作是军人乃至军队成长的一个证据。换句话说，这也是军人乃至军队近代化的证明。

预防党派思想

我们先看一看①和②这两个逻辑的内容。首先，关于①，宇垣做了如下论述。军队应该效忠国家，专注军事，超然置身于舆论之外。现役军人如果被允许干涉政治和干预舆论，不久的将来便会结成党派，依靠实力贯彻自己的思想，甚至将军队卷入政治漩涡之中，使本应保卫国家的军队沦为国内政治斗争的工具。这也正是《军人敕谕》和《陆军刑法》《海军刑法》认为军人干政有害而危险，并加以禁止的原因。然而，由于预备役军人能够自由地加入政党，所以，如果他们能够就任军部大臣，那么热衷于争夺政权的党派关系的人，便有可能掌控军队。这样，党派的思想将会不可避免地从大臣波及部下。最终，军队将被政党的利益和策略所操纵，迎合民意，军人精神也势必走向颓废。

宇垣一成的这种主张值得重视的是，它再次强调了军人不干预政治。当然，从现在的眼光来看，他的不能

图 2-1　宇垣一成（历任陆军大学校长，陆军次官，陆军大臣、朝鲜总督等。一如庵提供）

任用预备役军人担任军部大臣的观点，也许是一种诡辩。因为即使军部大臣是预备役军人或者平民，党派倾向也未必会在军队内部蔓延，这一点看一看英美两国的例子就会明白。恰恰相反，后来的日本历史证明，即使军部大臣是现役军人，也同样有整个军队政治化的危险性。另外，宇垣一成一边大谈特谈不干预政治，一边散发批评政府方针的文件，这也是极为矛盾的。不过，重要的是，即使如此，他在主观上仍然主张不干预政治是军人应有的态度。如果是具有浓厚武士气质的军人，也许不会使用这样的逻辑。所以，可以说，排斥党派、拒绝干预政治，是近代军人的一种特质。

强调专业知识和技能

其次，是②这个逻辑。宇垣一成对此做了如下阐述。本来，军务的范围十分错综复杂，与其他一般行政相比，极其需要专业知识。执行这样的军务，不仅需要在用兵方面具有卓越的见识，而且需要在军事科学方面具有非凡的眼光。此外，军事科学及其应用发展迅速，能够充分理解和把握而担负军政的人，必须是每天直接从事军务、具有军事相关的各种知识和经验、精通实际军事的现役军人。而预备役军人缺乏所需的见识和眼光，这一点必须予以考虑。

这种主张对预备役军人抱有严重的偏见，不得不说是别有用心的观点。不过，宇垣一成有力地说明了军事是一个需要特殊的专业能力和知识的独特领域，而军人是具有这种特殊的专业知识和技能的职业。这一点值得关注。

第二次世界大战后，塞缪尔·亨廷顿开拓了军事和政治的相互关系这一个学术领域，他把军人（军官）规定为与医师、律师等同样的职业。根据他的观点，因为是职业，所以它需要几个必要的条件，其一便是专业知识和技能。所谓专业知识和技能，就是只有通过长期的教育和经验才能获得的理性的和有系统的学识和技能，它通过在专门的高等教育和研究机构学习和研究而获得。例如，医师通过在医学系的教育和医疗现场的经验、律师通过在法学系以及司法进修的教育和法律界的实务，获得专业的知识和技能。军人也是如此，通过在军校的教育和军务，掌握专业的见识和能力（根据亨廷顿的说法，即"暴力的管理"）。

虽然宇垣一成没有这样明确地阐述军人职业化，但是毋庸置疑，他用来反对任用预备役军人为军部大臣的逻辑就是，军务是高度专业化的功能性领域，只有受过高等教育和具有经验的现役军人才能够执行军务。军人的职业化无疑就是近代化，所以宇垣一成阐述的正是职业化的军人，因而是近代化的军人的意识。

毋庸讳言，宇垣一成拥护军部大臣现役武官制的主张充满诡辩，具有浓厚的拥护陆军既得权益的性质。但是，这里使用的逻辑是一种近代化、职业化军人的自我主张。也许也可以说，是近代化、职业化，而且变得傲慢的军人的自我主张。近代化会产生傲慢，这一点我们将在后面加以论述，在这里我们先要确认的是，宇垣一成的主张反映了一般军人乃至军队的近代化。

宇垣一成这种近代化军人意识的产生，与陆军的军官培养机构和在那里进行的士官教育有着密不可分的关系。在这一点上，宇垣一成是陆军士官学校的第一期学生，也并不是偶然的。因而，确认军队近代化的一个重要线索，在于这种士官培养和教育系统的成长和发展。

兵学寮与法式教育

培养陆军军官的教育机构的基础是大村益次郎在大阪设立的兵学寮。原本，1868 年 8 月在京都设立了兵学校（后改为兵学所）作为培养军队干部的机构，次年 7 月迁至大阪，后改称兵学寮。如上所述，大村益次郎的目标是创建一支摆脱身份等级制的国家军队，为了实现全民皆兵制而培养国家军队的干部。

大阪兵学寮要求各藩派出学生，虽然也允许平民入学，但是实际入学的人基本上都是士族。1870 年 4 月，兵学寮设置了青年学堂和幼年学堂。前者是为了军官速成，解决军官不足的问题，后者则是让横滨外语学校（幕府设立的法语学校的后身）的学生转籍，培养将来需要的军队干部。另外，兵学寮附设了教导队，作为培养下士官的机构。1870 年 1 月，开始在位于东京筑地的海军操练所培养海军军官。海军操练所后改称海军兵学寮，接着又改称海军兵学校。

大阪兵学寮（后改称陆军兵学寮），于1872年2月迁往东京，后来分化为陆军士官学校、陆军幼年学校和教导团。当时，德川家设立的沼津兵学校移交给兵学寮管理，在校生全部被编入教导团。这样，陆军干部教育系统初步形成，并逐步建立了体系。

兵学寮专门采用法式教育。这是因为，1870年10月兵部省发出布告，要求海军军制采用英式、陆军军制采用法式。

为什么采用法式？当时正逢普法战争，法国败局已定，为什么要以战败国为范本呢？而且，山县有朋正逐渐成为兵部省实质的领导人，他到欧洲出差调查军制的时候，应该对普鲁士（德国）陆军比法国陆军优秀产生了深刻印象。

我们从原本为什么需要统一军制来思考一下这个问题。当时，还没有御亲兵和镇台。各藩拥有藩兵，幕末以后各自以欧洲各国为范本，尝试军制改革。这些范本各式各样，包括法国、荷兰、英国、普鲁士等国家。政府为了改善这种错综复杂的状况，同时在不久的将来创建国家军队，试图统一军制。海军的英式军制阻力比较小，而陆军的法式军制则遭到了一点阻力。这是因为采用英式军制的萨摩藩迟迟没有服从政府的方针。

关于采用法式军制作为统一军制，已经有人分析了各种各样的原因，而决定性的原因大概是幕末以来的积累和外语问题。也就是说，当时明治政府拥有两个遗产，包括幕府在幕末从法国邀请的军事顾问团的教育和横滨的法语学校。简单地说，当时日本有少量会法语的人，能够通过他们学习法国的军制。与此相反，即使想要引入德国的军制，也会因当时日本会德语的人也极为稀少。

陆军的文明开化

如前所述，横滨外语学校的学生转籍到了兵学寮的幼年学堂，而法国教师也与他们一起转籍到了幼年学堂，此外还有一些法国人作为雇佣外国人，被兵学寮雇用。这样，不仅幼年学堂，而且青年学堂、教导队也实施了法式教育。通过这种法式教育，最早的近代化（文明开化）从兵学寮开始了。

我们从柳生悦子的研究中挑选几个此类近代化的例子。例如，在兵学寮中，禁止佩刀，半强制性地鼓励剪短发。从各藩派遣到兵学寮接受法式教育的士族兵，他们并不是正式的学生，其中有一些人对禁止佩刀感到气愤不平，聚众闹事，然后返回了自己的藩。饭菜供应西餐。海军操练所发生过一件轶事。听说，有人看到盛在西式盘子里的饭，感到愤怒，认为把武士当作猫狗一样对待。

学校制作了军帽、军服，规定外出必须戴帽，下雨也不得打伞。起初，似乎出现了许多不习惯穿鞋的人。

这在后来的普通士兵中也一样。把星期天规定为休息日也是从兵学寮开始的。

柳生悦子的介绍中最为有趣的是，兵学寮引入了新的西方"时间"观念。在江户时代，没有"分"和"秒"这样小单位的时间认识，而兵学寮经常强制遵守以"分"为标准的纪律。这种时间观念和纪律，对于近代的军事行动来说，是必不可少的。而且，这种时间观念和纪律不久通过征兵制，也渗透到了普通士兵中间。进而，它还影响到了工厂、办公室的上班和工作形式。除了时间观念以外，陆军还有不少地方开创了文明开化的先河。在与武器生产密切相关的近代重工业领域，陆海军的工厂发挥了重要的作用，也许是大家比较熟悉的事。此外，据说最早采用三角测量的方法测绘地图是陆军的参谋局（参谋本部的前身），而第一次用西洋乐器演奏西洋音乐的也是军乐队。柳生悦子指出，军队在文化方面的这种主导，是发展中国家在近代化过程中常见的一种模式。

幼年学校

当然，照搬西方的近代化也有走过头的地方。据说，一直到西南战争前后，陆军参拜招魂社（靖国神社的前身）的时候，都用法语口令做天主教式的礼拜。这种做法有点滑稽，似乎确实过于照搬了。英国海军雇佣的外国人在海军兵学寮教学的时候，由于他们建议的课程和日程安排被忠实执行，因此维多利亚女王的生日也被规定为休息日。

前身为幼年学堂的陆军幼年学校，完全实行法式教育，也经常走过头。根据第一期学生、1873 年入学的柴五郎（后成为大将）的回忆，教导主任以下的教官全部是法国人，教学也全部用法语进行。据说，语文、日本历史、品德、练字这些课一概没有，地理、历史基本上都是法国的地理和历史。当然，代数、几何也都用法语授课。训练（操练）也用法语进行，"立正!""齐步走!"这些口令都使用法语。据说，柴五郎由于没有法语的素养，完全跟不上讲课，起初非常吃力。

实施这种完全法式教育的，是前一年应日本政府的邀请来到日本的法国军事顾问团。但是，也许由于过于法式，1875 年改变了教育方式，开始使用日语。当然，也开始教日本国语。

陆军设立幼年学校的一部分原因在于普通的中等教育还不发达，也就是说，是因为还难以从完成普通中等教育的人中间选拔有为青年，培养成初级军官。这样，幼年学校是作为教法语和普通课程的军校开始起步的，因为这两项内容是军事学的基础。起初，费用全部为公费，即学费、伙食费等全部免费。因此，对于家庭贫困、没有教育机会而又想要出人头地的少年来说，幼年学校是成为精英的一条合适的途径。柴五郎就是这样的少年之一。

柴五郎出生于与明治政府为敌的会津藩,明治维新以后,在被移封到的严寒地区(青森县下北半岛)饱尝了生活的各种艰辛。为了实现自己的抱负,他来到东京,但是在生活上却不得不寄人篱下。正在这个时候,他得知幼年学校招生,便去应试,并通过了考试。本来,柴五郎并不想成为军人,也许幼年学校提供的教育机会和出人头地的阶梯,对他是有吸引力的。当然,对于少年的柴五郎来说,免费的伙食(而且是西餐)和休假时的零花钱(饭费)更令他高兴。

这样,在当时尚未确立普通中等教育制度的阶段,幼年学校是一个免费提供与之同等以上教育的唯一的教育机构,因此吸引了像柴五郎这样的有志少年。1880年,除了阵亡军官的子弟以外,幼年学校废除了公费制,而实际上,后来仍然根据学习成绩和家庭的资产状况等条件,允许免除一半或者全额费用。但是,从1896年开始,免除费用的对象改为仅限于死亡军官、官僚子弟。

幼年学校让 10～15 岁的少年入学,教育时间为三年,侧重于外语和普通课程,而军事学、训练等军事教育的比重并不太大。当然,学校采取的是全部寄宿制,通过兵营式的集体生活,培养学生的纪律和军人精神。值得注意的也许是外语的教育。如前所述,起初只是法语,后来增加了德语和俄语,学生可以从这 3 种语言中选择。在幼年学校,没有英语教育。

图 2-2　神前行礼（明治初年，军人在神前行正式的举手礼。据说，是完全模仿法军在天主教堂的礼节。『陆军史谈』）

日中甲午战争后的 1896 年，政府在东京等全国 6
个城市设立了地方幼年学校，学生毕业后升入二年制的
中央幼年学校。这个时候，入学年龄也降低了 2 岁（从
15 岁降到 13 岁），教育时间总共为 5 年。根据设立地
方幼年学校的宗旨，改变制度的原因在于"军人精神非
一朝一夕能够养成，宜自幼少儿童，经多年之涵养熏
陶，遂为第二天成，其素养之深且远，始发扬此精神"。
据说，幼年学校毕业的学生即使在军队中也具有一种独
有的特征。虽然幼年学校不是多么偏重军事学，但是从
13 岁就开始接受培养军人的特殊教育来看，这也是理
所当然的事。

另外，每所地方幼年学校的招生人数为一学年 50
人，6 所学校总共 300 人。虽然陆军士官学校的招生人
数往往变化很大，不能一概而论，但是在它的初期，幼
年学校出身的学生大约占 30%，而在设立地方幼年学
校的日中甲午战争以后，则大约占了一半。

士官学校

如前所述，日本陆军最初承担军官培养的学校是兵
学寮的青年学堂，到 1872 年 4 月停办为止，培养了将
近 500 名接受法式教育的青年军官。他们构成了征兵制
军队创建之初的初级军官的大半部分。

青年学堂停办后，正规的军官培养中断了 3 年左
右，这是因为幼年学校的学生还没有毕业。在此期间，

图 2-3　柴五郎（1859~1945，义和团运动时任清国公使馆武官，表现活跃，闻名世界。后成为陆军大将）

1873 年 10 月设置了临时军官学校，以不正规的形式实施了军官培养，也就是从教导团、各个部队选拔下士官，对他们进行军官教育，同时对无现职军官（没有职务的军官）进行再教育。这样，临时军官学校在停办之前的两年半中，对将近 500 人实施了军官教育。

青年学堂和临时军官学校主要采取各藩分配人数、由各藩派出学生的形式。它们都承担了所谓过渡期的军官培养。当时，还没有建立普通的教育制度，不能够从那里补充人才。但是，从幼年学校这样的直属教育机构补充人才尚需时日，因此必须通过对大多是藩兵（士族）出身的青年学堂和临时军官学校的学生实施法式教育，把他们培养成近代国家军队的军官。许多参加西南战争的小队长、中队长，都接受过这种不正规的速成军官教育的军官。

陆军士官学校于 1875 年正式建校。当时，废除了兵学寮，士官学校与幼年学校一起变为陆军省直属学校。1878 年，校舍在市谷的高地上建成。此后，"市谷"在陆军军人中成为士官学校的代名词。同年 7 月，天皇亲自参加了士官学校的第一次毕业典礼。由此可以看出，国家对士官学校寄予厚望。后来，天皇参加毕业典礼成为惯例，一直延续到战败。

1887 年，士官学校的制度发生了重大的变化。德国军人雅各·梅克尔少校来日本担任陆军大学的教官。按照他的建议，把以前的法式教育转变成了德式教育。

在法式教育下，除了从幼年学校升学者，士官学校的学生都是通过考试，从陆军内部和外部人员中选拔、录取，直接入学，接受侧重自然科学的教育。但是，在新的德式教育下，普通学生（大体上是普通中学毕业程度）通过士官学校的入学考试录取后，必须在指定的联队接受一年的部队教育，然后采取由该联队（原属部队）派遣的形式，进入陆军士官学校，在那里接受一年半的教育。幼年学校毕业的学生，则经过半年的部队教育后，进入陆军士官学校。这是以德国为范本的新方式的主要特点。一般被称为"陆士几期"的人，都是采用新方式后入学的士官学校毕业生。

如前所述，宇垣一成是陆军士官学校的第一期学生。宇垣一成出生于冈山县一个农民家庭，小学毕业后成为代课教师，通过正式教师的资格考试后，成为村小学的校长。在此期间，他看到军队演习，对军人充满向往，于是靠当教师积蓄的资金，来到东京，上了一年作为士官学校预备学校的成城学校。1887年，他通过了士官学校的入学考试。当时，他20岁。对于宇垣一成这样的地方少年来说，军人精英的道路也许非常有吸引力。与宇垣一成同一期的白川义则、铃木庄六，也是小学教师出身，后来3人都成为大将。白川义则和铃木庄六是从教导团进入士官学校的。

毫无疑问，新方式的重点在于在原属部队的部队教育。在进入士官学校前的部队教育中，学生会经历士兵、下士官的工作（不过，享受与士兵不同的特殊待遇）。这种工作经历被认为在将来担任指挥官职务时会发挥作用。另外，也要从士官学校毕业后，作为实习军官在原属部队从事部队工作，获得联队军官会议的批准，才可任命为少尉。其目的是，让军官团担负军官培养教育的一部分工作，从而增强军官团的一体感和连带感。

虽然后来在部队教育时间和士官学校在校时间上有所改动，但是这种方式一直到战败为止基本上没有变化（1920年撤销中央幼年学校、设立士官学校预科以后，变为幼年学校毕业生和普通中学毕业生全部首先进入预科，然后经过部队教育，再升入本科的升学路线）。另外，海军兵学校没有安排部队教育这项内容。其他领域的精英培养也没有采用这种方式的例子。因此，这可以说是陆军独特的干部培养方式。

对于这种新的德国方式，有人批评从过去以理论为主改为以实际技术为主，从重视广泛的普通教育转变成偏重军事的技术教育。也有人指出，其结果是制造出了缺乏普通常识、千篇一律的军官。不过，暂且不论后者的批评，采用德国方式之前的教育内容是否重视普通教育，还是一个疑问。在采用法国方式教育的时期，似乎除了军事课程以外，确实设置了相当多的普通课程，但是大半是作为军事科学基础的自然科学，未必就是我们今天所说的重视普通教育。毕竟当时都是以法国的军官学校教育为范本的。

采用德国方式以后，除了外语以外，基本上都是与军事有关的科目，如战术学、战争史、军制学、兵器学、射击学、筑城学、交通学、地形学、马学、卫生学等。当时认为，作为军事课程基础的普通课程，在幼年学校的教育已经大体上足够了。虽然有一段时间对中学教育（尤其是数学教育）的水平有过担心，但是从1900年前后开始，已经不再有这方面的担心。所以，中学教育的内容经过充实以后，已经能够满足士官学校的要求。另外，从中央幼年学校的课程来看，也有讲授自然科学以外的普通课程（伦理、国文与汉文、历史、地理、逻辑等）。

因此，并不是从法国方式转变为德国方式带来了军官教育的千篇一律和军官的缺乏常识，它们与法式、德式并没有什么关系，而应该视为职业化的结果。如果重视军人的专业知识和技能，想让他们在军校掌握这些专业知识和技能，那么千篇一律和缺乏常识可以说是不可避免地会产生的一个弊病。产生这种弊病，也是军队近代化或者职业化衍生的消极作用之一。

另外，在外语方面，幼年学校毕业的学生从法语、德语、俄语3种语言中选修一种外语，普通中学毕业的学生则从英语和汉语中选修一种外语。这种选修外语的不同，与因毕业学校不同而产生了气质差异一起，似乎对他们毕业后所走的路线产生了微妙的影响。

同期生

士官学校是培养陆军军官的唯一的正规教育机构，它的毕业生当然原则上全部被任命为军官，在陆军供职。不用说，士官学校包括学费在内的费用都是全免的。不过，除了军人和官僚的遗孤以外，幼年学校是收费的，当然初中也收费。因此，贫困家庭的子弟成为陆军军官也许相当困难。然而，与从初中升到高中、大学相比，上军校能够减轻经济负担。正如广田照幸指出的那样，上军校、成为军官是比较便宜的一条精英道路。

如前所述，士官学校的招生人数并不是固定不变的。从采用德式教育后的毕业生人数来看，在日中甲午战争之前，多的时候，也只是略微超过200人，而日中甲午战争以后，超过了600人。除了日俄战争爆发时大量录取的时期以外，到大正时期（1912~1926）的前半期为止，招生人数基本上在500~800人。

总之，在一个学年中数百名青少年抱着同样的志向，在全寄宿制下一起生活，度过他们多愁善感的年纪，因而同期生之间，自然会产生一种强烈的连带感。但是，他们在毕业后，全都从事陆军军官这一职业，所以作为未来的陆军精英，相互之间的竞争也十分激烈。用高桥正卫的话来说，所谓同期生，有着矛盾的一面，他们既是最亲密的人生伙伴，同时也是最激烈的竞争对手。

关于军校，最为值得一提的是教官与学生的关系。尤其是负责指导日常生活的军人教官与学生，在学生毕业后也经常继续保持密切的联系，军人教官对学生的人事、工作分配等各个方面产生影响。这一点，不仅是士官学校，幼年学校和陆军大学的教官与学生的关系，也是如此。例如，宇垣一成在陆军大学时期的教官冈市之助就任陆军次官时，提拔宇垣一成为陆军省军事课课长。如前所述，宇垣一成由于匿名信事件而被降职以后，随着冈市之助就任陆军大臣，便再次被召回，担任军事课课长。如果说这种人际关系往往在毕业后仍然具有重要意义的话，那么可以说陆军精英的世界非常狭小和封闭。

陆军大学

谈到陆军的精英，还有陆军军官的职业化，不能忽视陆军大学。

陆军大学是为了培养参谋军官而设立的，它开办于1883年。幼年学校和士官学校直属陆军省，而陆军大学直属参谋本部，这当然起因于它的设立目的。

西南战争的经验令明治政府痛感到参谋军官的必要性。前面我已经指出，西南战争中在战略、作战指导方面的缺陷是战后参谋本部独立的直接原因，而这一原因也完全对应参谋军官的必要性。

本来，对于战略性的部队运用，当时所谓的高等统帅还没有充分的理解。在战争中，往往因只顾武士的名誉和英勇无畏，而付出了无谓的代价和牺牲。为了减少这种不必要的成本和牺牲，进而综合运用步兵、炮兵、工兵、骑兵、辎重兵等各兵种，指挥大部队，不仅需要指挥官个人具有卓越的能力，而且需要优秀的参谋人员加以辅佐。这一点已经明白无疑。

起初，为此而设立的陆军大学与其他军校一样，实行法式教育。据说，学校重视技术教育，完全就像士官学校的高等科①。这种教育内容在1885年陆军邀请梅克尔少校来日本担任陆军大学教官以后，发生了根本的变化。

梅克尔的教育具有划时代意义的一点，是他的教学方法。他让学生设定一定的状况（假想），在假想条件下，让学生们充分讨论应该如何用兵，从而锻炼他们的思考能力和判断能力。另外，他率领学生到地方，不仅仅在地图上，而且根据实际的地形，给他们讲授用兵的方法（野外战术、实地战术）。在最后一学年毕业之前，作为实地战术的扩大版，实施一次长达大约三周的参谋演习旅行。

作为专业科目，学校重视战术和战争史，除了与士官学校一样的军事学高级课程之外，还讲授财政经济学、公法、国法、历史学、数学、地学等普通课程。外

---

① 高等科：日本旧制国民学校初等科以后再继续两年的课程。

语采用选修制，可以从德、法、俄、英、中5种语言中任选一种。之所以加入英语和汉语这两种语言，是为了照顾初中毕业进入士官学校的学生。

起初，报考资格规定为30岁以下的中尉和少尉，后来改为具有两年以上队务经验的中尉和少尉，而且需要所属联队队长的推荐。这里，原属部队军官团的评价也十分重要。陆军大学是陆军的最高学府，必须从这里毕业才能担任重要职务，这种前提条件形成人事惯例以后，入学考试便变成了名副其实的难关，合格率只有10%左右。

学习时间为3年，因此学生在30岁左右。与士官学校一样，天皇参加陆军大学的毕业典礼，并给成绩优等的学生赏赐望远镜（后改为军刀）。招生人数在1887年以后一学年为20人，甲午战争以后增加到50人。

陆军大学教育的功与过

日本战败以后，对陆军大学的教育有各种各样的批评。例如，梅克尔引入的教学法让学生们养成了为讨论而讨论的习惯，培养出了空谈军人。虽然在所给的假想条件下进行思考和决策的训练非常充分，但是学生自己不会设定假想条件，缺少自己独创的想法。另外，教育的内容以战术为中心，轻视兵站（补给、运输）和战争指导，因此助长了作战优先的战略思想。

还有这样的批评。即，起初，提出学校的目的是培养参谋，后来除了参谋以外，把培养高级指挥官也作为目标，进而，甚至不再明确学校应该培养的对象，因此，教育目的含糊不清，经常发生陆军大学应该培养的是参谋还是高级指挥官这样的混乱。正因如此，出现了一些参谋军官只因为自己毕业于陆军大学，身为一介参谋，却假充指挥官，对自己本应辅佐的指挥官妄加评论。也就是说，所谓"以下犯上""参谋统帅"（本来没有指挥权的参谋瞧不起指挥官，实质上指挥部队）的现象，与陆军大学的教育不无关系。

此外，还有"天保钱"的问题。所谓"天保钱"，是表示陆军大学毕业的一种徽章，因形状像天保钱，因而这样称呼。本来，它是引入法军的习惯，代表参谋军官，但不久便成为军人精英中之精英的象征，也成为"臭不可闻的精英"的代名词。总之，陆军出现了陆军大学毕业的精英垄断参谋本部和陆军省的要职，并轻视在现场部队努力进行士兵训练和教育的部队军官的倾向。

这些批评也许都有一定的道理。但是，如果不论教育内容方面的批评，那么有许多批评针对的都是陆军大学设立以后过了相当长时间的状况。关于教育内容的批评，也应该说是对陆军大学没有能够随后来的环境变化而充分适应和发展的批评。

因此，在这里，我们首先应该重视的也许是，作为制度，陆军已经基本建立了从幼年学校到士官学校，再到大学这样一套完整的干部教育体系。也就是说，陆军初步确立了军事职业的培养体系。

对最新的先进军事知识的渴望，并不仅限于陆军大学这一个地方。陆军还把陆军大学中梅克尔与学生的一问一答印刷、出版，供所有军官学习。梅克尔还接受有关军制的各种咨询，并且每周一次给陆军省和参谋本部的主要军官进行课外授课。与针对学生的实地战术一样，梅克尔实施了以培训陆军高官和高级指挥官为目的的参谋演习旅行，帮助他们提高战术、战略上的能力。梅克尔的教育热情自不必说，当时军官们贪婪地学习新知识的态度，也值得关注。

《陆军大学条例》于 1887 年修订时，规定陆军大学是教授"高等兵学"的地方，进而在 1901 年的修订中，规定"陆军大学是选拔有才干之少壮军官，令修有关高等用兵之学术，并增进军事研究须要之诸科学识的地方"。由此看来，陆军以陆军大学为最高学府，整个组织为磨砺专业知识和技能付出了巨大的努力。

兵学研究团体

关注军人提高专业知识和技能，不只是政府的事。军人们中间，也自主组织了兵学研究团体，掀起了学习新军事知识的浪潮。例如，月曜会、炮工共同会、骑兵学会、会计学会、兽医学会等，便是如此。也有人说，这是年轻军官试图用新知识来对抗经历了明治维新内乱以来的实战的老军官。而梅克尔的到来，对此起到了推波助澜的作用。

其中，1881 年 11 位有志青年一起成立的月曜会，在 1884 年会员超过了 50 人，到 1887 年竟然发展到拥有将近 1700 名会员。据说，当时优秀的少壮军人大多数加入了月曜会。然而，1889 年月曜会被大山岩陆军大臣下令解散。后来，与其他的兵学研究团体一起被偕行社吸收、合并。后者是 1877 年政府创立的一个军官亲善研究团体。

这就是所谓的月曜会事件。那么，到底为什么月曜会被解散了呢？仅从军官培养体系来看，似乎看不出什么原因。这里，必须将目光转向陆军的整个组织。

防卫国土

海主陆从

日本以对外危机为契机开始了明治维新。由于幕府没有能处理好黑船来航①后日本面临的对外危机，

---

① 黑船来航：1853 年美国海军准将马休·佩里率领舰队驶入江户湾浦贺海面的事件。

因而统治的正统性发生动摇，最终导致了倒幕运动。

在处理对外危机中，明治政府首先必须解决的是所谓海防问题。即，防备西方列强从海上侵略日本的可能性。为此，必须建设一支能够击退外敌的海军。在明治政府向明治初年的立法机构（议政官、集议院）进行咨询的时候，许多意见都认为，海军建设是当务之急。

各藩的代表主张海军建设应优先于陆军，有其相应的原因。他们认为，各藩都有藩兵，因此陆军兵力已经足够了。而海军，从幕府继承的舰船加上各藩拥有的舰船，数量也微不足道。他们提出，建造舰船需要巨额费用，各藩没有财政能力建设海军，因此海军建设才是中央政府当前的任务。这样，政府内外对海军建设达成了一致认识。当时，多使用"海陆军"这样的说法，充分说明了海军优先的考虑。

然而，现实并没有朝着海军优先的方向发展。首先，当时的明治政府没有足够的财政能力建设需要的海军。仅仅创建政府直属的军队，镇压农民暴动和士族叛乱，政府已经竭尽了全力。在西南战争中，耗费了 4000 多万日元的战争经费（1876 年的财政支出不足 6000 万日元），使国家财政更加捉襟见肘。这样，虽然有海军优先的想法，但由于在现实中维持国内治安乃是迫在眉睫的问题，所以实际上政府还是优先建设了陆军（作为国家军队的政府直属军

队）。不久，1872年"海陆军"这个用语便改成了
"陆海军"。

另外，在幕末时期曾经被认为紧迫的西方侵略的威
胁，未必马上变成现实——这样的对客观情况的认识在
社会上比较普遍。因此，海军建设是燃眉之急的想法，
至少在一段时间内有所减弱。另外，与朝鲜之间的紧张
状态，虽然在国内一度掀起了征韩论争，但随着1876
年《日朝修好条规》签订而趋于缓和。这也减弱了海
军建设的紧迫性。

兵权与征税权

这里，我们回顾一下维新以来明治政府中军事与财
政的关系。在明治初年的政府财政支出中，戊辰战争的
军费占了较大的比重，仅靠租税收入已经无法维持。通
过发行不兑换纸币①，才好歹渡过了难关。当时，租税
大半是地税（地租），政府能够征收地税的直辖地只有
原来幕府的领地和戊辰战争后没收的东北地区各藩的领
地。用米谷收获量来说，为800多万石，占全国的大约
1/4。也就是说，明治政府在维新以后，必须依靠这些
租税收入统治全国。在政府直辖地实行强制征税，经常
遭到农民反抗，也正是这个原因。

---

① 不兑换纸币：政府和中央银行发行的不能兑换成黄金或白银等
　正币的纸币。

表 2-1 军费的变化（1868～1875）

单位：100 万日元

	第1期（1867.12~1868.12）	第2期（1869.1~1869.9）	第3期（1869.10~1870.9）	第4期（1870.10~1871.9）	第5期（1871.10~1872.12）	第6期（1873.1~1873.12）	第7期（1874.1~1874.12）	第8期（1875.1~1875.6）
财政收入合计	33.09	34.44	20.96	22.14	50.45	85.51	73.45	86.32
租税	3.29	4.45	9.41	12.95	21.93	65.08	65.55	76.53
发行纸币	24.04	23.96	5.36	2.15	17.83	—	—	—
财政支出合计	30.51	20.88	20.11	20.24	57.73	62.68	82.27	66.13
行政费	3.30	5.25	7.45	6.66	13.69	17.69	17.55	10.13
俸禄	0.55	1.76	2.74	4.23	16.12	18.18	26.61	27.10
军费	4.74	3.96	2.95	3.35	9.57	9.77	13.65	12.26
军费占财政支出的百分比（%）	15.54	18.97	14.67	16.55	16.58	15.59	16.59	18.54

注：军费占财政收入的百分之十几。俸禄费用在第4期以后超过了军费，这一点值得注意。

资料来源：井上光贞等编「日本历史大系4 近代Ⅰ」，山川出版社。

政府通过废藩置县，统一了兵权和征税权，从而实现了中央集权，奠定了近代国家的基础。结果，租税收入增加了，但是，由于统治地区也相应扩大，因此经费也随之增加。如前所述，支付旧士族的俸禄，当时成为政府相当沉重的一个负担。另外，随着设置御亲兵和镇台，军事费用也有所增加。为了削减财政支出，政府不得不废除士族和华族的世袭俸禄，同时，为了稳定财政收入，不得不实行地租改革。从这一点也能够理解政府采取这两项改革措施的必要性。

　　与此同时，通过征兵制征召的现役兵，限制在比较少的数量，原因之一也在于此。政府必须从外国购买武器、军舰，推动各种军事设施的建设，而且，为了镇压抵制改革的士族和反对地租改革的农民发动的暴动，支出的经费也有所增加。

表 2 – 2　陆军兵员的变化（1871～1877）

单位：人

年　份	人　数
1871	14249
1872	17096
1873	16071
1874	31626
1875	27333
1876	33602
1877	33544

注：不含政府机关、学校的军人、学生以及将官。
资料来源：生田惇『日本陆军史』、教育社。

到 1875 年为止，军费一直占国家财政支出的百分之十几。这是战前日本军费占比最小的时期。尽管谁都认为海军建设是当务之急，叫喊富国强兵的口号，但是政府的财政状况捉襟见肘，除了军事以外，还有堆积如山的问题需要处理。

军事预算的重点放在陆军的建设上。这是为了防止明治维新各项改革的实施引起国内动荡和维持治安。虽然 1873 年改设了 6 个镇台，但是在西南战争以前，除了军官和军校学生以外的陆军常备兵力只有 3 万多人。所以，西南战争暴露出了兵力不足的问题，这一点我们在前面已经提到。

是外征还是防卫？

这样的军费趋势，一直到 1882 年为止，基本上没有发生变化。当时，由于通货膨胀越来越严重，所以军费实质上大幅减少。虽然现役官兵的数量在西南战争以后也逐渐增加，但并没有迅速增加。明治政府经历了西南战争，以后没有发生过大规模的士族武装叛乱。虽然像秩父事件①那样，为了镇压自由民权运动过激化的暴动，政府出动了宪兵和镇台兵，但也只是短时间的小规模军事行动。这样，西南战争以后，陆军的性质逐渐发生了变化，即从以镇压国内暴动和叛乱为主要任务的维持治安，

---

① 秩父事件：1884 年秩父地方发生的农民武装起义事件。

转变为以防止外来威胁为主要任务的国土防卫。

　　然而，从19世纪80年代中叶开始，这种倾向出现了变化。例如，军费在1883年以后，开始超过财政支出的20%。1888年，日本政府废除了以前的镇台制，采用了师团制。镇台的任务是负责维护一定地区的治安，而师团则具有高度的机动性，因此，采用师团制多被解释为，日本军队转变成了旨在向亚洲大陆扩张的外征军的组织改编。

表2－3　现役陆军军人、军队职员人数（1875～1903）

单位：人

年　份	人　数
1875	33906
1876	39412
1877	40859
1878	42017
1879	43116
1880	42315
1881	43382
1882	45815
1883	47065
1884	49659
1885	54011
1886	56971
1887	64306
1888	81799
1889	81178
1890	71099

年　份	人　数
1891	71183
1892	72237
1893	73963
1896	123913
1897	144180
1898	132666
1899	140906
1900	137654
1901	181608
1902	187516
1903	191653

注：1876~1882 年为截至 6 月底的数据，其他为截至 12 月底的数据。1880~1887 年不含约 1 万人的在乡现役兵。1900 年不含出征镇压义和团运动的 1 个师团的官兵。

缺 1894、1895 年数据，原书如此。——译者注

资料来源：永井和「人員統計を通じてみた明治期日本陸軍」『富山大学教養部紀要』。

确实，当时的对外状况似乎也印证了这样的解释。以 1882 年 7 月朝鲜壬午兵变和 1884 年 12 月甲申政变等为契机，日本与清国围绕朝鲜半岛发生了严重的对立。因此，有人认为，1883 年以后军费增加也意味着以大陆作战为假想而进行的军备扩张。

但是，这样的解释也许只能算是从甲午战争的结果反过来推断的一种看法。至少，19 世纪 80 年代的日本军队无论如何还不具备在大陆作战的能力。虽然日本和清朝发生冲突的可能性无疑促使日本进行了扩

表 2 - 4　军费的变化（1875～1893）

一般会计财政支出决算

单位：千日元，%

年　份	财政支出总额（A）	军费（B）	军费占比（B/A）	陆军经费（C）	陆军经费占比（C/A）	海军经费（D）	海军经费占比（D/A）
1875	69203	9786	14.1	6960	10.1	2826	4.1
1876	59309	10330	17.4	6905	11.6	3425	5.8
1877	48428	9203	19.0	6036	12.5	3168	6.5
1878	60941	9230	15.2	6409	10.5	2821	4.6
1879	60318	11196	18.6	8057	13.4	3139	5.2
1880	63141	11973	19.0	8557	13.6	3416	5.4
1881	71460	11509	16.1	8248	11.5	3261	4.6
1882	73481	12171	16.6	8761	11.9	3410	4.6
1883	83107	17502	21.1	10442	12.6	7060	8.5
1884	76663	17346	22.6	10979	14.3	6367	8.3

年份	财政支出总额(A)	军费(B)	军费占比(B/A)	陆军经费(C)	陆军经费占比(C/A)	海军经费(D)	海军经费占比(D/A)
1885	61115	14988	24.5	9654	15.8	5334	8.7
1886	83224	20693	24.9	11802	14.2	8891	10.7
1887	79453	22316	28.1	12498	15.7	9818	12.4
1888	81504	22705	27.9	12895	15.8	9810	12.0
1889	79714	23449	29.4	14126	17.7	9323	11.7
1890	82125	25688	31.3	15533	18.9	10155	12.4
1891	83556	23682	28.3	14180	17.0	9502	11.4
1892	76735	23468	30.6	14635	19.1	8833	11.5
1893	84582	22822	27.0	14721	17.4	8101	9.6

注：数值全部为四舍五入，因此合计金额有时候不吻合。
资料来源：海軍歷史保存会编『日本海軍史』第七卷，第一法则出版。

军，但是，最初日清朝战争是以海军力量占有优势的清朝入侵日本为前提来考虑的。当时，清国海军拥有从德国购买的"定远""镇远"两艘最新税的战舰。作为日本来说，为了防止清国入侵，必须建设能够与之抗衡的海军力量。据说，当时梅克尔指导的参谋演习旅行，主要设定即是对敌人的登陆部队进行反击。1890 年春季首次实施的陆海军联合大演习的"假想"，便是以伏击敌人的入侵、登陆部队为目的的"国土防卫"。

1883 年以后，年度军费开始超过财政支出的 20%，呈现出显著的军备扩张倾向，尤其是海军年度经费在 1882 年之前不到陆军经费的一半，但从下一年度开始大幅增加。可见，当时日本以清国为假想敌国，增强军备，以防备其威胁。

确实，1883 年以后军费增加在于以清朝为假想敌而扩充了军备。这一点尤其充分体现在海军经费上。1883 年度的海军经费增长到上一年度的将近两倍。另外，日本与清国的对立再一次凸显了海防的重要性。1885 年 4 月，政府设置了以陆海军首脑为成员的国防会议，其主要目的是，在军队的最高层面实现有关海防等国土防卫的陆海军联合和协调作战。不过，这个国防会议没有开展任何活动，便于次年 12 月取消了。

陆军的军备计划，除了随着改编为师团而进行的部队扩充以外，重点主要放在修筑海岸炮台和要塞。由于在一般预算的范围内无法筹措修建炮台的经费，因此，

1887 年以天皇的赏赐为启动资金，从全国的富豪那里处筹集了 200 多万日元的献金。

采用师团制

由此来看，军队改编为师团制，也不能完全从假想在大陆作战的观点来加以理解。例如，桑田悦指出，1878 年年末设置参谋本部和监军本部（检阅和军令实施机构）以来，日本一直尝试应急应战体制，而采用师团制则标志着这种体制的确立。设置监军本部时的设想是，发生重大事件时，镇台变为旅团，镇台司令长官变为旅团司令长官，两个旅团组成一个师团，东部、中部、西部的监军部长分别成为师团司令长官。当时，平时设有 6 个镇台，所以预定在战时变为 6 个旅团（3 个师团）。而在此之前从来没有预先确定过战时的编制和司令官。

日清矛盾激化以后，陆军计划扩充军备，使战时兵力达到 20 万人。1885 年 5 月修订后的《镇台条例》规定，镇台司令官（以前的镇台司令长官）在战时成为师团长，监军（以前的监军部长）成为率领 2 个师团的军团长。镇台过去被预定为战时的旅团，此时被升格为师团。战时编制扩大了，平时编制也相应地不断扩充。次年，监军被取消，1888 年 5 月终于开始采用师团制（镇台制被废除），改为平时设 6 个师团（1891 年近卫兵也改编为师团，变为共 7 个师团）。

从这个发展过程来看，师团并非是因为日本与清朝围绕朝鲜发生矛盾而突然组建的，而是在此之前，早已有战时编成师团的计划。它也是陆军作为防卫国土的军队，建设应急应战体制、让军队编制近代化的一环。

师团首先是作为防卫国土的战力编成来考虑的。也就是说，为了敌人来袭时能马上赶到入侵地点、击退敌人，需要常设具有强大战力和机动力的师团。当时陆军考虑，如果在军事要地修筑炮台，完善电信和铁路网，便能够把师团调动到入侵地点，击退敌人的登陆部队。

这个时候，参谋本部提出了铁路国有化。他们认为，为了把兵力迅速集中到敌人的入侵地点，需要铺设纵贯本州的干线和将它连接到师团驻地的支线。而且，为了防止敌人用舰炮射击，铁路应该经过远离海岸的内陆地区。由于这样的铁路在收益上可能不划算，因此必须由国家建设和运营，而不能由民间来承担。政府采纳了陆军的意见，于1891年12月向议会提交了《私设铁路收购法案》，但是遭到议会否决。

当然，如果说完全没有考虑大陆作战，也并非如此。到了19世纪90年代，在陆军内部开始逐渐占据上风的是攻入敌地、追求胜利的攻势战略主张，而非以往防备敌人袭击的守势战略。因此，在本土防卫的基础上，陆军对大陆作战也开始进行认真的研究，以便让师团具有在大陆作战上也完全适用的机动力和战力。这一

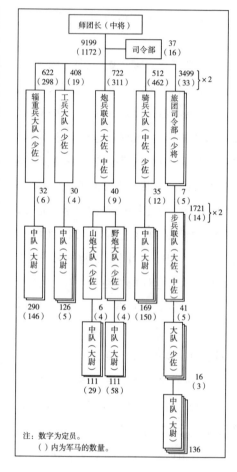

図2–4　師団平时编制（1890。生田惇『日本陸軍史』、教育社）

師団長（中将）
9199（1172）
司令部　37（16）

622（298）　輜重兵大队（少佐）
408（19）　工兵大队（少佐）
722（311）　炮兵联队（大佐、中佐）
512（462）　骑兵大队（中佐、少佐）
3499（33）}×2　旅団司令部（少将）

32（6）　中队（大尉）
30（4）　中队（大尉）
40（9）　山炮大队（少佐）／野炮大队（少佐）
35（12）　中队（大尉）
7（5）　1721（14）}×2　步兵联队（大佐、中佐）

290（146）
126（5）
6（4）　中队（大尉）／6（4）　中队（大尉）
169（150）
41（5）　大队（少佐）

111（29）／111（58）

16（3）　中队（大尉）

136

注：数字为定员。
（ ）内为军马的数量。

点是毫无疑问的。

不过，由于对海军力量没有足够自信，所以防备清国来袭的本土防卫问题，依然不容忽视。另外，采取攻势战略的时候，如何把几个师团的庞大兵力运到大陆，这样的海上运输能力也是一个问题。也就是说，当时还不能完全采取攻势战略。

总而言之，我们不能认为，日本军队采用师团制仅仅是为了向大陆扩张（外征）。它本来的目的是，把以往维持治安的军队转变为防御外敌、防卫国土的军队。从这样的角度来看，不仅是采用师团制，19世纪80年代陆军的各种制度改革也可以看作是军队近代化和成长的过程。

军制改革

这个时期的军制改革，也是颁布宪法、开设议会这两项重大变革之前对整个政治制度进行修改和改革的一部分。1884年2月，为了研究欧洲的军事制度，时任陆军卿的大山岩带领十几人组成的视察团从横滨出发，大约时隔一年后方才回国。陆军卿一年不在国内，似乎有些异常。但是，如果考虑到岩仓使团[①]和伊藤博文到欧洲进行宪政调查的情况，也许这在当时并不是什么特别

①　岩仓使团：日本新政府为了全面改革和修改不平等条约，决定派出岩仓具视带领的使团出使西洋。岩仓使团于1871年12月23日从横滨起航，总共访问了欧美12个国家，历时1年10个月。

的事情。

这个视察团中，有三浦梧楼、川上操六、桂太郎等人。川上操六和桂太郎是这个时期军制改革的核心人物。视察团最初的成果就是雇佣梅克尔，而正式开始实行军制改革则是在视察团回国，梅克尔来到日本以后。

首先，1885 年 12 月，日本实行内阁制度以后，如前所述，军令事项不再由内阁总理大臣掌管，从法律上确认了统帅权的独立。此外，上述的采用师团制、教育体系的改革（开办陆军大学、实行士官候补生制度）等，也是这个时期军制改革的一部分。

这种军制改革一般被视为从法国方式向德国方式的转变。这里经常被赋予从"民主的"法国方式向"专制的"德国方式的转变这样的含义。确实，梅克尔的建议受到了政府的重视，这是毫无疑问的，而且很多改革是以德国为范本的。不过，我们还要注意到，德国的军事体制当时是世界上最先进的。即使法国，在普法战争失败以后，也开始模仿德国的先进之处。

因此，尽管看上去是从法国方式向德国方式的转变，但未必就是抛弃法国方式，完全改变成德国方式。也许应该这么看：明治政府在渡过了维新后的混乱时期，重新考虑军队未来的发展方向，想要引入更加合理、更加适合日本的军事体制的时候，最终在诸多方面采用了德国方式。

另外，尽管经过了法国大革命，但是法国的军事制度是否都是民主的，也是一个疑问。日本最早的《征兵令》忠实地模仿了法国。确实，法国采用的是军政、军令一体化的方式，政府控制军令（统帅）机构。而毋庸置疑，日本的统帅权独立（军政、军令分离）是向德国学习的。不过，我们应该注意到，这是在所谓从法国方式向德国方式转变时期之前发生的。如果考虑到围绕统帅权独立的各种情况，便会懂得，它无非是因为德国正好有符合当时陆军领导人目标的制度，而并不是基于从法国方式全面转变为德国方式的设想才实行了这一制度。

总之，把这个时期的军制改革视为从法国方式转变为德国方式的模式，过于简单。另外，也不能只从旨在建设外征军的改革这个观点来理解这个问题。这种军制改革，还有作为军事组织近代化和成长之一环的一面。《征兵令》的改革也是其中之一。

《征兵令》的修订

1873 年 1 月制定的《征兵令》，在甲午战争之前进行了三次重大的修订。即①1879 年 10 月修订；②1883 年 12 月修订；③1889 年 1 月修订。

最为引人注目的，也许是免除兵役制度的变化。如前所述，主要的免除兵役对象包括体格不良的人、罪犯、户主及其嗣子、养嗣子、规定学校的学生和毕业生、官吏、缴纳替代金的人等，其中，"残疾人"

和罪犯为取消兵役（其他免除兵役的人，有可能在战时征召，但这二者是终生免除兵役，可以说不承认兵役的"权利"）（第一次修订）。关于替代金，在第一次修订的时候，还设有缴纳135日元（以前的替代金的一半）只免除平时兵役这样的规定，但在第二次修订时，缴纳替代金免除兵役的规定全部废除了。这样，优待富人的一面有了相当大的改变。

在第二次修订的时候，其他免除兵役制度也被废除，采用了延期制度。简单地说，也就是除了战时以外，都改为延期征召。实质上，延期和免除兵役在结果上几乎没有不同。但是，在第三次修订的时候，延期制度这种特例最终也废除了。除了初中以上的在校学生在毕业之前适用延期征召以外，此前的延期征召被全部取消。

修订《征兵令》的目的在于减少社会的不公平，防止逃避征兵。进入扩充军备期以后，增加常备兵力的需要也推动了《征兵令》的修订。免除兵役制度的变化，充分反映了这些事态逐渐压过对"家"制度的照顾这一过程。被免除兵役的嗣子和养嗣子，其父亲的年龄在第一次修订时被限定为50岁以上。这样，以嗣子和养嗣子为由而免除兵役的人从十几万人减少到了几万人，相当于减少到了大约1/3。在第二次修订时，取消了免除兵役，而改为延期征召，但是嗣子和养嗣子父亲的年龄进一步被限定为60岁以上，从而使得钻法律的空子逃避兵役增加了难度。接着，在第三次修订的时候，延期制度也终于废除了。这样，利用免除兵役制度和延期制度逃避兵役的现象减少了。但是，逃跑失踪、不接受征兵体检的人依然不少。19世纪八九十年代，逃跑失踪者每年多达数千人。

在《征兵令》的修订中最值得一提的是，第二次修订时，引入了所谓的一年志愿兵制度。这项制度规定：国立、府立、县立学校（初中程度）的毕业生，志愿服兵役且自己负担伙食费和被服费等经费者，可服一年现役。据说，当时的目的是培养需要一定知识的看护兵。

在第三次修订时，这种一年志愿兵制度被用作了预备役的干部培养制度。即，初中（包括私立在内）毕业、经费自理者，让其接受一年的特殊教育，根据成绩，确定为预备役的军官或者下士官。梅克尔在日本时提交的意见书，似乎对这个修订内容产生了影响。梅克尔批评说，战时不仅需要大量的士兵，而且需要动员许多的预备役军官，但是日本的《征兵令》却延期征召本来应该成为预备役军官的有知识者。

这样，政府在采用面向战时的师团制的同时，开始正式培养战时动员所需的预备役军官。不过，这项制度还具有优待经济条件优越者的一面。当时，只有经济上有余裕的家庭的子弟才上得起初中。而自己负担一年兵役的经费，对于贫困的家庭来说非常困难。

而且，一年志愿兵在被任命为军官时，必须自己购买军服、装备，这也不是一件容易的事。因此，一年志愿兵制度作为富人的特权，遭到了普通士兵的妒忌和憎恨。

表 2-5　兵役制度（陆军，1887）

兵役分类		服役年限	服役分类
常备兵役	现役	3 年	对象是征兵体检合格，作为现役兵征召者
	预备役	4 年	对象是服完现役者。演习、战时、发生暴乱时，有应召的义务
后备兵役		5 年	对象是服完预备役者。战时、发生暴乱时，有应召的义务
国民兵役		17~40 岁	对象是服完后备兵役者和不服其他兵役者。战时、发生暴乱时，组建成国民军，充当其人员，担当守卫国内的任务

注：（1）1895 年预备役延长至 4 年零 4 个月，1904 年后备兵役延长至 10 年，1927 年现役变为 2 年时，预备役变为 5 年零 4 个月。

（2）1895 年设补充兵役。所谓补充兵役，是适合现役的人中没有征召者服补充兵役，平时应召参加训练，战时和发生暴乱时，补充常备兵和后备兵。服役时间起初为 7 年零 4 个月，1904 年变为 12 年零 4 个月，1939 年延长至 17 年零 4 个月。

（3）随着补充兵役的设置，国民兵役被分为两个部分。服完后备兵役者和作为补充兵接受训练并服完补充兵役者，服第一国民兵役；除免除兵役的人外，没有服其他兵役的人，服第二国民兵役。因此，男子到了 17 岁，基本上都被编入第二国民兵役。

对高学历的人给予特例，也许未必能说只是一种优待。这是因为，政府的目的是把他们培养成预备役军官，有效地利用他们的知识和能力。陆军对优待富人这样的批评十分敏感。在第三次修订时，附加了延期征召贫困人员的规定，这也可以说具有安抚这种批评的。

《征兵令》对教员也设有特例。在第一次修订时，教员被作为免除兵役的对象。在第二次修订时，适用延期征召。而在第三次修订时，被作为引入的短期现役制度的对象。这项制度针对师范学校毕业者（教员），使用公费让其服短期兵役（最初规定为 6 个月，但未实施，不久缩短为 6 周）。不言而喻，其目的在于让教员的军队经验反映在初等教育中。

另外，第三次修订时，规定了针对为免除兵役而逃跑、伤害身体、故意生病的人的刑罚。同时，还规定将优先征召这样的人。然而，这里产生了一个矛盾。本来，兵役不仅是国民的神圣义务，而且也被当作权利和荣誉。但是，这个荣誉和权利却被当作了对逃避征兵的惩罚。

修订后的《征兵令》仍然有矛盾，包含一些有利于经济条件优越的人的规定。但不能否认，从整体来看，这些修订使得《征兵令》更加接近于全民皆兵的理念。虽然它还不完美，但是它已经是一部更合理化了的法律，这一点也毋庸置疑。在这次修订以后，《征兵令》一直到大约 40 年后的 1927 年为止，基本上都没有发生变化。另外，最值得重视的是，它当时是适应扩充军备的需要，建立应急应战体制的一环。

军备论争

虽然仍然没有杜绝逃避征兵，但是通过使法律更加合理，征兵制逐渐为民众所接受。征兵制之所以能够得到贯彻，是因为它对日本的近代化做出了贡献。例如，正如前面已经指出的那样，新的时间观念和按照它制定的各项纪律，对近代的工作方式的普及做出了贡献。在建立普通教育制度之前，征兵制对普通教育、技术教育也起了不小的作用。通过军队生活和在军队中受到的教育，士兵们还开始意识到了自己归属的国家。研究日本军队近代化的罗杰·哈斯科特认为，通过征兵制，士兵们习得了适合近代化的态度和行动模式，在这个意义上，军队成为促进近代化的一个主要原因或者媒体。

但是，对于士兵个人来说，征兵充其量是一个不受欢迎的"好意"。一旦征兵体检合格，按照当时的制度，就要开始漫长的兵役，包括现役3年、预备役4年、后备兵役5年，总共12年。对于被征召的人来说，无疑是一个坏签。因为是坏签，所以陆军尽量取消优待措施，力求负担的公平化。借用加藤阳子的话来说，这是因为，"通过负担公平化，消除了人们的不满、厌恶和忌妒"。

不过，缓解人们对征兵的不满和厌恶，还有另一个方法。那就是减轻负担，也就是缩短兵役时间，尤其是缩短现役时间。即使在陆军内部，也有军人主张缩短兵役。三浦梧楼中将便是如此。

三浦梧楼的军备构想被称为"护乡军"构想。他的主张出发点在于如何应对入侵敌人的登陆。三浦梧楼如下阐述自己的观点。陆地运输比舰艇在海上的移动缓慢，因此即使察觉到敌人来袭，迅速把反击部队输送到敌人的登陆地点、击退敌人，也比较困难。因此，为了防备敌人入侵，必须平时就在预想的地区布置必要的兵力。不过，如果那样，所需要的兵力会增加，经费也会变得庞大。因此，可以在需要的地区部署经过一年现役训练的"护乡军"，平时让其自谋生计，战时把他们召集起来。如果采取这样的方式，既节省经费，还可能比现在增加更多的兵员。

持有这种主张的三浦梧楼与推进军制改革的桂太郎、川上操六等人之间，产生了几点分歧。首先，关于兵役时间，三浦梧楼认为，可以现役一年，但桂太郎和川上操六等人主张，从欧洲各国的现状来看，甚至三年现役还短。三浦梧楼的"护乡军"实质上是所谓的民兵，因此他缩短兵役的主张是以民兵构想为基础的，而推进师团制的桂太郎和川上操六对民兵构想本身是完全排斥的。

其次，关于国土防卫，也有争论。这是因为，三浦梧楼主张通过"护乡军"实行固定的防御，而桂太郎和川上操六等人则设想通过师团实行机动的防御。而且也可以看作，前者站在纯粹守势战略的立场，而后者已经在设想攻势战略。桂和川上等认为，如果只是防御敌军来袭，保持局外中立，那么只是二等国家；为了成为一等国家，需要大大地炫耀武力，并在国家危急的时候诉诸武力，不受外侮，"培养能够征服他国的军队"。当时的日本能否称得上二等国家还值得怀疑，但是可以说，将来的目标已经不单纯是国土防卫，而是放在保持能够与西方列强争夺亚洲霸权的军事力量上。

桂太郎、川上操六等人并非已有攻势战略的具体作战计划。但是，他们与三浦梧楼之间就陆军未来的蓝图或者说陆军的前景发生了根本的对立。两者的这种落差导致 1886 年陆军内部的争论（"陆军分议"）。这也成为月曜会事件的背景。

陆军内部的争论

围绕《检阅条例》和《武官晋级条例》的修订，陆军内部发生了争论。推动修订的是陆军大臣大山岩中将、桂太郎少将（陆军省总务局局长，1886 年 3 月起任陆军次官）、川上操六少将（参谋本部次长，1886 年 3 月起任近卫步兵旅团长）。反对派的核心人物是曾我祐准中将（仙台镇台司令官，1886 年 3 月起任参谋本部次长）、三浦梧楼中将（东京镇台司令官）。

《检阅条例》的修订，是撤销作为检阅和军令实施

图2-5 三浦梧楼（1847~1926。长州藩奇
兵队出身。参加西南战争时，任旅团司令长
官。担任朝鲜公使时期，因涉嫌参与暗杀朝
鲜王妃闵妃事件而受到审判。无罪）

机构的监军部（监军本部的后身）以后进行的一项工作。如前所述，原来预定在战时三位监军成为军团长，但是，梅克尔提出，日本采用师团编制就足够了，不需要军团。陆军采纳了他的建议，确定了取消监军部的方针。这是因为陆军认为梅克尔的建议非常合理，与在欧洲大陆作战不同，为了国土防卫，以守势作战为原则的日本陆军不需要军团。在推动军备扩充时，也需要撤销不必要、不急需的组织和机构，以节减经费。

取消监军部以后，由陆军大臣命令镇台司令官进行检阅（实地检查部队的教育成果和训练程度）的工作。但是，曾我祐准、三浦梧楼反对称，这样会不当地增加陆军大臣的权限，而且，镇台司令官检阅自己的部下，会碍于情面而变得随意。

《晋级条例》的修订略微复杂一些。本来，军官的晋级分为两种情况。其一，按照称为退休簿的名册，根据资格，进行晋升（"年功序列①"方式）；其二，提拔优秀人才进行晋升。后者是优先提拔考试（审查考试）成绩好的人。据说，审查考试中还包括数学考试，也有人因成绩不好而长期没有晋升的机会。

为了对这样的情况采取措施，在撤销监军部、检阅方式发生变化，进行《晋级条例》的修订时，规定尉

---

① 年功序列：日本的雇佣惯例，把学历、年龄、连续工作年限等作为晋升和提薪的主要判定标准，重视长年工作者的资历与成绩。

官的晋级不按照考试成绩的顺序，而是按照考试合格的人的资格顺序。这种方式有可能对当时已经达到中尉、少尉级别的士官学校毕业的军官产生相对不利的影响。这是因为，如果不按照成绩顺序，那么将对学习能力差而工作时间长的老军官有利。所以，士官学校毕业的少壮军官，理所当然地会批评这样的修订，而曾我祐准、三浦梧楼则代替他们表示不满。他们反对称，这样的修订阻碍优秀人才的提拔，与军人的职业化背道而驰。

由于1886年7月大山岩陆军大臣提交这两个条例修订案以后，参谋本部长有栖川宫炽仁亲王和参谋本部次长曾我祐准表示了强烈反对，陆军内部的争论走向公开化。据说，天皇也赞同反对派的意见。在首相伊藤博文的调停下，两周以后反对派最终让步。这样，争论终于平息下来，但是陆军内部明显出现了很深的裂痕。

月曜会事件

那么，下面我们就要谈到月曜会事件。为什么月曜会被解散？陆军内部的争论与月曜会事件有什么样的关系呢？

首先，也许是月曜会的活动引起了桂太郎、川上操六等构成陆军主流派的军人们的反感。例如，乃木希典和川上操六在一份联名的报告书中这样说道：

> 下级后进的军官努力广泛了解外国的新鲜之

事，胡乱评论其利害得失，又有何益？也许反而不尽军人本分之职务，批评我军之法令、规则，即"我陆军之大元帅天皇陛下之命令"，扰乱军纪，自污军官之名誉。为了预防此恶弊，可指导其专念于取得实际工作成绩，令其没有多余之空闲，明确不以"纸上谈兵"作为人事标准的方针。如此，便无付出无益之努力、阅读有害之书籍的空闲。

总之，他们认为，少壮军官作为职业军人，努力提高知识和技能是欢迎的，但不宜偏离轨道、批评上级。卖弄从书本上获得的新知识，轻视实际工作，不是正确的态度。如果指责上级只是依靠实战经验、缺乏专业知识和技能，进而还批评现行规则的话，那么，将有可能对作为军队秩序根本的服从命令关系产生不良的影响，甚至关系到军纪。

但是，少壮军官们的批评和不满也是有根据的。确实，有不少老资格的军官，他们拥有明治维新以来的实战经验，摆出一副往年的武士架子，既不认真学习不断进步的军事科学，也不积极投入演习。而且，据说，这种老资格的军官，许多出生于明治维新时期的强藩。因此，聚集到月曜会研究军事学的少壮军官的活动，往往带有批判藩阀①的色彩。

月曜会为了进一步加强作为集团的影响力，开始接

———————

① 藩阀：明治初期，出生于同一个藩的人在政府部门内结成的派阀。

近军队高层中的非主流派，试图利用他们的力量。所谓非主流派，即曾我祐准、三浦梧楼等人。少壮军官与曾我祐准、三浦梧楼等人的合作，从反对《晋级条例》的修订中可见一斑。曾我祐准、三浦梧楼等人对少壮军官们研究军事学表示理解，在批评藩阀这一点上，两者也是一致的。

山县有朋、大山岩、桂太郎、川上操六或者儿玉源太郎这些主流派，并非不承认军事学研究和专业知识技能的重要性。据说，桂太郎、儿玉源太郎甚至还曾经是月曜会的会员。而且，学习最新的德国军事科学，征求梅克尔的意见并推动军制改革、推进陆军近代化的，正是他们。但是，月曜会的活动引起了主流派的警惕和反感。

这是因为，三浦梧楼在国土防卫方面提出了与师团制背道而驰的"护乡军"设想，主张缩短兵役，在陆军未来的发展方向上也表明了与主流派完全不同的观点。因而，月曜会接近非主流派，也就被视作赞同这种不同异质的防卫国土构想和发展方向。而且，三浦梧楼、曾我祐准是与谷干城、鸟尾小弥太一同发起四将军上奏事件的当事人，这4人可以说以前就是政治上的同志。因此，主流派害怕月曜会也会由于与非主流派合作而带有这样的政治性。

如此，月曜会被强迫解散。1888年春季，月曜会被建议与偕行社合并，在其拒绝后，许多人相继脱会。1889年2月，被陆军大臣命令解散。"陆军分议"刚结束，曾我祐准、三浦梧楼即因拒绝调职而被免除职务，与鸟尾小弥太一起于1888年12月被编入预备役。次年，谷干城因激烈批评政府推动的条约修订，也被编入预备役。四将军不仅是陆军中的非主流派，在明治政府内也是非主流派。政府警惕他们的政治性波及军队，也有这个原因。

另外，有人认为，四将军与主流派的对立也是法国派与德国派之间的一场争斗。确实，谷干城、鸟尾小弥太、曾我祐准以前身居与法国军事顾问团直接接触的职位，无疑受到他们许多影响。而且，三浦梧楼、谷干城也确实对陆军简单模仿德国军事制度进行过批评。但是，尽管如此，并不能说他们与所谓的德国派相比，更加开明或者更加进步。他们也没有曾批评统帅权独立的迹象，只是主张专注于国土防卫，无论是对军队转变为外征军，还是对扩充军备，都持消极态度。

事件的历史意义

通过解散月曜会，明治政府防止了四将军的政治性对陆军内部的浸透。陆军内部没有了关于陆军的发展路线和国土防卫构想的争论，至少争论的舞台转移到了陆军的外部。这是因为非主流派的核心人物被编入预备役，离开了陆军。这样，对军队的人事和规则的批评被压制了，军队内部的秩序和军纪得以维持。

在陆军内部，以山县有朋为首的主流派掌握了不可

图 2-6　偕行社 [照片为 1880 年在位于东京九段的招魂社
(后来的靖国神社)附近修建的办公楼。石黑敬章提供]

动摇的权力，在一段时期内，没有出现挑战这种权力的势力。在山县有朋的庇护下，桂太郎、川上操六、儿玉源太郎等人开始大力推动军事制度改革。因此，高级军官由藩阀人脉占据的倾向仍然没有变化。

然而，解散月曜会在防止军队内部秩序动摇的同时，也扼杀了军官团大胆独创的思想和研究的萌芽。偕行社实质上是一个御用机关，并不是开展自主、独创的军事学研究的场所。它的机关杂志《偕行社记事》除了讲解军队方针和规则以外，只刊登军队公认的主张。

前面我们介绍的亨廷顿认为，作为一项职业的必要条件，除了专业的知识技能以外，还有社会责任和团体性。他说，职业发挥着社会必不可少的功能，而军人（军官）的职业就是保障社会的军事安全。军人对保障社会的军事安全负有义务和责任，并且只为此运用自己的专业知识和技能（暴力的管理）。所谓团体性，意味着由于共同的专业知识技能和社会责任，在相同职业的成员之间产生一体感。基于这种一体感，各种职业组成团体，制定和维持专业知识技能的标准、规定履行社会责任时的行为伦理。医师有医师会，律师有律师会，便是这样的例子。

军人的这种职业团体就是军官团。也就是说，军官团的重要作用就在于制定暴力的管理这种专业知识技能的标准，规定和维持军事性安全保障这种社会责任所要求的特殊的行为伦理。因此，军官团是否发挥了制定和维持能力标准和行为伦理的作用，就是军人职业化、近代化的判断标准。

如前所述，日本陆军的军官团直接参与了士官候补生或者见习士官的教育。少尉的任命也需要军官团（联队军官会议）的批准。另外，中尉和少尉的提拔晋级，也由所属联队的军官团长（联队长）具体实施。因此，可以说，通过对少壮军官的教育和对人事的干预，军官团对制定和维持军人的行为伦理和能力标准发挥了重要作用。可以认为，在这个意义上，军官团反映了日本军队的职业化和近代化。

但是，至少在解散月曜会以后，在少壮军官的教育和人事上，并不鼓励具有独创性的、不同性质的思想和研究。熟悉公认的方针、规则、教范，以及与军官团的氛围保持一致，成为评价的标准。也许应该说，面对新的状况和问题时，军队不能灵活而有创造性地应对，其原因之一便在于此。

对外战争

近代化的证明

日本军队在成长过程中，与被称为大国的国家进行了两场战争，并取得了胜利。不用说，这就是甲午战争

（1894～1895）和日俄战争（1904～1905）。不能否认，这两场战争的胜利是作为军事组织的日本军队成长和近代化的证明。

确实，清国已经呈现出衰败末期的症状，其军队除了一部分以外，也难以称得上是近代化的军队。但是，清国拥有的总兵力是日本的大约4倍，在敌人的土地上打败4倍于自己的敌人，具有不小的意义。

另外，日俄战争是在中国东北的土地上进行的，远离俄国的中心，在兵站以及兵员运输方面，难免对俄国不利，因而俄国没有能够把全部兵力转向远东。日本与俄国运到远东的军队拼死作战，最终战胜了俄国军队。也许说没有战败比战胜更为准确。如果战争拖延，便会胜负难料。后来，被称为"陆军鬼才"的石原莞尔把日俄战争的胜利称为"侥幸"，等于说捡了一场胜利，这样说比较接近实际的情况。

但是，即使如此，日本军队战胜了欧洲一流的军队，至少没有战败，或者说双方势均力敌，这个事实无可否认。如果日本军队没有实现近代化，也许就不可能与俄国军队势均力敌。倘若说战场直接考验一支军队作为军事组织的能力的话，那么，无论是怎样的险胜，都不能不视为其能力的证明。日俄战争中日本军队攻陷奉天（今沈阳）的1905年3月10日，在战后成为陆军纪念日。而在日本海海战中获得胜利的1905年5月27日，则成为海军纪念日。这两个纪念日充分说明，对于日本军来说，日俄战争的胜利具有何等重大的意义。

两场战争的对比

甲午战争和日俄战争经常一起并称，但实际上这两场战争的性质和规模有相当大的不同。

首先，在甲午战争中，日本陆军动员的兵力大约为24万，如果当时的人口按4181万人来计算，动员率为0.57%。其中，出征人数为17.4万，只要把常设的7个师团从平时编制过渡到战时编制，便能够应对（通过征召预备役，战时定额人员达平时定额人员的将近2倍）。虽然在战争结束之前，将北海道的屯田兵①编成了临时师团，但是，如果把它作为例外的话，实质上没有增加师团的数量，也就是没有必要征召未训练兵（没有接受过现役兵训练的士兵）。

而在日俄战争中，动员兵力大约为109万，因为国内人口是4722万，所以动员率为2.31%。出征人数为94.5万。除了常设的13个师团以外，在战时还新设了4个师团。当然，只靠现役兵和预备役兵是不够的，不得不征召年龄大的后备役兵及其他未训练兵，这样的兵员数达65万余人。之所以说日俄战争的胜利是一场险胜，是因为日本兵员的动员已经接近极限。

---

① 屯田兵：为北海道的警备和开发组建的民兵，在开拓使次官黑田清隆的建议下设立于1873年。他们平时以经营农业为主，同时执行军务。

图 2-7 甲午战争（从广岛宇品港出发，开往旅顺的第二
军。每日新闻社提供）

其次，我们看一看阵亡人数。整个甲午战争期间，日本陆军的阵亡人数（包括伤亡、病亡的人员）大约为 1.3 万人，而其中八成是在大陆的战斗结束之后发生的。即，占领台湾的阵亡人数超过了 1 万人。而且，大半是死于疾病，可见台湾水土环境是多么恶劣。病死的原因包括痢疾、疟疾、霍乱，还有脚气。由此也可以看出，当时日本军队的卫生医疗体制是如何落后。

而在大陆战斗中阵亡者不到 3000 人，不到整体的二成，这与西南战争中官军的阵亡人数 6000 人相比，是相当少的。而出兵台湾（1874）的官兵大约为 4000 人，阵亡人数不到 600 人，但其中 98% 死于疾病。义和团运动（1900）的时候，日本派出了大约 3 万人的军队，1300 人阵亡，其中，900 多人死于疾病。

在日俄战争中，日本陆军的阵亡人数大约为 8.4 万人，其中，2.3 万人左右死于疾病。病死的原因多为伤寒、脚气、痢疾。可见，日本军队的卫生医疗体制仍不健全。

正如旅顺 203 高地的激战和辽阳会战、奉天会战所代表的那样，无论在物资上还是人员上，日俄战争都是一场大规模的消耗战。甚至据说在旅顺最让俄军苦恼的，竟是日军官兵的尸体散发出的尸臭。在辽阳会战中，日军投入了大约 12.7 万人的总兵力，伤亡 1.7 万

图 2-8　日俄战争（炮击 203 高地的第三军。每日新闻社
提供）

人（其中，阵亡5000人）。在奉天会战中，日军投入了大约24.6万人，伤亡为5.1万人（其中，阵亡1.6万人）。在军官中，中尉、少尉这些低级军官的损耗最大，因此日军决定用一年志愿兵制度下的预备役军官进行补充，但是在奉天会战以后，也快要用尽了。由此可见兵力损耗是多么大，而且兵力补充是多么困难。正是付出了如此巨大的牺牲，才最终获得了所谓的日俄战争的胜利。

两场战争的不同还体现在战争费用上。按临时军事费用的支出来看，甲午战争的战争费用大约为2亿日元。战争前的1893年的财政支出（一般会计决算支出，下同）为8500万日元左右，所以两年多的国家财政支出规模被用作战争费用。不过，在甲午战争中没有采用外债和增税，而是用国内公债和赔偿金抵偿了大部分的战争费用。

而日俄战争的战争费用，加上临时军事费用和各省的临时事件费用的支出，超过了17亿日元。战前的财政支出最多的是1900年的2.9亿日元，因此战争费用相当于将近6年的国家财政支出。为了筹措战争费用，政府旅行了增税，进而新设继承税，扩大烟草、盐的专卖制度，谋求增加收入。但是，即使如此仍然不够，于是发行了6.2亿日元国内公债，又靠外债筹措了6.9亿日元。可以说，日俄战争耗尽了当时日本的全部国力。

战争的棘爪效应[①]

布鲁斯·波特研究了 15 世纪以来 500 年中欧洲发生的战争与国家形成的关系。他列举了战争对国家的效应或者作用。例如，战争会扩大政府的财政规模，在财政和人员上使政府发生膨胀。进而，波特还指出了战争的棘爪（防止齿轮后退的棘轮）效应。按照他的观点，由于战争而膨胀的国家财政和税收规模，虽然在战后要缩小一些，但是绝不会回到战前的水平。他解释说，其原因是，人们平时不会接受的增税，在战时或者对外关系紧张的时候就会接受，而它会作为既成事实在战后遗留下来。

我们可以认为，不会倒退到战前水平的这种棘爪效应对日本财政规模的膨胀也起了作用。在甲午战争以后，国家财政支出没有回到战前的水平，在 1896 年达到了 1893 年的 2 倍，进而在下一年度突破了 2 亿日元，到日俄战争以前，如前所述，已经达到了 2.9 亿日元。接着，在日俄战争后的 1907 年至 1916 年的十年间，均高达五六亿日元。

我们看一下军费的情况。1893 年度的军费支出金额为 2300 万日元，1896 年度猛增到了 7300 万日元，达到

---

① 棘爪效应：即使在经济衰退时，消费者也很难降低过去最高收入时的消费水平，这样便会支撑景气，即起到制止经济衰退的棘爪作用。

表 2-6 军费的变化 (1896~1916)

一般会计财政支出决算

单位：千日元，%

年份	财政支出总额 (A)	军费 (B)	军费占比 (B/A)	陆军经费 (C)	陆军经费占比 (C/A)	海军经费 (D)	海军经费占比 (D/A)
1896	168857	73248	43.4	53243	31.5	20006	11.8
1897	223679	110543	49.4	60148	26.9	50395	22.5
1898	219758	112428	51.2	53898	24.5	58530	26.6
1899	254166	114213	44.9	52551	20.7	61662	24.3
1900	292750	133113	45.5	74838	25.6	58275	19.9
1901	266857	102361	38.4	58382	21.9	43979	16.5
1902	289227	85768	29.7	49442	17.1	36326	12.6
1903	249596	83002	33.3	46885	18.8	36118	14.5
1907	602401	198316	32.9	126044	20.9	72272	12.0
1908	636361	213384	33.5	141805	22.3	71578	11.2

年份	财政支出总额(A)	军费(B)	军费占比(B/A)	陆军经费(C)	陆军经费占比(C/A)	海军经费(D)	海军经费占比(D/A)
1909	532894	177212	33.3	106166	19.9	71046	13.3
1910	569154	185164	32.5	101324	17.8	83841	14.7
1911	585735	205464	35.1	105000	17.9	100464	17.2
1912	593596	199611	33.6	104125	17.5	95485	16.1
1913	573634	191886	33.5	95440	16.6	96446	16.8
1914	648420	170960	26.4	87700	13.5	83260	12.8
1915	583270	182168	31.2	97791	16.8	84377	14.5
1916	590795	211438	35.8	94813	16.0	116625	19.7

注：表中省略了战时特别会计额占比大的1904～1906年度。数值全部为四舍五入。数值合计金额有时候不吻合。

19世纪90年代后半期的军事超过财政支出的四成，充分反映了甲午战争后"卧薪尝胆"的现实状况。日俄战争以后，军费基本上一直占国家财政支出的1/3。尤其值得注意的是，陆军经费和海军经费差距缩小，有些年度的海军经费超过了陆军经费。由于无畏号战列舰的出现而掀起的海军造舰竞赛，导致了海军经费的增加。

资料来源：海军历史保存会编『日本海军史』第七卷，第一法则出版。

1893 年度的将近 3 倍。1897 年度则超过了 1.1 亿日元，而日俄战争前军费最高的 1900 年达到 1.3 亿日元。日俄战争后的 1907～1916 年度，军费为 2 亿日元左右。

当然，日本经济规模不断扩大，国家财政的规模也会随之扩大。另外，甲午战争以后，由于遭到 3 国干涉的冲击，在"卧薪尝胆"的口号下，日本拼命扩张军备，这种情况也不容轻视。即便如此，如果比较一下甲午战争前与日俄战争后的军费，那么仅仅过了大约 15 年，日本的军费便陡增了大约 8 倍。

总之，即使在战争结束以后，与总体的国家财政一样，军费也没有回到战前的水平。可以说，在军费方面，棘爪效应也发挥了作用。

战争的统合作用

作为战争的效应，波特还列举了如下作用。首先，在战争中，对抗敌人会缓和国内矛盾，促进统一。在战争过程中，会加强国民向国家的统合。也就是说，国家干预人们生活的程度增大，人们与国家的关系也会加深。人们被国家动员，接受战时的教育，培养伙伴意识和归属意识，增强作为国民的一体感。此时，会强调战争后方的平等，而整个社会则趋于平均化。作为对战争的合作或者为战争付出的牺牲的补偿，政府将在战后推动社会改革。

在这些作用中，尤其值得关注的是战争的统合作用。特别是在甲午战争中，正如桧山幸夫指出的那样，通过战争塑造了"国民"。也就是说，国家在强制每个人为了战争而承受各种负担和牺牲的过程中，要求每个人履行作为"国民"的义务，做出他们的贡献。与此同时，人们同样在战争的过程中，会时常意识到国家和军队，增强自己是其一员的认识。这样，人们的"国民"意识便会根植下来。略微夸张地说，这个时候，日本终于变成了一个"国民国家"。

在战争的统合作用中，天皇扮演了重要的角色。明治天皇对日清开战持消极态度，据说，他曾经说过"这不是朕的战争"。但是，不久之后，天皇便与大本营一起搬到了广岛。本来，所谓大本营，意思就是指挥打仗的君主的营帐。而且，广岛是出征部队开往大陆时出发的地点。天皇与大本营移驻广岛让国民产生了一种强烈的天皇亲征的印象。

在广岛期间，天皇的居室不设卧室。睡觉的时候，整理桌椅，搭床而卧。据说，这是因为明治天皇自己希望与前线的官兵体验相同的生活。除了就寝时以外，天皇一直穿着军装。这样，天皇就成为一个领导国民、率领全军作战的君主。天皇作为大元帅的姿态、作为作战的君主的形象，第一次明确地灌输给了国民。

天皇与军队

国家的军队宣誓效忠天皇，处于天皇的直接统率之下，不仅仅体现于《军人敕谕》和统帅权的独立。且也通过各式各样的仪式和活动加深了这种印象。

最典型的例子是天皇的阅兵式。据说，阅兵式始于1870年正月在宫中举行的、被称为军神祭的活动，大约4000名官兵参加了检阅。这次活动后来成为惯例，从1872开始称为"陆军始"。1873年3月，天皇剪发，同年6月规定了天皇的军服。正如飞鸟井雅道指出的那样，君主着军服，其实是模仿欧洲。它是日本西方化、近代化的一部分。

除了"陆军始"以外，在天长节①或者颁布宪法这样的国家庆祝活动的时候，也举行阅兵式。另外，纪念战胜的阅兵式最为壮大。通过阅兵，天皇将自己作为最高指挥官的形象深深铭刻在参阅官兵的心目中，官兵得以目睹他们所效忠的对象的具体形象。

天皇还出席军队的演习。例如，1870年4月，在东京驹场野举行了天览大操练（演习）。当时，还没有组建御亲兵，来自各藩的37名士兵参加了演习。组编御亲兵、设置镇台以后，天皇还曾经亲自指挥演习。也许

① 天长节：日本天皇诞辰的节日。1868年制定。第二次世界大战后改称天皇诞生日。

他是想模仿欧洲的君主，展示亲率军队的一种姿态。1873 年 4 月，喜欢骑马的天皇率领近卫兵行幸习志野，统监（监督整个演习，裁定对抗部队的胜负）了军队的对抗演习。虽然他后来没有再亲自指挥演习，但是有不少亲临演习的例子。如前所述，1890 年 3 月，在爱知县半田町举行了第一次陆海军联合大演习。尽管当时下着雨，天皇还是统监了这次演习。虽然联合大演习仅此一次，后来陆海军开始分别举行特别大演习，但是描绘陆军大演习的锦绘①中仍然突出地画有天皇骑马的肖像。

除此之外，作为国家军队统帅的天皇经常出现的场合是军校毕业典礼。从 1878 年陆军士官学校士官候补生第一期学生毕业典礼和 1885 年陆军大学第一期学生毕业典礼开始，天皇参加典礼，并给优等毕业生赏赐纪念品，成为惯例。天皇参加军校以外的毕业典礼的，只有帝国大学（后来的东京大学）。这展示了国家对未来的文武官员精英的期待，而军校的场合，同时还是象征天皇与军人（军官）的牢固纽带的一个机会。

最能体现天皇与军人之间密切关系的，是亲授军旗仪式。所谓军旗，指的是天皇授予步兵联队和骑兵联队的联队旗。这种仪式始于 1874 年 1 月天皇授予近卫步兵第一联

---

① 锦绘：多色印刷的浮世绘版画的称谓，由铃木春信始创于 1765 年前后。

队和第二联队军旗。根据大原康男的研究，从军旗的制定中也可看到法国的重要影响。本来，军旗应该是代表作为战斗基本单位的联队的团结，但是加入了天皇亲授的仪式因素，便被赋予了独特的尊严。

赋予军旗尊严的，并不仅仅是日本。在法国，军旗也是国家与国家军队的一种象征。而在日本，通过天皇亲授这种方式，军旗又成为国家军队的最高统帅、军人效忠的最终对象——天皇的象征。

恐怕，朴素的天皇崇拜与这种物神化有关。须山幸雄针对明治时期的天皇崇拜指出，明治政府想要向民众灌输，天皇作为天照大神的直系子孙是"现人神"这种思想。而民众按照自古以来的民俗信仰，顺从地接受了。它可以说接近于朴素的"活神"信仰。可以说，因为它是"活神"天皇直接授予的军旗，因而被赋予了独特的神圣性。

日本军队在军旗飘扬的时候，会勇敢顽强地战斗。不能否认，许多官兵被军旗再次唤起对国家和天皇的忠诚，从而激发起勇气。正如一濑俊也指出的那样，军旗不久便开始成为载满联队荣誉的"历史"的象征。

那么，军人实际上是怎样作战的呢？我们通过军纪，了解一下作战的情况。

日中甲午战争中的军纪

甲午战争的时候，在训练、装备、士气等几乎所有方面，日军都超过清军。清军的编制、装备、训练不统一，动员、兵站、指挥也没有形成近代军队的体系。尽管他们拥有日本军队4倍的兵力，但是在任何一场战斗中都未能集中2倍以上的战力。

象征甲午战争中日本军队战斗状况的，也许是"至死喇叭也没有离开嘴"的木口小平的故事。他被作为勇敢而负责的士兵榜样。与清军普遍缺少战斗欲望相比，日军士气旺盛。日本政府制定的战争目的是：帮助"弱小"朝鲜独立，挫败清国"野心"。这种明确的战争目的，是支撑官兵士气的因素之一。

明确的战争目的，大概也是维持严明军纪的一个原因。战地的军法会议处罚的人将近有2000人，但是其中，征用来运输军需物资等的勤杂人员占了70%以上。也就是说，军法会议处罚的军人大约为500人，大半是下士兵。这是17.4万名出征官兵中的500人。虽然不能说极少，但也不能说多。尤其值得注意的是，对上级施暴，包括3人重罪在内，共有6人；犯逃跑罪在军人中只有11人。虽然军纪违反的发生本身是严重的问题，但是也需要注意到它们只是少数。这也许与没有动员未训练的士兵有关。

当然，毫无疑问，也有一些犯罪没有交付军法会议，而且以征用为名，抢劫粮食、财产的例子也不少。不过，我们必须考虑到战争是一种异常的状况，军人的日常生活就是互相残杀。无论军纪多么严格，都不可避免地会出现犯罪的人。问题是，对发生的犯罪进行何种程度的处理。因此，如果略微讽刺地看，认为军法会议的处罚人数既不少得不自然，也不多得异常，那么，这可以当作日本军队保持了严格军纪的一个证据。

表 2-7　甲午战争中战地军法会议处罚的人员

单位：人

犯罪类型	人　数
违反《陆军刑法》	370
重罪	3
持武器对上级施暴	3
轻罪	367
对上级施暴	3
逃跑	318
其他	46
违反《刑法》及其他法令	1481
重罪	38
谋杀	1
谋杀未遂	1
故意杀人	1
施暴致死	4
强奸	5
抢劫	20
其他	6
轻罪	1443
强奸	2
强奸未遂	9
抢劫	319
风俗罪（赌博等）	452
其他	661

旅顺大屠杀

对于被称为旅顺大屠杀的事件，在思考时也需要顾及战争的异常性。这一事件是在 1894 年 11 月日本军队仅用半天便攻陷旅顺要塞以后，据说，进城的日军官兵杀害了大量清国的平民。关于死难者人数，有各种说法，按照秦郁彦的观点，也许不超过 2000 人。然而，即使不超过 2000 人，也仍然是一场大屠杀。而且，这一事件没有交付军法会议。也许是因为被视为扫荡残敌的一环。

事件的起因是清兵对战死的日军官兵进行了凌辱。敌军对战友的尸体进行削鼻、挖眼、剖腹的凌辱行为，引起了日军的气愤和报复，成为大屠杀的导火索。除此之外，事件的发生还有下面的原因。旅顺的清朝官员在日军进攻前逃走，因此没能够整齐有序地投降。许多败逃的清兵脱下军服换上便装，因此日军扫荡残敌时，分不清清兵和平民，将可疑的人全部毫不留情地杀死了。

无论原因如何，是不应该允许杀伤平民的。不过，战场的异常和激烈经常有可能导致这种异常的行为。在大陆的战斗结束后，前往占领台湾的日军，对激烈抵抗的当地军队也做出了同样性质的行为。这是因为平民也卷入了游击战，战斗极为激烈残酷，同时也是因为平民中间敌我难分。

军纪应该约束异常的战场上的异常行为，但是日本军队的军纪往往只偏向于维持在异常的战场上的进攻精神和服从命令的关系。

另外，战争结束后，日本向清朝遣返了一千几百名俘虏，而从清朝回来的日本人只有11人（其中，10人是勤杂人员）。无论说日本军队怎样连战连胜，日军士兵又怎样战斗到最后也不投降，只有1名士兵俘虏无论如何都是不自然的。只能认为，清军不接纳俘虏或者处理掉了。因此，我不怕误解地说一句，也许对于日本来说，也并不是没有这样一面，那就是，作战的对手不好。在与不太文明的敌人作战的过程中，有时由于过于受到敌人的影响，自己也采取了不文明的作战方式。

总之，旅顺大屠杀和在台湾的行为属于甲午战争中的例外。除了这些略微重大的例外，日军的军纪大体上是严格的，并非因为是天皇的军队，日本军队就格外残忍或者狂热。尽管有人违反军纪或者犯罪，也有一部分残忍的行为，但并不能说这就是日本军队的本质。且不说残忍行为，违反军纪和犯罪可以说是在当时的任何一个军队都会见到的。

顺便要提到的是，在镇压义和团运动的时候，尽管日本军队与欧美各国（英、美、俄、法、德、奥、意）的军队相比，也因军纪严格而受到了称赞，但也并不是完美无缺的。也有一种说法认为，只不过是因为欧美的士兵抢劫金银，而日本的官兵是拿走了书画古董，因而不太引人注意。而且，当时曾经发生过一起军人侵吞部分作为战利品扣押的马蹄银的丑闻。不过，与欧美军队明目张胆的抢劫、暴行相比，日本军队的行为属于相当好的一类。在这个意义上，无疑配得上军纪"严格"的评价。

日俄战争中的军纪

日俄战争是一场进行了多次在那之前的世界战争史上未曾有过的大规模会战的战争。如前所述，无论是在物资上还是在人员上，日俄战争都是一场巨大的消耗战。俄军也非常强大，清军与之无法相提并论。在日中甲午战争中，日军仅仅半天时间便攻陷了旅顺，而在日俄战争中，日军花了整整 5 个月。俄军修筑了非常坚固的堡垒阵地，而日军固执地采取正面进攻的方法反复进攻，但都被铁丝网和战壕挡住，很多士兵成为机关枪的牺牲品。战场上日军的尸体堆积如山。不仅是旅顺围攻战，在辽阳会战和奉天会战中，俄军的纵深阵地也十分牢固。

不过，在武器方面，日军并不处于劣势。即使是机关枪，在数量上，在许多战斗中日军都超过俄军。关键是，对于凭靠坚固阵地防御一方的机关枪，进攻的日军并没有有效的对付办法。

在这场双方损失都十分惨重的战争中，日军军纪的状况从军法会议的处罚情况可见一斑。处罚大约

4400人，是甲午战争的大约9倍，但是前面所说的甲午战争的相关数字是与战地军法会议有关的数字，因此，为了进行比较，也只计算日俄战争中战地军法会议的处罚人数，那么大约为1000人，是甲午战争的大约2倍。由于是94.5万名出征官兵中的1000人，所以比甲午战争时的犯罪发生率还要低。

不过，就其内容来看，杀人罪和伤害罪增加，对上级施暴的犯罪也有所增加，而且还发生了临阵逃跑的严重事件。另外，在日本国内的军法会议上，逃跑罪的处罚异常多，这一点也值得注意。士兵对付出大量牺牲的日俄战争的反应，如实地反映在这些数字上。逃跑的人多，有可能与不得不召集未训练的士兵有较大的关系。在战地逃跑和临阵逃跑，无非是出于目睹太大的牺牲时的绝望和恐怖。

但是，每次作战都会付出巨大的牺牲，对于前线的士兵来说，死甚至被当作是理所当然的事，在这样的情况下，犯罪的人数也许并不算多。所以，我们不应该只看犯罪人数就草率地得出军纪松弛、颓废的结论。如果以战争的激烈程度为前提，将犯罪人数减少到这样的水平，反而更应该值得重视。如果这样，那么可以认为，即使在日俄战争中，日军的军纪也可算是得到了维持，而且士气非常旺盛。自三国干涉以来，对俄国的愤恨和抵抗俄国侵略这个明确的战争目的，支撑了这样的士气。

表2-8　日俄战争中的军法会议处罚人员

单位：人

犯罪类型	军　中	师　管	合　计
违反《陆军刑法》	197（1）	1843（5）	2040（6）
对上级犯罪	25（1）	86	111（1）
抗命	1	1	2
对人施暴侮辱	1	11（3）	12（3）
临阵逃跑	10	4	14
逃跑	109	1435（1）	1544（1）
结党不服从	0	9	9
其他	51	297（1）	348（1）
违反《刑法》及其他法令	732（12）	1652（8）	2384（20）
杀人、杀人未遂	7	5	12
伤害、伤害致死	69	91（1）	160（1）
过失杀伤	34	7	41
强奸、强奸未遂、帮 　　助强奸	21	0	21
抢劫、抢劫未遂、放 　　火未遂	28	13	41
赌博	59	60	119
偷窃	336（1）	971	1307（1）
欺骗恐吓取人财物	38（1）	143（2）	181（3）
其他	140（10）	362（5）	502（15）

注：1.（ ）内为军官数量。

2. 军中（军中军法会议）指在战地举行的军法会议，"师管"（师管军法会议）指在日本国内举行的军法会议。另外，师管军法会议的处罚人员包含临阵逃跑，是因为逃跑人员在复员后被提交军法会议审判。

资料来源：大江志乃夫『日露戦争の軍事史的研究』、岩波書店。

当然，这并不意味着日本军队具有无与伦比的精神力量，保持了任何国家的军队都没有的严格军纪。归根结底，只是说，处于残酷的战争环境中，军纪的松弛总体上不是那么严重。

然而，随着战争的长期化，士气低落是不可避免的。面对敌人坚固的阵地，日军官兵阵亡接连不断，出现了感到恐怖或者陷入厌战情绪的官兵，也是合乎情理的。尤其是在补充的兵员中间，明显有这种倾向。战场上也出现了以轻伤为借口希望被转移到后方的人。也有的士兵接到冲锋的命令仍然犹豫不决。有人志愿参加敢死队，相反，也有人只有在后面用刺刀逼着时才肯前进。

肉搏拼刺刀主义

在战后吸取战争教训而修订的《步兵操典》（1909）中，这些经验得到了充分的反映。修订方针中提出的宗旨是："明确以进攻精神为基础，采用肉搏主义，步兵应常以优秀的射击接近敌人，以肉搏给予最后一决之意义。"

根据桑田悦、远藤芳信等人的研究，这种方针并非是源于在日俄战争中，日军发挥了出色的进攻精神，以肉搏战（用军刀、刺刀等在最近距离进行格斗的战斗）压倒了俄军。

过去的《步兵操典》中，也规定即使在步兵战斗中，火力也被作为决定胜负的关键。然而，以此为指导在日俄战争中，以日军步兵部队拥有的火力，根本无法击退俄军。因此，最终不得不采取刺刀冲锋的办法。但是，在此时发生的肉搏战中，面对顽强的俄军，日军常常被迫陷入苦战。另外，本来应该果断地进攻、追击的时候，日军也出现过不好的消极性。

这样，吸取的战争教训便是重视肉搏战和强调进攻精神。进攻精神被视作进行肉搏战必不可少的要素。当然，并不是因为日本军队富有进攻精神、擅长肉搏战，所以才强调这一点。另外，也并不是出于用精神力量弥补技术落后的想法才这样做的。相反，它是因为在日俄战争中，日本军队苦于与敌军的肉搏战，并且有时出现进攻精神不足的情况。

后来，肉搏主义开始被理解为：即使物资和武器不如对手，强大的精神力量也能够弥补，这才是日本军队的优势。但是，实际上并非如此。确实，尤其在战争后半期，由于军需生产能力达到了极限，日军出现了炮弹不足的问题，阵地攻击时的炮兵火力相形见绌，但是在其他方面，无论是武器的质量还是数量，绝不比俄军逊色。肉搏主义的产生是为了防止过分依赖于武器火力而削弱进攻精神。

然而，我们忘记了强调肉搏主义的本来原因。《步兵操典》中也已经阐述，胜负未必取决于兵力的多少，训练有素而且富有进攻精神的军队，即使兵力处于劣势，也能打败优势的敌人。不过不久人们便开始逐渐相信，日本之所以能够战胜强敌俄国，是因为，虽然武器不如对手，但是依靠精神力量战胜了敌人。精神力量和士气对于任何军队都是取胜的重要因素，这是理所当然的。但是，如果认为它能够弥补物资的劣势和技术的落后，那么就是本末倒置了。这里也是日本军队的悖论所在。

第三章

鼎盛

政党的挑战

主张废除参谋本部

《原敬日记》1920 年 10 月的部分中有一段有趣的记载。财政大臣高桥是清拿来了一份印刷出来的意见书，对原敬说，如果首相（指原敬）同意的话，就把这个分发给有关方面。这份意见书以为了消除日本是军国主义这样的误解为由，主张废除参谋本部。原敬读了一遍，大吃一惊，然后说，这种事不可能实现，只会无益地招来反对者，并说服高桥是清暂缓发布该意见书。

高桥是清为什么会印刷这样的意见书，其真意不得而知。当时，围绕从西伯利亚撤兵的问题，参谋本部发动统帅权进行抵抗，连陆军大臣田中义一也无计可施，因此，原因也许是在于对这件事的愤懑。

而比原敬更加感到困惑的，当然是陆军大臣田中义一。他恳求原敬说，他打算尽量控制参谋本部，让原敬先制止对外发布高桥是清的意见书。原敬对此表示同意，同时指出，本来参谋本部建了一座比陆军省还大的办公楼，令人一看就对它的威势产生反感，这不是一件好事。田中义一对此表示同感，说考虑近期把参谋本部搬到陆军省的大楼里。

图 3-1 参谋本部（照片左侧的建筑物。朝日新闻社提供）

在这个插曲中值得重视的一点是，尽管不能实现或者尽管正如原敬所说的那样不会轻易实现，但是政府阁僚中有人提出了废除参谋本部的主张。虽然原敬认为现阶段在政治上不可能实现废除参谋本部，但他也对参谋本部的态度相当不满，承认了采取一些改革的必要性。而且，看起来连陆军大臣田中义一也假托办公大楼的事，暗示要缩小参谋本部。

也就是说，这个时候，参谋本部在政治上处于守势。如果说因为参谋本部与陆军省平起平坐，甚至是凌驾于陆军省之上，是名副其实的陆军中枢，因而受到攻击的话，那么，这也就意味着整个陆军遭到政治上的攻击。由于遭到攻击，所以连陆军大臣田中义一也不得不暗示需要缩小参谋本部或者对它进行改革。

陆军遭到攻击的直接原因在于，出兵西伯利亚的失败和国内外对日本军国主义的批评。而利用这种状况对陆军进行政治攻击的，是包括原敬领导的政友会内阁在内的政党势力。换句话说，陆军受到了政党势力强有力的挑战。

军部大臣现役武官制

陆军受到政党的挑战，并不是始于原敬内阁时期。本来，统帅权独立这一制度本身，便是预料到政党势力会直接影响到政府的政策，为了防止这种影响波及军队而制定的。略微夸张地说，陆军从那个时候开始就意识到了政党的挑战。

实行议会政治以后，政党第一次采取具体的形式对陆军进行挑战，是日中甲午战争前夕众议院试图从政府预算案中削减一部分军费。1892年年度预算案、1893年年度预算案都在众议院审议时被删除了舰艇建造费用。当时与政府对抗的政党势力、所谓的民党①未必反对防备清国的军备扩充，但是为了迫使藩阀政府陷入困境，他们采取了削减军费这样的强制手段。

虽然被削减的是海军经费，陆军并没有直接受到影响，但是政党的这种行为增强了陆军领导人一直以来对政党抱有的印象。另外，宇垣一成在后来曾经这样谈到政党：所谓政党，无论它是多大的政党，都以与之对立和敌对的政党为前提。也就是说，只要不是一党专政，社会上都会存在多个政党。这是因为，它是以社会中的利害对立为前提的。换句话说，他认为，政党体现了社会的分裂，与按照举国一致的方针执行国防任务的军队互不相容。

当时，军队对政党势力过于敏感。1897年，政府在各省②设置敕任参事官，起用政党人士担任相当于今天的政务次官一职，但这项制度没有适用于陆军和海军两省。1898年，作为日本历史上第一个政党内阁成立

---

① 民党：日本设立帝国议会期间反对藩阀政府的政党的统称。如自由党、改进党等。
② 省：日本指中央政府的官厅。

的隈板（大隈重信为首相，板垣退助为内务大臣）内阁撤销参事官，在各官厅设置参与官①，同样也没有适用于陆军和海军两省。

继承隈板内阁的第二次山县有朋内阁于1900年修改陆军和海军两省的制度，制定了军部大臣现役武官制，似乎是军队对政党势力的神经过敏起了一定的作用。这一次制度修订的目的，就是采取预防措施，使得今后即使再次组成政党内阁，具有政党色彩的人也不能就任军部大臣。

在此之前，关于军部大臣的任用资格，制度一直变化不定，而1891年以后不再有任何规定。因此，在理论上，即使不是军官，或者即使是预备役，甚至是文官，也能够就任军部大臣，当时甚至没有考虑过政党势力的问题。实际上，在成立陆军省和海军省以后，不是现役军官而成为长官的只有文官胜安芳（胜海舟）海军卿一人。作为不规范的做法，陆军中将西乡从道曾经担任过海军大臣。西乡从道出游欧美的一年中，大山岩陆军大臣兼任海军大臣。也许，在建军时期的海军中，有时难以找到能够胜任大臣一职的人。

总而言之，在没有明文规定军部大臣任用资格的时期，由现役军官担任也被作为一个不成文的规定而成为

① 参与官：日本设立于各省（部）的政务官的职务名称。接受大臣的命令，负责与帝国议会的联系。

惯例。首相担任陆军第一号人物的第二次山县有朋内阁，把这个惯例变成了明文规定。

实际上，这一次制度的修订，在形式上并不引人注意。只是在陆军省和海军省的制度中增加了一个附表"职员定员表"，在上面注明任用资格为"大臣（大将、中将）"，进而，在备注一栏中，又写明"现役将官"。但是，其中包含的目的具有非常重大的意义。用松下芳男的话来说，这一次制度修订就仿佛是军队感觉到政党势力的威胁，抢先挖了战壕，又在它的前面装上了铁丝网一样。

《军令》的制定也可以在同样的文脉中理解。这种情况下，所谓的"军令"，指的是"关于陆海军的统帅，经过诏敕的规定"。就陆军来说，经过陆军大臣上奏和天皇许可而颁布的规定相当于军令，它包括：关于各机关和各司令部的编制、学校的组织、操典①、教范、要务令以及等级、教育、赏罚、晋级、休假等的规则；关于军旗、礼仪、礼节、服装等的规则；等等。

本来，这些规则都是通过敕令的形式制定的，根据时间和场合，由内阁总理大臣和军部大臣二人在天皇亲笔签署后署名或者只有军部大臣在天皇亲笔签署后署名。作为趋势，随着时间的推移，似乎只由军部大臣在

---

① 操典：旧日本军队中对步兵、骑兵、炮兵等按各兵种所规定的战斗、训练方式以及用兵方法等的教学原则。

天皇亲笔签署后署名的情况有所增加。然而，1907年2月政府制定了《公式令》，规定所有的敕令均由内阁总理大臣在天皇亲笔签署后署名。军队方面提出，这违背过去的惯例，与统帅权的独立背道而驰。

这样，同年9月，军队制定了《军令》，上面只有军部大臣在天皇亲笔签署后署名。尽管不是作战、用兵本身，但军队仍然排斥总理大臣干预涉及行使统帅权的军队组织和行动。这里，我们可以看到，军队对政党内阁之下作为政党人士的首相干预军事规则的决定近乎神经过敏的担心和警惕在起作用。

政治策略优先的基础

军队虽然对政党表示警惕，有时甚至表示出厌恶政党，但是并没有因此就不服从政府的控制。如前所述，宣誓效忠天皇、服从天皇的命令，意味着服从天皇信任的政府。而且，如果说军事是实现政治目的的手段，那么军队服从政府，从逻辑上说，也是理所当然的事。

军人也深知这一点。例如，在出兵台湾的时候，陆军卿山县有朋自己是反对出兵的，但是他说，既然"庙谟（内阁会议）"决定出兵（山县有朋不是参议，不能参与决定政府方针），那么只有服从政府的方针。正如山县有朋指出的那样，和平还是战争的决定，不应该是陆军卿左右的事。他理所当然地接受了政治对军事的优势。

无论是在日中甲午战争还是日俄战争中，都保持了政治对军事的优势。当然，这并不说明政府与军队完全没有分歧。政府与军队发生分歧的时候，基本上政府的方针处于优先的地位，军队只得服从。在这两场战争中，对战争的领导都是政治策略占据优势。

甲午战争中，在本来只有军队首脑组成的大本营，按照天皇的特旨，首相伊藤博文列席了会议。他在制止军队鲁莽行动的同时，有时也亲自为军事作战出谋划策。在日俄战争中，指导战争的基本方针是由大本营成员中的军队首脑，加上首相桂太郎、外相小村寿太郎，甚至元老列席的会议决定的。根据雨宫昭一的研究，在政治上的考虑尤为重要的时候，政府方面会将政治上的考虑也贯彻到作战指挥中，实现政治策略主导的战争指导。

这样，政府根据时间和场合，"无视"统帅权独立的制度，而"介入"了军事。也许正因为是制定制度的当事人，所以他们深知它是为了什么目的而制定的，也了解制度的局限。因此，在制度不符合实际情况的时候，便可以无视它、超越它。

那么，尽管由于统帅权的独立，而使得政治的优势在制度上未必得到保障，然而为什么实际上政治能够领导军事呢？为什么军队没有强烈对抗政治的优势呢？

其原因之一就是当时称为"帝国主义"的国际环境。也就是说，19世纪后半期，世界列强依靠强大的军事力量，就领土和势力范围的扩张，展开了全球竞争。日本由于黑船事件这一外部压力，不得不面对这样一个残酷的世界。但是，即使是弱小的国家，为了生存下去，也总是需要谋求对外的安全保障，充实军事力量。另外，为了能够跻身帝国主义国家的行列，建设和扩充军事力量也必不可少。当时，对外扩张几乎完全意味着领土扩张。与生物的适者生存、弱肉强食一样，如果国家不适应严峻的环境发展，也会灭亡。这样的社会进化论犹如公理受到人们信奉。为了国家的发展而对外扩张，吞并不能适应环境的弱小国家，也被认为是理所当然的事。

对于这种认识，政治家与军人基本上没有分歧。也就是说，政治家也充分认识到军事力量的意义。这一点从对军费的照顾上能够明显看到。虽然有的时候政府从财政的角度暂时控制军费，但大体上都优先照顾军费，支持扩充军备。军费的棘爪效应，也是这种政府方针的一个反映。而且，在执行对外政策的时候，政府也充分承认军队所起的作用。

这样，对于军队的要求和利益，政府方面都进行了充分的照顾，因此，军队方面没有对政治（政府）产生比较大的不满或者反抗。这样，军队也就没有介入政治的动机，而服从政府的方针。

领导人的性质

政治的优势得到维持的另一个原因在于当时领导人

的特性。他们大多数是武士出身，而且，分为政治领导人和军事领导人，这可以说主要是由于明治维新后的偶然和他们的个性。由于他们都出身武士，而且都拥有明治维新内乱、新国家建设的共同经历，因此在思维方式、价值观方面具有相当高的共性。

本来，在封建体制下，武士并不是单纯的军事精英。他们也是政治精英和文化精英。因此，作为素养，他们不仅学习研究兵法的兵学（军事学），而且学习政治统治的方法。山县有朋、大山岩、川上操六、乃木希典这些军事领导人，并不是明治维新以后在军校培养出来的军事精英。他们与伊藤博文、井上馨、松方正义等政治领导人一样，都是在政治和军事没有分化的时代度过了青年时期，在明治维新以后进入了适合各自特性的领域。

因此，一方面，政治领导人充分了解国际关系中军事的一面，重视军队的作用，在决策的时候，也会相应考虑到军事上的合理性。另一方面，军事领导人具有一定的政治见识，明白军事力量的局限性，政治的优先对于他们来说，是不言自明的。出兵台湾时山县有朋的态度充分说明了这一点。在日俄战争中，当时担任"满洲军"总参谋长的儿玉源太郎认为，继续作战的力量已经达到了极限，强烈要求政府尽早讲和。据说，外相小村寿太郎试图从俄国获得赔偿金，而儿玉源太郎则主张优先讲和，对此持批评态度。儿玉源太郎只不过是在参加戊辰战争以后，在兵学寮青年学堂接受了军官速成教育。

政治的优先得以维持，也许还有一个原因，那就是藩阀的存在。当时的军队，至少军队高层占据藩阀势力的一翼，是其有力的支持基础，而同时这也意味着军队处于藩阀势力的庇护之下。

在日俄战争之前成立的 11 个内阁中，由军人（现役或者退役）首相率领的内阁有 4 个，而出任首相的 6 人中，有 3 人是军人。同一时期，除了首相和陆海军大臣以外，阁僚职务有 79 个，而组阁时其中的 19 个职务由军人就任（包括兼任）。在第一次伊藤博文内阁（1885 年成立）时期，组阁时的总共 10 个阁僚职务中，军人占据了 6 个。在第二次山县有朋内阁（1898 年成立）时候，10 名阁僚中，包括首相在内，有 5 人是军人。

乍一看，似乎军人的比例高，军队对政府的影响力也非常大。但是，这些军人阁僚未必是作为军队的代表而入阁的，反而最好看作是作为藩阀的一员加入内阁的。3 位军人首相全部出身萨长（萨摩藩和长州藩），更为重要的是，6 位首相中，除了大隈重信以外，全部出身萨摩藩和长州藩。在 19 个组阁时军人就任的文官大臣职务中，出身萨长者占据了 13 个。

当时，藩阀势力垄断了军队高层的人事，这是众所周知的事情。正如俗话所说，"长州的陆军，萨摩的海军"。就陆军来说，在明治年间任命为大将的有 31 人，出身长州藩者 11 人，出身萨摩藩者 9 人，而任命为中将的 157 人中，出身长州藩者 36 人，出身萨摩藩者 25 人。藩阀势力掌握军队实权，军队服从藩阀势力的政治领导。也就是说，这个时期政治对军事的优势，可以毫不夸张地说，就是藩阀对军队的优势。

塞缪尔·亨廷顿把文官对军队的控制，即所谓的文官控制，区分为主体控制和客体控制。所谓主体控制，指的是像近代欧洲那样，贵族在与国王共享政治权力的同时，也是军队的领导人，或者像民兵那样，市民掌握政治权力，战时自己成为军人并控制军队。也就是说，政治的主体（掌握政治权力的势力）与掌握受控制的军队的实权的集团是一致的，或者政治的主体与军事的主体是一体的。而所谓客体控制，指的是以职业化的军队为客体，由政治主体进行控制。这种情况下设想的是，政治的主体与掌握军队实权的势力、阶层、集团是不同性质的。

从这种区分来说，日俄战争之前的政治优势和藩阀优势，接近于亨廷顿所说的主体控制。这是因为，虽然军队作为整体组织逐渐走向职业化，但是掌握政治权力的势力和军队高层仍然同质，有许多一体化的部分。掌握政权的藩阀势力，通过与军队高层的一体化，对军队进行主体控制。

不过，军队高层与藩阀一体化意味着，他们常常作为藩阀势力的一员行动，仅在这种限度内参与政治。事实上，一些高级军官拥护对抗政党势力的藩阀，在拥护藩阀的意义上具有党派的性质。作为第一个政党内阁的限板内阁在组阁时，因为难以选任军部大臣而陷入困境的时候，通过天皇的敕命留任了上一届内阁的陆海军大臣，才避免了内阁流产。

军队高层与藩阀势力的政治关系非常密切。不仅在与政党势力对抗的时候，而且在长州藩阀与萨摩藩阀对立的时候，一部分军人也曾经卷入藩阀对立的漩涡，深入参与党派的对立。

确实，像过去那样反抗政府、公然批评政府政策的干预政治，基本上没有了。触犯《陆军刑法》和《海军刑法》的干预政治也没有了。但是，一部分高级军官参与了藩阀与政党、长州藩阀与萨摩藩阀这样的党派对立。尽管他们以规定"不涉政治"的《军人敕谕》为行为规范，但仍然发生了这样的情况。这何以可能呢？他们仅仅是无视《军人敕谕》吗？并非如此。他们视《军人敕谕》为金科玉律，以之作为行为规范，至少在主观上毫不虚假。

之所以他们能够宣誓不参与政治，而实际上却参与政治，原因意外简单。这是因为，他们并不认为自己的行为是参与政治。本来，所谓参与政治，意思是不反抗政府的政策，不公然批评政府的政策。因此，按照掌握政权的藩阀势力的指示，帮助和拥护他们维持权力，在他们看来，并不属于参与政治。

此外，还需要考虑藩阀势力的性质。藩阀不是以给
自己出身地区返还利益或者加以格外的照顾为目标的政
治势力。归根结底，它是以出身地区为核心结合起来的
一种人脉网络。藩阀政治家并不是谋求其出身藩的利
益，他们主观上是要增进自己所认为的"国家利益"。
连保持他们的权力、对抗谋求政党利益和策略的政党，
也被视为符合"国家利益"。因此，藩阀系的军人也将
自己正当化，认为支持和拥护藩阀是超越政治、增进
"国家利益"的行为。他们认为，所谓政治的、党派的
东西，都代表社会的个别利益，是以实现"私人利益"
为目的的政党势力。即使在藩阀之间的对立中，他们也
将自己合理化，认为属于党派的是对方，而自己所属的
一方不是。

军队的自立

日俄战争以后，逐渐失去了保障这种政治优先的条
件。首先，政党执政已经习以为常。在日俄战争后的一
段时期，一直由率领政友会的西园寺公望和桂太郎轮流
执政。也就是所谓的桂园时代。与隈板内阁时代不同，
政党内阁可以说是理所当然的了。连率领官僚派系的桂
太郎内阁维持政权也必须依靠政党的合作。如果政党变
成了政权的主体，那么就不可能对军队进行主体控制。
因为政治的主体与军事的主体性质不同。

其次，军队开始从藩阀的庇护下自立。从很早以前开始，接受正规的军官教育、职业意识浓厚的军人便已经进入军队的中坚阶层。例如，作为陆军士官学校的毕业生最早（1897）就任陆军省要职之一的军事课课长（大校级别）的，是木越安纲（旧制度的士官学生一期，以下记为"旧一期"）。最早成为军务局局长（1900）（少将级别）的陆军士官学校毕业生，也是木越安纲。最早就任陆军次官（1902）（不过，当时称为总务长官）的陆军士官学校毕业生，是石本新六（旧一期）。1911年，石本新六还成为首次就任陆军大臣的陆军士官学校毕业生。另外，1908年以后，军务局局长全部由陆军士官学校毕业生出任。陆军大臣和次官在石本新六以后也全部为陆军士官学校毕业生。

在参谋本部中，最早成为参谋次长的陆军士官学校毕业生是（1902）田村怡与造（旧二期）。而第一位就任参谋总长的陆军士官学校毕业生（1915），则是上原勇作（旧三期）。田村怡与造在就任参谋次长期间去世后，有一段时期没有陆军士官学校毕业生出任，但是1912年大岛健一出任（旧四期）以后，参谋次长全部是陆军士官学校毕业生。在上原勇作以后，除了昭和时期的一位皇族（闲院宫载仁亲王）以外，参谋总长全部由陆军士官学校毕业生出任。

顺便要提到的是，日俄战争开战时，参谋本部的5名部长中，有4名是陆军士官学校毕业生。根据大江志乃夫的统计，截止到大约开战半年后的1904年7月，陆军士官学校毕业生已经占少将的38%，大佐的55.7%，中佐的78.2%，少佐的85.4%。在日俄战争开战时的30名旅团长中，7名是陆军士官学校毕业生，而且在战争中诞生了第一位陆军士官学校毕业的师团长（木越安纲）。另外，日俄战争中的军参谋长、参谋次长，还有出征师团的参谋长，大多数是陆军士官学校毕业生（而且，军参谋副长和师团参谋长大半是陆军士官学校毕业生）。

这样，接受过陆军士官学校的职业教育的军人，在日俄战争前后构成了陆军的中坚阶层，逐渐担当领导职务。他们未必与藩阀有密切的关系。上面提到的木越安纲、石本新六、田村怡与造、上原勇作这些人中，除了上原勇作（出生于宫崎县的萨摩藩领地），都非萨长出身，便是一个象征。当然，他们能够达到要职，可以说是因为有来自藩阀的后援。但是，他们本来并不是藩阀势力的一员。以他们为代表的一代军人具有作为职业军人的、浓厚的自我意识，开始纯粹追求军事合理性和与之交织的陆军的组织利益。这里，夹杂藩阀的意图和政治策略的考虑，已经逐渐没有余地。

国防方针

陆军与政党之间发生的一个众所周知的正面冲突，

是增设两个师团的问题。按照一般的解释，问题的原委是这样的：在制定 1913 年年度预算的时候，陆军强行要求增设两个师团，但当时的第二次西园寺公望内阁（政友会内阁）拒绝了陆军的要求，因此，陆军大臣上原勇作进行"帷幄上奏"（不经内阁同意，直接上奏天皇），向天皇提交了辞呈。后来，西园寺内阁在没有获得后任陆军大臣人选的情况下，以内阁内部不一致为由，宣布总辞职。在这一说明中被强调的是，陆军不服从政治领导的粗暴，是露骨的政治介入。

但是，事情并没有那么简单。问题要追溯到 1907 年制定的《帝国国防方针》，它是陆军要求增设师团的依据。关于这个国防方针，通常被这样理解。首先，以俄国为假想敌的陆军，作为所需兵力，要求平时设 25 个师团（战时 50 个师团）。而以美国为假想敌的海军，作为所需兵力，要求 8 艘战列舰和 8 艘装甲巡洋舰（八八舰队）。两者的主张不做调整，一并记载，因此导致后来陆军和海军进退两难的对立。其次，国防方针完全不让政府方面参与，只由陆军和海军强制制定。也就是说，这里既不加入政治上的考虑，也不加入财政上的考虑，而只是单方面列举军队的主张。

根据最近的实证研究，这种一般说法未必是事情的真相。首先，国防方针最重要的一点在于，基于在大陆（朝鲜、满洲）获得了重要权益，为了保护这些日本的权益，明确制定了攻势战略。以前，常常不得不考虑守势战略，防备敌军进攻日本本土的可能性，但是，在日俄战争以后，在亚洲已经找不到能够与日本海军匹敌的海军了。也就是说，日本已经无限远离本土遭到进攻的危险了。

海军也不得不赞同这一点，同意为了保护大陆的权益而采取攻势战略。如果要保护在大陆的权益，那么具有威胁的就是俄国。当时，俄国仍然以满洲的北部为势力范围，而且有可能对日本挑起复仇的战争。因此，对于海军来说，美国并不是在不久的将来有可能与之作战的国家，归根结底，它只是日本海军军备的一个标准。这样，陆军和海军之间，本来在国防方针的基本内容和假想敌方面并没有分歧。

所需兵力的数量如何呢？日俄战争以后，日本陆军军备的对象，不言而喻，仍然是派遣到远东的俄军。为了与这些俄军作战，经过计算，在战时需要 50 个师团，而为了扩充到战时的 50 个师团，陆军认为，平时至少常备 25 个师团。

如前所述，在日俄战争之前，陆军包括近卫师团在内，拥有 13 个师团，但战争中临时增设了 4 个师团，并在战后把它们变成了常备师团，因而成为总共 17 个师团的体制。所以，今后必须增设 8 个师团。陆军要求先增设 3 个师团，1907 年度预算中批准了增设其中的 2 个师团。剩下来的 6 个师团的增设，决定"待他日财政缓和之时"，并没有明确具体的完成日期。

这意味着，日本感到俄国发动复仇战争的威胁不是那么紧迫。事实上，俄军从满洲撤兵进展顺利。这样，陆军削减驻扎在满洲和朝鲜的兵力而节约下来的费用，便充当了增设 2 个师团的经费。1907 年 7 月，日、俄签署《日俄协定》，被山县有朋形容为"略微长期的休战状态"的日俄关系，逐渐向稳定的合作关系过渡。

总而言之，25 个师团归根结底是一个长期目标，并不是马上要实现的数字。对于海军，也同样如此。"八八舰队"也是一个长期目标，并没有明确具体的完成年度。如前所述，在东亚没有挑战日本海军的海军。而且，日本海军从战败的俄国手里缴获了战舰，至少在数量上没有使人感到不足。这样，陆军和海军都没有制定财政上不可能做到的数字目标，并没有在实现目标的预算上发生正面冲突。反而，陆军和海军一面制定了长期的军备目标，一面在当前情况下，相互克制自己的要求，采取合作态度。

那么，只有陆军和海军制定国防方针，而把它强加给政府这一点，又如何呢？确实，政府没有直接参与制定国防方针。不过，天皇答应了陆军和海军希望政治策略和战争策略一致的要求，让首相西园寺公望内部阅览了国防方针。而且，西园寺公望做了如下回答：国防方针基本妥当，但所需兵力当前不能全部实现，因而希望根据国力，分清轻重缓急。这样，政府便获得了从财政方面参与执行国防方针的依据，而不是唯唯诺诺地接受了军队的要求。

大正政变

毋庸置疑，国防方针是在陆军主导下制定的。以保护在大陆权益为主要内容的攻势战略采用的也是陆军的主张。不过，为了执行这个方针所需的兵力，受到了财政上的限制。

实际上，在日俄战争以后的一段时间内，也就是所谓的"桂园时代"，军队是自制的，没有要求马上达到所需兵力。这样，政府与军队之间，大体上一直保持着合作的关系。这一点，无论是西园寺公望的政友会内阁，还是桂太郎的官僚内阁，基本上都没有变化。陆军从战前的13个师团的体制（平时15万人）已经大幅增强到了19个师团的体制（平时25万人）。尽管还不完美，但是当时作为对付俄国的战力已经绰绰有余。

然而，局势不久便发生了急剧的变化。变化的是围绕海军的状况。1906年英国建造了当时最先进的"无畏"战舰，由于它压倒性的火力和航速，使既有的战舰一下子变成了旧式战舰。由于这个所谓的"弩级战舰"以及后来性能超过它的"超弩级战舰"的出现，日本海军的实力显著下降。海军为了追赶世界迅速发展的技术革新，重新制订了扩军计划，并向政府提出预算要求。

海军的扩充军备刺激了陆军。而且，陆军认为，西伯利亚铁路铺设复线进展顺利，一旦俄军向满洲地区的运输能力飞跃提高，它的威胁将会增大；随着1910年日本吞并朝鲜半岛，次年中国发生辛亥革命，陆军在大陆发挥的作用应该进一步扩大。所以，陆军主张，必须抓紧完成国防方针规定的师团增设（增师）计划，在过去的19个师团的基础上，要求增设2个师团，驻扎在朝鲜。

这样，海军和陆军都强行要求政府实现自己的计划。但是，日俄战争以后，政府既有内债又有外债，必须整顿行政和财政，因此，预算难以满足陆军和海军扩充军备的要求。从客观形势判断，政府不得不同意相对实力下降的海军的一部分要求，而当前没有受到紧迫威胁的陆军应该暂缓增师计划。国防方针为陆、海军双方的要求提供了依据，同时也给政府从财政的角度对其要求加以制约的立场提供了依据。

第二次西园寺内阁打算把增设2个师团的预算延期一年，与陆军达成妥协。他们期待山县有朋和桂太郎充当中间的协调人。但是，协调没有成功。据说，军务局局长田中义一为了贯彻陆军的要求，策动了推翻西园寺内阁，拥立寺内正毅陆军内阁，因而拒绝妥协。

在陆军看来，增师问题不仅仅是单纯的扩充军备问题。他们认为，政友会企图利用这个问题压制军队，证

图 3-2　无畏战舰（装备 10 门 12 英寸主炮，航速为 21 节，拥有当时无与伦比的攻击力和航速。WPS 提供）

明政党才是权力的主体，从而确立政党内阁常态化的基础。对于政党这种争夺统治正统性的攻势，陆军予以强烈反抗。

陆军被批评利用军部大臣现役武官制"毒杀"了西园寺内阁。桂太郎取代西园寺公望，第三次出任首相。但是由于他出身长州藩，而且是陆军大将，因此社会对藩阀以及支持它的军阀予以严厉谴责。后因主张破除派阀政治的"护宪运动"，第三次桂内阁仅仅不足两个月便倒台了。

据说，桂太郎当时并不认可增师的必要性。而且，据说，他对军部大臣现役武官制持怀疑态度。第二次桂太郎内阁的时候，桂太郎作为首相，在政治领导中，没有局限于陆军的组织利益，而是站在大局的角度。他虽然组织了官僚系内阁，但是也照顾到政党的要求，痛感政权的运作离不开政党的支持和合作。在成立第三次内阁的时候，他曾经试图把非政友会系的政治家集中起来，成立新的政党。

因此，尽管桂太郎也许曾经是一个藩阀政治家，但是他已经摆脱了狭隘的军事领导人的局限性，甚至想要成为一名政党政治家。但是，人们并没有这样看他。归根结底，他被人们看作一个藩阀、军阀的化身。与此同时，陆军被人们认为粗暴地推翻了西园寺内阁，最后几乎一无所获。陆军没有能够实现增师的目标，而只是让政党和舆论更加坚定了反军阀、反陆军的立场。

室山义正在分析这一时期的军事和财政状况时，提出了一个有点讽刺意味的看法。虽然陆军增设 2 个师团的要求确实暂时失败了，但是成功地避免了缩减军备，在日俄战争后仍然维持了战时大幅扩充的军备。客观地说，确实如此。不过，我们也不能否认，政党没有满足陆军的要求，让当时的陆军军人产生了强烈的反感和危机感。由于日中甲午战争、日俄战争的胜利，军人的威信空前高涨。正因如此，当他们的要求被否定时，反感也就愈加强烈。

成为"真正的"国家军队

基于大正政变的经验，陆军进一步强化了自立的姿态。国民舆论呼吁打倒藩阀的呼声日益高涨，批评军队是藩阀的工具。于是，陆军根据国家军队的理念，开始试图摆脱藩阀的束缚。用北冈伸一的话说，就连长州藩阀的嫡系田中义一也开始倡导军队成为"真正的"国家军队，改变藩阀和军队一体化的局面。

连田中义一都如此，非长州系的军人就更加如此。本来，在非长州系的军人中间就有一种强烈的批评意见，认为军队与藩阀的结合带来了陆军中夹杂私情的人事，长州籍的人受到优待，违反了职业军队的自律性。在国民舆论指责军队是藩阀的一翼的状况下，这种批评变得更加激烈。

藩阀方面也不再像过去那样，对追求军队的组织利益和军事合理性加以优厚的照顾。如前所述，桂太郎担任首相的时候，陆军的要求反而是被压制的。这是因为，作为国家领导人，他需要协调各种各样的利益，而不能仅仅照顾陆军的利益和要求。而且，为了取得和维持政权，政府需要政党的支持和合作，也不得不照顾到他们的要求。田中义一为了实现增师而寄予厚望的寺内正毅，虽然是陆军出身，作为长州藩阀的王牌人物，也开始优先协调和统一多方面的利益和要求，而不是单纯考虑实现陆军的利益。正是由于显示了这样的能力，所以寺内正毅才成了首相候补人选，并在不久后成为首相。

　　如果藩阀不充分庇护军队，反而压制其要求的话，那么即使在这一点上，军队也会试图摆脱藩阀的束缚。即使军队有时为了实现自己的要求而利用藩阀的力量，也不再总是服从他们的控制。在围绕增设2个师团的政治纠纷中，山县有朋和桂太郎在政府和陆军之间进行协调的时候，被军务局局长田中义一拒绝了。这说明山县有朋和桂太郎所代表的藩阀对军队的控制力和协调能力下降，同时也显示了陆军在政治上的自立。

　　陆军试图摆脱藩阀的束缚，也试图摆脱对藩阀的依赖。这意味着，自立的军队开始直接对付挑战的政党。这样，军队与政党时而冲突，时而妥协，从而努力实现自己的要求。

废除军部大臣现役武官制

继短命的第三次桂内阁之后，山本权兵卫内阁诞生了。山本权兵卫与萨摩派阀关系密切，而且是海军的权威人物。由于政友会作为执政党与山本内阁合作，因此萨摩派阀、海军和政友会形成了合作关系，成为与陆军对抗的势力。围绕扩充军备的预算分配，陆军和海军发生了对立，而这种对立发展成了藩阀间的对立、政党间的对立，还有政党与藩阀的对立，逐渐呈现出错综复杂的状况。

在 1913 年的议会上，接连不断地有人提出质疑，认为军部大臣现役武官制阻碍了宪政的施行，加上作为执政党的政友会施加压力，最终山本内阁将军部大臣和次官的任用范围扩大至预备役和后备役军官，并删除了陆（海）军省制度附表备注栏中的大臣、次官任用资格为"现役将官"这样的文字。修订的地方确实细微，但是却具有非常重大的意义。

从陆军的反对就可以看到这种意义的重大。参谋本部当然表示反对，即使在陆军省中，军务局局长以下，大多数课长也都表示反对。前面介绍的军事课课长宇垣一成向有关方面散发长篇的匿名信，便是为了阻止修改这项制度。时任陆军大臣的木越安纲被迫做出痛苦的决定，企图以同意修改取得政府对增师的承诺。但是，最终也没有得到政府的保证，在修改制度后不久，木越安纲被迫辞职。

随着制度的改革，陆军改变了陆军省和参谋本部的职责分工，以便万一非现役军人就任陆军大臣时，尽量减少其对军队指挥权的影响。也就是说，以前陆军大臣主管的许多业务移交给了参谋总长，所有业务的实施都由两者协商进行。所谓主管，意思就是制定方案的权力，而制定方案的权力实际上无非就是最终决定权。这样，为了对抗政党的攻势，陆军在制度上强化了统帅权独立。统帅权独立以前是藩阀势力制定的一项制度，其目的之一是使军队不受与之对立的自由民权运动的政治影响。同样的制度，现在被逐渐摆脱藩阀势力的军队用作对抗政党攻势的一个依据。

外交调查会

1914 年，山本内阁因西门子事件（围绕武器进口的海军高官受贿事件）宣布总辞职，接着，诞生了过去以桂太郎组织的新党——立宪同志会为执政党的大隈内阁。大隈内阁最引人注目的是，设置了防务会议。防务会议由首相、外务大臣、大藏大臣、陆军大臣、海军大臣、参谋总长、海军军令部部长组成，目的是协调军备与财政、外交的关系。

这种设想最初是在增师问题成为政治争论焦点的时候，议会方面作为国防会议设置方案提出的。它的名目是，从国家政策的总体角度讨论军备问题，而实际目的是控制陆军和海军扩充军备的要求。即使在桂内阁的时候，政府方面也曾经试企图设置国防会议，但由于这个内阁以短命结束，因此最终没有实现。而这个设想在大隈内阁的时候终于得以实现。

不过，陆军反对"国防会议"这种说法，最终确定为"防务会议"这个名称。这是因为，陆军担心，如果军队以外的势力参与国防政策的制定，有可能进一步压制军队的主张和要求。防务会议讨论的对象限定为军备，实际上没有起到控制军备扩充的作用。反而，最后同意了陆军和海军扩充军备。陆军多年来增设2个师团的要求，经过这个防务会议的决定，开始付诸实施。而第一次世界大战的爆发进一步推动了军备的扩充。

防务会议后来基本失去了作用。取而代之的是为了统一和协调包括军事、外交在内的总体国策，在寺内内阁时期于1917年设置的外交调查会（正式名称为临时外交调查委员会）。外交调查会直属天皇，设在宫中，在这个意义上它被视为内阁的上级机关。另外，它的总裁由首相担任，并从现职的国务大臣和前国务大臣中选出委员，其中，原敬（政友会总裁）和犬养毅（国民党总裁）作为前大臣被选入。

关于外交调查会与军队的关系，我们根据雨宫昭一的分析，介绍一下值得注意的几点。首先，政党领导人以前国务大臣的资格被选为委员，参与国家最高层面的对外国策的决定。

其次，外交调查会还参与关乎对外国策的军事问题，经常限制军队的方针和行动。例如，爆发俄国革命的时候，陆军倾向于出兵西伯利亚，而外交调查会从外交和财政的角度制止了陆军的行动。美国提议联合出兵的时候，陆军主张不受美国提出的有限出兵的束缚，政府也赞同陆军的主张，但在外交调查会上，原敬等人强调，应该根据美国的方案，限定作战目的、作战地区、作战兵力。

值得一提的是，当时担任参谋本部作战部部长的宇垣一成对此进行了批评："不知兵之辈，无意义地限制兵力，或限定所要经费，用兵的范围、时机等亦依内外鼻息而决定等，实为荒谬之极。"这样的言辞，与前面介绍的拥护军部大臣现役武官制的文件一样，充分显示了职业化的军事技术官僚对非专家表示的傲慢。另外，参谋总长上原勇作也指责政府和外交调查会的态度侵犯了统帅权的独立，虽然最终被挽留，但他当时提交了辞呈，表示抗议。

最后，在从西伯利亚撤兵的过程中，取代寺内内阁的原敬内阁巧妙利用外交调查会，落实了政府的方针。在内阁会议做出分阶段撤兵的决定以后，原敬内阁先让外交调查会批准了这个方针，然后将它强加给了陆军。在把政府的方针强加给军队（参谋本部）时发挥了重要作用的，是陆军大臣田中义一。田中义一曾经作为军务局局长或者作为参谋次长，在增师问题上直接地表示过作为"真正的"国家军队的立场，但是根据实现陆军要求的过程中的经验，他痛感与政党的合作必不可少。对原敬首相的合作也正是源于他的这种体验和信念。

田中义一主张，出兵西伯利亚不是战争，因此政府可以决定撤兵的内容，并多次企图不经参谋本部事先同意，落实政府的撤兵方针。这样，伴随军部大臣现役武官制而被强化的统帅权的独立，被陆军大臣田中义一自己无视了。参谋本部当然对此进行了强烈的抵抗。因此，如前所述，不用说原敬首相，就连田中义一陆军大臣也开始考虑对参谋本部进行改革。

以参谋本部为大本营的陆军，对于政党方面的攻势，并不是拱手相让、始终处于被动。辛亥革命以后，陆军在中国大陆的行动是强行实施的，经常脱离政府的方针。他们将自己的行动正当化，声称：保护和扩大大陆权益的行动，即使有时脱离政府方针而干涉了中国内政，也有利于国防。关于西伯利亚出兵，陆军则是超出了有限出兵的范围，顽固地抵抗政府的撤兵方针。

但是，连过去担任参谋次长时领导采取这种行动的田中义一，也不得不重视与政党的协调和合作。这是因为，考虑到陆军的长期利益及在整个国策中实现军事的合理性，通过与政党合作，从而确保顺利实行军事政策，才是上策，而不是与掌握政治实权的政党对抗，不断发生摩擦和对立。这样，政党势力便企图利用外交调查会，通过田中义一陆军大臣，干预本来属于统帅权的领域，控制统帅部（参谋本部）的行动。用亨廷顿的概念来说，这正是一种客体文官控制的萌芽。

军部大臣文官制的主张

只要不废除统帅权独立的制度，那么就无法实现客体控制。实际上，政府后来也没有进行参谋本部的改革。因此，客体控制最终只停留在了萌芽的状态。

不过，值得一提的是，尽管没有实行参谋本部的改革，但是在这一时期，政府却尝试了几项制度改革。例如，1914年10月，在各省设置参政官和副参政官时，与过去的参事官、参与官不同，规定也适用于陆军和海军。虽然附带了不参与军事机密和军令这样的条件，但是在陆军省和海军省也设置了参政官、副参政官这样的文官。虽然参政官职务的身份是文官，却是前军人出任。而1924年8月，各省设置政务次官和参与官取代参政官的时候，陆军省和海军省的这两个职务也变成了政党人员出任。这个时候也附加了限制，政务次官不得参与军事机密和军令，只是期待他们成为军队与议会或者执政党的联络人。不过，尽管这对军队的方针没有产生实质的影响，但是在陆军省和海军省内设置政党人员能够就任的职务，确实具有不小的意义。

积极尝试这种制度改革的，仍然是原敬内阁。1919年，政府首先修改了殖民地总督武官专任制。也就是说，过去，只有现役武官才能就任朝鲜总督和台湾总督，但今后也可以由文官就任（不过，去除了总督的军队统率权）。这样，在制度上开辟了文官担任总督的道路。在进行这项制度改革的同时，撤销了负责南满洲防卫和关东州租借地行政的关东都督府，将之分化为由文官担任长官的关东厅和关东军司令部。无论是扩大殖民地总督任用资格，还是设置关东厅，目标都是把军队的任务限定为军事，一般行政让文官管辖。在这里，也可以说，军队被缩小了既得权力，处于守势。

进而，1921年，原敬首相任命海军大臣加藤友三郎为全权委员，参加协商限制海军军备的华盛顿会议。海军大臣不在国内期间，由自己管理其事务。所谓文官管理军队事务，无非是一种临时代理，附带的条件是不触碰军部大臣所涉及的统帅权。但是陆军对此一直不同意。陆军的立场是，无论在什么情况下，军部大臣都可能干预统帅权。另外，他们也担心，一旦承认文官管理军队事务，将不得不承认文官担任军部大臣。但是，最终陆军也不得不承认由原敬首相管理海军大臣的事务，而条件是文官管理军队事务的先例不适用于陆军大臣。

陆军的担心未必是杞人忧天。不久，在帝国议会上便开始讨论废除军部大臣任用资格，也就是，实行文官大臣制的问题。1923 年，全场一致通过了要求废除军部大臣武官专任制的提案。虽然政府没有受提案的约束，但是政党的要求非常明确。不仅是军部大臣文官制，在第一次世界大战以后，政党还提出了陆军裁军、师团减半以及征兵一年服役制等要求，进一步加强了对军队的攻势。

实际上，这个时期，陆军受到的还不仅仅是来自政党的挑战。陆军在其他方面也遭到了严峻的挑战。

社会的挑战

士兵集体逃出兵营

1908 年 1 月，第十六师团（京都）下属的 10 多名老兵集体逃出兵营，次日，在京都市内的先斗町被逮捕。这是联队前所未有的一次事件。据说，事件的起因是，因为率兵的下士官（曹长）跟新兵一样挑剔老兵，一名老兵没有服从命令，因此遭到了殴打，导致 10 多名士兵在外出日饮酒不归，表示抗议。

同年 3 月，还发生了一起第一师团（东京）下属的 30 多名士兵外出演习后不按时归队，次日晚上才回来的事件。他们因为吃不消猛烈的演习，被要求从户山的演习场跑步回去，所以，想要直接去找大队长告状，但是没有找到大队长的家，在外过了一夜。

此后，第十六师团下属的驻大阪部队的十几名士兵，又在夜里从兵营的后门闯过步哨，逃出了兵营。当天，因为提前结束一天的工作后在兵营内的小卖部喝醉，大声喧哗，他们遭到了下士官的严厉训斥，一气之下，便想要在外面再喝一次，于是逃出了兵营。

这些事件都如实地反映了军纪的松弛。众所周知，日俄战争以后经常发生这样的事件，并且开始引人注目。而且，一般都把这种军纪松弛解释为，日俄战争中获胜后军队开始骄傲自满。

但是，这种事件的根源可能出人意料地更加深刻。介绍这3起集体逃跑事件的竹山护夫和前坊洋分析，它们象征着社会的失范。由于日俄战争的胜利，日本国民丧失了明确的国家目标，通过拥有共同的目标而保持的一体感和连带感也减弱了。国民意识涣散，热情减退、失去活力的现象蔓延到了整个社会。进而，社会整体颓废，道德沦丧，风气轻浮。这样的征兆也表现在了本应最体现纪律和秩序的军队上，由此可以看到失范对军队的影响。

失范不仅仅产生于丧失目标。由于近代化和西方化的发展削弱或者破坏了作为日本社会稳定基础的传统价值，因而社会风潮发生了变化，这是失范蔓延的根源。1908年10月颁布的《戊申诏书》充分体现了这一点。

诏书说："宜上下一心，忠实服业，勤俭治产，惟信惟义，醇厚成俗，去华就实，荒怠相诫，自彊（同'强'）不息。"正是要劝诫当时厌恶忠实、勤俭、信义，放弃牢靠而追逐华美，轻视努力而流于懒惰的社会风潮。

精神教育

颁布《戊辰诏书》的同年12月，陆军修订了规定兵营内的军人职责、日常生活制度等内容的《军队内务书》，充分说明了陆军试图应对社会风潮的变化。《军队内务书》的"修订理由书"中，这样阐述了当时的社会状况：

> 我邦武士教养，渐次废弛，新文明之制裁仍未普及。奢侈游惰，道心日微，动辄为同盟罢工，为职工暴动，为社会主义流行之兆，社会之秩序不整。

总之，它观察到，尽管传统的社会规范解体了，但是取而代之的新文明的规范尚未普及，社会上奢侈浪费、游手好闲的风气蔓延，道德沦丧，成为工人罢工、社会主义流行的温床。作为陆军军官研究亲善团体的偕行社的机关杂志《偕行社记事》上刊登社论说，社会已经成为物质主义、拜金主义、受贿、诈骗、赌博、贪污、杀人、厌世自杀、堕落、不义、伪善等不道德行为横行的地方。

《军队内务书》的修订重点放在整顿军纪、风纪和精神主义上面，而这些内容都旨在应对这种令人担忧的社会风潮。整顿军纪、风纪这一点，尤其如此。不过，这次修订更为直接的目的还是在军事方面。其中之一，就是对二年现役制的应对。

1907 年 10 月，现役步兵的服役年限从过去的 3 年缩短为 2 年。这样，第一次实质性地减轻了征兵这种"倒霉差事"的负担。但这也是伴随日俄战争后增设师团而采取的一项措施。如前所述，战前的 13 个师团体制在 1907 年度的预算中，逐渐过渡到 19 个师团体制。为了增师，也就是为了给新设师团供应兵员，需要大幅增加征召人数。

但是，必须避免人员费用支出过大的情况。另外，征兵人数的急剧增加会带来就业人数的收缩而对社会和产业产生影响，所以最好把这种影响控制在最小的限度。1912 年年度的征兵人数超过 10 万人，占 20 岁男子人口的 23%。如果实行三年现役制，征召到军队的人数是这一数据的 3 倍，而如果服役年限缩短为 2 年，则能够减少到这一数据的 2/3。

通过实行二年现役制，尽管增设了师团，却避免了人员费用的急剧增加，也没有对社会产生重大的影响。然而，本来用 3 年的教育培养出一名士兵，现在必须用 2 年进行，这就要求采取相应的办法和强行措施。另外，如果增加征兵人数，必须预想到素质差的人进入军队。这一点反映在军队对精神教育的强调上。

而且，作为日俄战争的一个教训，陆军痛感战时进行庞大动员的必要性。也就是说，他们认为，在战时，除了现役官兵，还需要动员大量的在乡军人①。根据《帝国国防方针》，平时 25 个师团，战时 50 个师团，而且还要考虑到既设师团从平时编制向战时编制的过渡。

这样，大量储备接受过现役兵教育的在乡军人的同时，在他们退役以后，还必须把他们的熟练程度，也就是作为士兵的能力和意识保持在一定的水平。1910 年组织的在乡军人会的目的之一，就在于此。而在此之前，首先必须在服现役期间对受到不良社会风潮影响的士兵进行彻底的教育，灌输军人精神。在这里，精神教育占有重要的地位。

《军队内务书》的"修订理由书"中，这样阐述精神教育：

> 正如日俄战争证明的那样，战争的胜利属于充满军人精神的军队。当时，日本无论在武器上还是在兵力上，都处于劣势。这样的情况下，日本能够取胜，是因为比敌人形而上（在精神方面）处于优势。在未来的战争中，日本也不能派出比敌人优

---

① 在乡军人：日本指预备役、后备役以及退役军人。平时作为普通百姓边生活边进行一定时间的训练，战时则受到动员。

势的兵力，甚至也不能以更加优越的武器与敌人作战。有可能在任何战场上，日本都必须以劣势的兵力和劣等的武器，强行追求胜利。需要实行精神教育的原因，正在于此。

这里，有些解释与日俄战争的实际情况恰恰相反。这是因为，如前所述，在日俄战争中，即使说日本在兵力上略微处于劣势，但除了炮弹的数量，武器的质量和数量并不比俄国逊色。强调肉搏战术、进攻精神，如前所述，是吸取了日俄战争的教训。不过，这并不是因为日本军队擅长肉搏战或者富有进攻精神，而是恰恰相反。

《军队内务书》中强调精神教育，并不是直接从日俄战争中汲取教训。二年服役制、征兵人数急剧增加、社会风潮"恶化"要求军队强调精神教育，所以才做出了与之相应的对日俄战争的解释。

当然，重视精神教育、强调士气和精神力量，是任何军队都具有的共同特征。这是因为，无论武器的质量和数量多么优越的军队，如果缺少精神力量、纪律涣散，也难以发挥作为战斗组织的力量。不过，日本陆军对精神教育的重视有过度之嫌，常常无视各种客观的物质条件，而夸张精神力量的优势。

内务班

1908 年颁布的《军队内务书》中一个比较为人熟

悉的内容是，把兵营当作"军人的家庭"，让军人在那里学习和培养军纪和军人精神，尤其在作为战术层面的战斗单位——中队中，中队长是士兵们的"严父"，而下士官则是他们的"慈母"；主张在上级严格正当的命令和充满慈爱的领导下，部下应该以忠实的义务感和崇高的道义感，认识到军纪的必要性并服从军纪。换句话说，不是完全不加批评地无条件顺从，而应该是基于理解的服从。

在这种中队家庭思想中发挥重要作用的，是作为"慈母"的下士官。根据日俄战争的经验，为了减小敌人的炮火所造成的损失，以分散的队形前进比密集的队形更加有利，并且判断，与中队和小队相比，由下士官率领的分队①执行任务的情况将会增加。在这一点上，陆军开始比以往更加重视下士官的指挥能力和判断力。

这个时候，陆军通过《军队内务书》而在兵营设置由下士官担任班长的内务班，也与上层的考虑有着密切的联系。在此之前，为了便于发放工资、被服、物品，军队设有给养班，而这一次设置了内务班，负责除野外演习等以外的兵营的一切日常生活。

所谓内务班，具体指的是大约 20 名士兵共同生活在一个大房间中形成的集体，士兵们在这里作息、就餐、保养武器、上课等。内务班在战时编成分队，班长

---

① 分队：日本旧陆军中的最小编制，相当于班。

变为分队长。设置内务班的目的在于，让担任班长的下士官平时掌握分队，同时通过在兵营的日常生活，对士兵进行军纪和军人精神的教育。

问题是下士官的素质。下士官从征召的士兵中选拔、培养，但士兵未必志愿当下士官，志愿当下士官的人反而不断减少。这是因为，社会上有不少工作在工资、待遇方面比下士官更有吸引力。另外，下士官晋升为军官的道路事实上也是关闭的。因而未必能够从能力、人格方面比较出色的士兵中选拔出优秀的下士官。不能说没有下士官往往不能发挥被期待的指挥能力，而为了确保士兵服从诉诸强权和强制的情况。

内务班所代表的中队家庭思想的本来目的，是缓和军队内部的等级秩序带来的死板和军纪的严格，引导士兵在理解前提下自发服从上级的命令。这是因为，军队以前存在通过威胁严惩和监视来维持军纪的倾向，对此，有人批评，军队无视士兵的人格，用军纪把士兵强制培养成一种模式，完全像制造战争的机器一样。

然而，尽管修订《军队内务书》的目的是回应这样的批评，但是兵营的实际情况似乎并没有发生多大变化。在下士官中，忘记自己作为"慈母"的作用，强制士兵服从而不是让士兵出于理解和道德而自发服从的情况依然存在。这种情况扩大了内务班臭名昭著的滥用私刑的现象。

把中队作为家庭的思想确实具有融洽上下关系，加强部队团结的效果。但是，另一方面，正如高桥三郎指出的那样，由于存在这种家庭思想，因此也发生了军队的权限和服从关系变得含糊不清，甚至军纪松弛或者瞒报和暗中处理事故的情况。

内务班所代表的兵营生活，束缚自由，往往不允许保留个人的隐私，甚至滥用私刑。不过，既然是军事组织，也许不得不重视纪律和服从，这会让普通社会生活的自由在一定程度上受到限制。问题是陆军中的这种限制过度了，而且存在认可这种过度限制的土壤。家庭思想正是对认可过度限制起到推动作用的因素之一。

所以，兵役让人联想到束缚自由和滥用私刑。但是，也有些地方把它视为走向成人的仪式。服完兵役的人被作为一个大人而受到社会的尊重。然而，通常也许未必能说人们把兵役视为崇高的义务，反而是把它视为一种能躲则躲的义务。虽然逃避征兵的现象减少了许多，但是并没有消失。在征兵体检时，也有一些人由于体检官睁一只眼闭一只眼，而免于征兵。至少在平时，兵役被当作一件倒霉差事的状况仍然没有改变。

社会教育者

日俄战争以后，陆军在与社会的关系方面亟待处理的一个重要问题是，伴随着近代化的发展，社会风潮发生了变化，而且日趋"恶化"，军队必须从这个日趋"恶化"的社会中征召大量的人员进行教育，并让完成现役的士兵在"道德沦丧"的社会中保持军人精神和熟练程度。

如前所述，设立在乡军人会是解决这个问题的方法之一。除此之外，陆军还摸索其他的方法，对普通学校教育也给予了关注。他们认为，让青少年不受社会道德沦丧的影响，提高入伍士兵的质量，至少不让其下降，是学校教育的社会作用。

但是，在军人们看来，学校教育似乎并没有充分发挥这样的作用。反而，在他们的眼里，学校教育甚至常常助长了青少年的"恶习"。因此，一部分军人已经不指望学校教育，而开始主张军队本身应该承担社会教育的主要作用。

例如，1912 年《偕行社记事》刊登的一篇社论中，阐述了这样的主张。即，不能只依靠学校教育，相反，要在国民中普及军队教育，对家庭、社会乃至学校教育施以影响。虽然有些极端，但也有人提出了如下主张。即，军队是陶冶国民品性之地，我们军人以社会先觉者为己任，是因为如今只有军队能够拯救正在沉入堕落深渊的国民。

这种军队或者军人应该在社会教育中发挥重要作用的主张，在 1913 年制定的《军队教育令》中，形成了如下具体的形式。

军人乃国民之精华，占其首要部分。因之，教育之适否直接左右乡党闾里之风尚，且对国民之精神带来伟大之影响。盖于军队修得无形上之资质，将令社会风潮向上，为国民之仪表，驯致挚实刚健之风气，可增进国家之兴隆。以是，当思，苟当军队教育之任者，虽固以战斗为宗旨，然养良兵即造良民之途径，宜有陶冶国民模范典型之觉悟。

这里所显示的就是所谓良兵良民的思想。也许值得注意的是，在这里，军人不仅被期待发挥"以战斗为宗旨"的军事职业的作用，而且被期待发挥培养"国民之精华""国民之仪表（模范）"的社会教育者的作用。

在军人应承担的社会教育中，试图纠正和防止社会对士兵的不良影响时所强调的，当然是《军人敕谕》中倡导的传统价值。也就是说，忠节、礼仪、武勇、信义、朴素等价值再次被强调，并被放在了精神教育的核心。另外，武士道、大和魂等作为军人精神和进攻精神的体现，比以往更加受到强调。

不过，重视精神教育未必意味着只注重传统和复古。至少在军官层面，在精神教育方面，没有停止对近代合理性的追求。这一点，比如就体现在对教育学的关注上。教育学被列入士官学校的课程，是第一次世界大战以后的事，但是对这种新学问的关注在此以前便开始了。不言而喻，教育学应该是让军官的眼光转向了在军队教育中引入新的教育方法。

顺便要提到的是，根据铃木健一的研究，即使在军校的日本史教育方面，从明治后期到昭和初期，主体内容也都重视史实，相对来看比较客观。而思想教育的目的淡薄，并没什么不寻常之处。即使重视精神教育，承担社会教育的军人，至少军官也并没有立刻变得失去理性。

承担社会教育的任务，使得军人开始关注社会。既然进行社会教育，就必须了解社会及其动向。在进行精神教育方面，仅仅强调传统价值和武士道已经不够了。作为社会教育者的军官，除了"暴力的管理"方面的专业知识和技能，还必须具有关于社会的丰富知识和敏锐的观察力。

军官军纪松弛

然而，具有讽刺意味的是，在军人想要发挥社会教育者的作用，纠正不良社会风潮的时候，反映出军人总体军纪松弛的事件却接连不断，而且说明军官品行不端的事件也有增无减。

《密大日记》汇总了日本陆军省收发的重要文件。其中，从1908年前后开始，关于军官不良行为、违反军纪的文件逐渐增多。在乡军官暴行、受贿、巡视中游玩、醉酒等品行不端的现象非常多，而现役军官的不良行为也屡见不鲜。1910年1月，陆军省向各个部队发出了内部训示，内容如下。

> 最近，社会风潮渐趋安逸，生活之淳朴日益衰退。既采用全民皆兵制，士兵乃时代风气之反映，不能不受道德颓废社会之影响。欲抗拒此种社会风潮，指导士兵，使之成为善良之士兵，锻炼其军人精神，主要有待军官之努力。因为军官乃"军人精神之渊源，一国元气之中枢"。然而，近时，军官，尤其是青年军官中，往往有操行不修者，甚至有触犯刑法、污名流世者。盖为军官者，须日常忠实于其职务，品性高尚，重地位与名誉，养质实刚健之风气，率先垂范，教育部下。因此，不允许肮脏之行为和暴行，且须严惩"求外观之美而陷于浮华优柔"的现象。

一部分军官的不良行为已经达到了无法容忍的程度，以至于陆军省不得不发出这样的内部训示。社会风潮的恶化不仅危害到了士兵，而且也对军官产生了恶劣的影响。虽然不是仅仅针对军官的，但包括陆军大臣的内部训示在内，从明治时期到大正时期，陆军省曾多次发出通知，要求整顿军纪和风纪。

但是，尽管陆军省反复发出通知，但关于军纪和风纪的令人担忧的倾向，即使在进入大正时期以后，也没有出现改善的迹象。反而，在此之后，受到第一次世界大战余波的影响，呈现出每况愈下的趋势。正如"暴发户"所象征的那样，物质主义、拜金主义的风气也日趋严重。第一次世界大战的末期，《偕行社记事》杂志曾经发表评论说，无论是为逃避征兵而逃跑的人不见减少，还是参军的人充满拜金主义、缺乏牺牲精神，其罪魁祸首都是社会风潮的恶化。

它指出，社会风潮对当时越来越突出的军官违背本分的倾向也产生了恶劣影响。有的一心追求自私自利、飞黄腾达而不顾本职工作，有的急功近利而发豪言壮语，不喜欢脚踏实地地工作，有的以远离部队工作为荣。这些都被视为"思潮的变化造成的流弊"。军官追求出人头地的思想也被认为是受到社会不良习气的影响。

当然，并非所有的军官都倾心追求出人头地，涉及违纪行为的军官也不过是极少数的例外。下士官和士兵违反军纪的情况也是如此。然而，不能不说，即使是例外，这种倾向和行为也体现了当时军队重要的一个方面。军队真正从正面受到了社会的挑战，更准确地说，受到了社会风潮变化的挑战。

民主主义

这个时候，民主主义的潮流对军队形成了进一步的冲击。在国内政治方面，代表民意的政党掌握了政治权力，而在国际政治方面，第一次世界大战的结果被理解为英法美对德国军国主义的胜利。民主主义作为一种新的政治体制或者政治思潮，开始对民众产生巨大影响。

表 3 – 1　逃避征兵者人数变化

单位：人

年份	下落不明（失踪者）	征兵体检时故意损伤身体或者装病	征兵体检时逃跑或者躲藏	接受征兵体检	当年适龄者	现役兵
1917	2628	692	1124	491797	502912	107583
1918	2803	578	865	508149	522653	114145
1919	2683	883	900	492651	504762	114055
1920	2609	587	858	524527	528378	122340
1921	2671	396	688	554513	557764	135948
1922	2369	432	497	558096	560628	—
1923	2217	486	370	554273	558130	109216
1924	2266	790	344	531842	537357	110347
1925	2112	419	303	521991	531062	92549
1926	2075	319	179	521254	534355	92394
1927	2217	302	203	581307	597012	95423
1928	2253	333	209	568796	612444	99764
1929	2159	389	178	585819	626141	100782
1930	1985	408	139	585819	631882	100771
1931	1916	474	99	595505	649859	100774
1932	1968	363	96	621844	647110	100774
1933	1912	222	84	631099	655771	114224
1934	1832	359	58	641969	668800	—
1935	1883	148	133	630192	659522	134338
1936	1649	82	70	629829	658433	—

注：当年适龄者人数与接受征兵体检的人数之间的差异，并不都是因为逃避征兵。也有依据《免除兵役规定》等，即使适龄也没有接受体检的人。另外，也不能说失踪者都是为了逃避征兵。逃避征兵者人数虽呈减少趋势，但并不是没有了。另外，在这个时期，大约二成的适龄者作为现役兵在部队服役。

资料来源：黑羽清隆《军队讲述的日本近代》上（社会出版社），加藤阳子《征兵制与近代日本》（吉川弘文馆）。

不过，如果认为当时的民主主义只是政治领域的事，那么恐怕有些不符合实际。因为当时民主主义被理解为一种社会现象，它也包括我们前面介绍的一部分社会风潮。有位军人把大战后的特征归纳为平等化、民众化、劳动化、国际化，但指出其根本都是民主主义，并进行了这样的阐述："民主主义这个词也许是刺激近代吾人头脑的最中之最，又是在吾人头脑中留下印象的优中之优。"

正如他所言，民主主义对大战后的日本军队和军人在各个方面产生了强烈的冲击。我们不妨以《偕行社记事》的评论为材料，验证一下这种冲击之大和范围。

起初的评论提倡要警惕民主主义，认为第一次世界大战后欧洲的政治混乱和社会主义思潮兴起的原因之一就在于民主主义。民主主义被当作纲纪松弛、秩序混乱的元凶。它还认为，第一次世界大战后国际上提倡废除征兵制、撤销和裁减军备，这种主张也无非是民主主义的政治思潮，在这一点上与军人精神背道而驰，正在动摇建军的基础。关于俄国革命，评论也指出，原因是民主主义的政治思潮渗透到军队，使得军人在本分观念和义务观念上产生了缺陷。总之，评论认为，民主主义是破坏秩序的元凶，与君主制相敌对，将威胁到军队的等级秩序和军队存在本身。

但是，并不是所有军人都对民主主义持这样的否定看法。也有军人按照所谓民本主义的观念解释民主主义，他们主张，如果政治以国民的幸福为目的，把以国民为本当作民主主义，那么，它与国体丝毫也不抵触。不仅有人主张民主主义不与国体抵触，而且出现了提倡民主主义与军队相互调和的主张。也就是说，军队按照指挥命令进行军事行动时，不言而喻，它与民主主义是不能相容的。但是，除此之外的情况，例如，在内务班生活和与社会的接触中，军队以往过于忽视民主主义。这种主张可以说把民主主义与重视人权、人道、平等的进步时代思潮同样看待，主张它与军队调和和共存。

在这一点上较为有趣的一点是，有的军人指出，在决定大战趋势的国民精神力量方面，英美一方优于德奥一方。也就是说，他们认为，由于平时的政治教育和民众参与政治的经验，英法两国的国民对推动战争具有坚定不移的自觉性，发挥了主导力量。当然，由于日本陆军以德国为榜样，所以一般的陆军军人容易偏向于德奥一方。但是，尽管这是少数人的意见，但是在认为民主主义的英美一方在国民精神力量方面占据优势这样的见解中，仍有值得我们关注的东西。

当时的军人对于民主主义的反应未必是拒绝的，而且也并非完全一致，而是出乎意料地灵活多样。以往只刊登官方见解的《偕行社记事》，从日俄战争前后开始，鼓励在一定范围内撰写自由的评论，因此军人各种不同的观点也反映到了《偕行社记事》上。

与社会共存

在这样的形势下，对于受到民主主义影响的社会风潮，也出现了不是只看其否定的一面，而是理解其肯定的一面，希望民主主义与军队调和和共存的动向。这也可以看作是，自开始认为军人应该发挥社会教育的作用以后，他们增加了对社会及其动态的关注的一个成果。

这种动向被称为军队的"社会化"，而宇垣一成担任师团长、位于姬路市的第十师团成为典范。该师团下属的、征召神户城市兵的第三十九联队，让士兵们自由阅读有关社会问题和劳动问题等的书籍（通常不允许持有与军队无关的书籍）。即使有人主张撤销军备，也不加以禁止。军队认为，这样的人反而有理解力，而且严格遵守军纪，主动服从义务。据说，1922 年，同样是第十师团下属的第十联队，在军旗节（纪念天皇亲授军旗的日子，开放部队，邀请普通市民进行祝贺的活动），军官剧团表演了英语剧《威尼斯商人》，募集捐款，计划将之用于建设官兵的娱乐场。

我们根据《偕行社记事》上刊登的文章，扼要介绍一下倡导与社会共存的军人的几个主张。

随着立宪政治的发展，国民也在进步。有了进步的国民，便没有不能培养优秀士兵和建立强大军队的道理。如果说，因为国民进步了，所以军纪松弛了，那么，这只能是因为教育士兵的军官墨守成规，教育的思想和方法不适应社会。

自以为是战略战术的专家，军人就脱离社会，这样的做法如何呢？军人在担负国防任务的同时，必须是社会的先觉者和领导者。先觉者和领导者，却不接近社会，是一个巨大的矛盾。

过去，军队努力用自己的风气影响社会，不懈地进行军队自己的宣传，却不欢迎把社会的风气吸收到军队里来。这样做，无法指望军民真正地融合。

虽说世界的历史就是战争的历史，但是夹在战争与战争之间的和平时期比战争时间长，而且近年来变得越来越长。这一事实进一步推动了军人与社会的接近。社会不仅供应士兵，而且接受军队送出的士兵。充分理解这个社会，是我们作为教育者的必要条件。现代的军官必须在战争中是勇敢的战士，是有为的指挥官，而在平时，则是有学问的教育者，对社会来说，是品行出众的绅士。

当时的军人提出这样的主张，也许令人意外。但是，在政府发行的《偕行社记事》杂志上，军人们却堂堂正正地谈论这些主张。在这里，军人们认为民主主义意味着立宪主义、国民的自觉等政治社会的进步，倡导民主主义与军队共存。也有些文章重视平时军队与社会应有的关系，倡导两者融合，其逻辑值得关注。而大胆提出应该把社会的"风气"吸收到军队这一观点的，是当时的大尉本间雅晴（第19期）。本间雅晴后来成为军司令官，最后以在太平洋战争中曾在菲律宾下令进行了所谓的"巴丹死亡行军"的罪名，作为战犯被处以死刑，但是第一次世界大战期间，他正被派驻英国，因而作为青年军官阐述了大胆灵活的主张。

当然，马上有人对本间雅晴这样的观点提出了严厉的反驳。例如，下面这样的主张便是如此。

> 军队也需要考察和顺应时势的发展。但是，受它威胁，无谓地迎合，迅速建立违反传统的军纪，则毫无必要。

> 我们军人，无论世界的风从何处吹来，都应该不动摇，毫不动摇，泰然处之。社会充斥着物质万能主义，我们处于和平论盛行的"不可轻信的时代"，但作为我们的本分，必须彻头彻尾逆其道而行之。

总之，无论社会如何变化，军队和军人都不能为其左右，这是反驳的宗旨。它还主张，应该敢于把军队与社会分开，让军人脱离社会。如果民主主义被视为助长社会的坏风气，那么军队也就不能与之共存。

综上所述，关于军队与民主社会共存的问题，军人之间产生了对立的态度。恐怕多数人对共存持消极的态度，但尽管如此，仍然可以看到还是有少数人对共存持积极的态度，这一点值得大书特书。而且，这也与第一次世界大战的教训有着间接的联系。

自觉

尽管在第一次世界大战中，经常在漫长的前线铺开规模庞大的部队，但是在每场战斗中，以小作战单位行动的情况却有所增多，因此往往需要下士官和士兵做出自主判断。作战单位变小这种情况，可以看作是日本军队依据日俄战争的教训而预想的作战形式被进一步贯彻而出现的一种变化。而要进行自主判断，仅仅服从军官远远不够，下士官和士兵还必须能够自觉采取行动。

关于这一点，刚才介绍的本间大尉指出了第一次世界大战中德军这样一个缺陷。他认为，德军好像牧羊人率领的羊群一样，优秀的指挥官率领着甘愿服从的士兵，这是德军的特点。因此，在顺利的时候，他们作为作战部队会表现出色，但是当部队分散，失去了指挥的军官、下士官的时候，他们便会无法充分发挥作战能力。

这种缺陷不仅仅体现在作战上。因为俄国革命、德国革命的时候，军队发生动摇，同情革命，也无非是无条件服从的结果。本间大尉最后下结论说："建立在盲从和屈从基础上的军纪，纵令看似坚固，也抵挡不住暴风，基础脆弱。"反过来说，自觉服从不仅在战场上能够发挥威力，而且在思想上也会具有坚韧不拔的精神力量。

自觉服从的重要性，不仅仅是从第一次世界大战的教训得出的结论。当时的社会风潮也要求军队重视启发士兵的自觉。也就是说，由于人们的知识和理解力不断提高，如果士兵不完全理解被要求的行动为什么必须做，那么他们将不再服从上级的命令和指示。因此，开始有人提出，军队教育也应该把重点放在启发受教育者的自觉上，而不是像以前那样实行灌输和强制教育。

下面一段《偕行社记事》的评论，也许可以认为是军人关于自觉重要性的共识。

> 军纪在蒙昧未开之际，单以强要绝对服从足矣，而于文化发达、民智已开之今日，施以威压，动辄引起反抗之心，发生不测之事态，或不然，仅会成为口是心非、徒有外表之军队，其弊甚大，因之，须鉴于时代，要求军纪由各人自觉而发动，有真正之意义。

在 1921 年 3 月修订的《军队内务书》中，几乎直接反映了这样的宗旨。其中规定，"服从须流露自有衷心理解之牺牲观念"，再次强调了自觉和理解是服从的基础。进而，如果尊重士兵的自觉，那么最好避免干涉和强制琐碎的小事，因此军队内务也开始被要求简化和宽松。

例如，军队废除了专门服侍师团长和旅团长等军官、让人联想到封建的主仆关系的勤务兵制度。关于兵营内的作息、着装这类细微的注意事项，一部分删除了，第一部分放宽了。还倡导采取慰劳士兵的措施。关于休息日和外出的规定放宽了。此外，它还具体规定了"呈报"制度，即士兵受到上级不当处分时，可以提出异议。

这样，陆军把民主主义所象征的社会风潮的至少一部分视为不可避免的社会变化，在军队内部逐渐接受了它们。

国体论

1921 年颁布的《军队内务书》强调自觉和理解，简化和放宽了军队内务的要求。然而，其中也强调了"国体"：

> 须铭记我国体冠绝万国之所以和国家军队建设之宗旨，且自觉兵役乃对国家之崇高义务及荣誉，苟如误选思索之事，不可有之。

当然，这并不是首次在军队的教范中提到国体。但是，在《军队内务书》中则是首次。为什么在要求放松和简化军队内务，夸张地说，指向"自由化"的同时，《军队内务书》却特意强调国体呢？

其原因之一也许是当时君主制面临的危机所要求的。明治末年，邻国清国灭亡。第一次世界大战末期俄国的罗曼诺夫王朝，第一次世界大战结束前后德国的霍亨索伦王朝、奥地利的哈布斯堡王朝这些君主制帝国相继灭亡，当时全世界的君主制似乎都濒临危机。这让作为君主制帝国的日本不得不产生危机意识。

而且，当时大正天皇患病，身体上已经不能发挥作为君主的功能，可以说，日本在双重意义上面临君主制的危机。1921 年 11 月，皇太子裕仁亲王（后来的昭和天皇）就任摄政，才令许多国民放下心来。这件事充分说明了这种危机的严重性。

以前，明治天皇是一位带有神秘性的君主，具有直接率领国家和军队的君主形象。军人效忠的对象以看得见的形式体现在明治天皇个人身上。但是，大正天皇缺少这样的特征。如果说，明治天皇是一位眼睛看得见的君主，那么大正天皇则是一位难以给国民和军人留下清楚印象的君主。

明治时期君主制的尊严是由 3 个要素支撑的，它包括：传统的、民俗的"活神"信仰；西方君主制的形式；明治天皇自身的人格或者神秘性。大正时期的君主制缺少第三个要素，必须用别的要素弥补它的尊严，那就是国体论。换句话说，在明治时期，即使不倡导国体论，君主自身的具体形象就足够了，但是在大正时期，必须通过国体论加以说明，把君主制正当化。这样，军人效忠的对象，就变成了国体论中抽象的天皇，而不再是作为具体个人的天皇。略微夸张地说，在大正时期，也许在军人意识中天皇的形象发生了转变。

这样的转变似乎从日俄战争以后就逐渐开始了。例如，据说，后来的军事史家松下芳男在1906年9月就读仙台地方幼年学校时期，在入学仪式的校长训示中，每次提到"天皇陛下"和"敕谕"，高年级的学生都要立正，这令他非常吃惊。另外，在学校里，皇太子（后来的大正天皇）来访问的时候，戴眼镜的人都要被命令摘下眼镜。理由是"用眼镜仰视皇太子殿下，属于不敬"。

过度强调军旗的尊严，也是在明治末期到大正时期这段时期。本来，军旗只有在参拜神社，还有对天皇、皇后的时候才低垂敬礼，1910年修改陆军礼节的时候，明确规定："军旗除对天皇的时候及拜神的场合以外，不进行敬礼。"也就是说，旗手、军旗卫兵、军旗中队在守护军旗时，无论是上级还是其他人，对天皇以外的人都无须敬礼。军旗犹如天皇的化身。军旗的使用极其庄重和严格，与天皇的照片一样被赋予了非寻常性。这样，从明治末期开始，天皇的尊严性和效忠天皇逐渐超出常规，而强调国体论又起到了推波助澜的作用。

强调国体论的另一个原因也许在于社会的民主状况。直接地说，正如刚才的引文中所说"苟如误选思索

图3-3　朗读《军人敕谕》 ［清晨，两名学生（近处）在东京中央幼年学校举行遥拜仪式的地方朗读《军人敕谕》。其他学生正在遥拜皇宫、皇太神宫，问候故乡的父母。《陆军画报》］

之事，不可有之"那样，具有思想对策的目的。军队尤其担心和警惕的是，否定君主制的社会主义通过征兵对军队也产生了一定的影响。

1908 年 2 月，发生了一起事件。前一年入伍的无政府主义者在兵营的墙壁上写下了许多"不敬"的文字，然后逃出了兵营。另外，据说，后来在大逆事件中被处死的幸德秋水，曾经企图给入伍的士兵散放檄文。陆军省的《密大日记》从 1910 年开始，加入了"社会主义"这一项，汇总了关于军队中社会主义者的机密文件。1911 年的《密大日记》"关于社会主义的事项"中，一共有 14 份文件。此后，军队对社会主义一直保持高度警惕。

不过，思想对策针对的不仅是社会主义。实际上，民主主义也是思想对策针对的对象。这不仅是因为一部分军人把民主主义视为社会主义的温床，也不仅是因为许多军人敌视民主主义。不论是否定还是肯定民主主义，都必须明确国体与民主主义的关系。

正如前面所说明的那样，也正如黑泽文贵所指出的那样，军人中并非没有进行过用民主主义解读国体的尝试。然而，军队最终采用的是近乎不合理地强调君主制尊严性的国体论。

负责统一管理包括这种思想对策在内的军队教育的部门，是与陆军省及参谋本部并列、直属天皇的教育总监部。教育总监部把有关思想问题的研究成果刊登在

《偕行社记事》上，或者出版成书籍，供军官们"思考"。后来作为九一八事变的主谋而闻名的石原莞尔（第21期），于1919年7月到教育总监部任职，从事思想问题的工作。对于国体的信念，从幼年学校开始即接受军人教育的军官是没有问题的，但下士官兵究竟能否理解，石原莞尔当时毫无把握。

石原莞尔之所以担心，是因为他认为对国体的信念构成了服从关系的基础。也就是说，无论怎么要求自觉服从、有理解的服从，效忠天皇这一服从的依据并没有变化。反而，为了让军人理解和自觉为什么必须服从，必须说明"国体冠绝万国之所以"，让下士官和士兵领会这一点。如果对国体的信念动摇，则势必会动摇作为军队基础的服从关系。

本来，以效忠天皇作为服从的依据，是为了否定封建的身份秩序，灌输一下近代军事组织中的等级秩序。同时，它也是为了把国民意识没有觉醒的士兵组成的集团打造成强大的军队。这里所强调的绝对服从的观念，来源于拿破仑战争时期的服从关系。

但是，明治初期和第一次世界大战以后，时代已经发生了巨大的变化。随着近代化的发展，社会风气发生了变化，人们追求的价值也趋向多样化。在立宪主义和议会政治下，政治参与的范围扩大了。受民主主义新思潮深刻影响的人们，与当初连国民观念都不懂的时代的日本人相比，已经截然不同。而且，第一次世界大战与拿破仑战争相比，战争面貌有了巨大的变化——已经不是要求绝对服从，而是要求各个小的作战单位能够自主判断和在战场上随机应变。

正是由于注意到这样的变化，日本军队开始强调自觉和有理解的服从。那么，实际上服从的基础置于什么之上呢？也只能以效忠天皇和支撑它的国体论作为服从的依据。

有奖论文

这个时候，《偕行社记事》进行了有奖征文，并刊登了获奖作品。这些论文充分说明了当时的军人关心什么，他们想要解决什么问题。我们下面介绍几个有代表性的论文题目（括号内为获奖作品的刊登期号）。

《普通国民对未来战争的觉悟》（1917 年 11 月号、12 月号）

《在普通国民中普及军事思想的具体对策方案》（1918 年 6 号、1919 年 1 月号）

《增加军官常识方案》（1920 年 3 月号）

《近时国民思想的变化及与之相应的军队教育上的注意点》（同年 4 月号、10 月号）

《以历史为根据论世界和平的将来》（1921 年 5 月号、8 月号、11 月号）

《鉴于现代思潮，令世人更加信任军官的方

法》（1921 年 7 月号）

《增加青年军官体力及勇气方案》（1922 年 6 月号）

《启发下士兵自觉的具体方案》（1922 年 11 月号）

《对士兵进行我国国体尊严教育的讲话方案》（1924 年 3 月号）

《鉴于时代的趋势，中队长对士兵实行精神教育的方案》（1925 年 5 月号）

《让青年子弟自觉充实军备之必要的通俗讲话方案》（1926 年 1 月号）

这些论文反映出与士兵直接接触的青年军官，在教育士兵时碰到的巨大障碍和设法突破这种障碍的努力。

内务的实际状态

这些努力在多大程度上反映在了部队的士兵教育中，我们不得而知。不过，军队似乎并没有按照《军队内务书》实施教育。《军队内务书》的宗旨没有被完全贯彻，而且常常被误解，出现了强调自觉、有理解的服从和放松军队内务要求，被歪曲为放纵、任性、不守纪律、不执行命令等情况。这样，《军队内务书》的修订被认为是"弱兵养成"的原因，为了重新锻炼这样的弱兵，"私刑"再次被视为迫不得已的手段。

本来，自明治时期创建以来，日本军队中就有私刑的传统，但它具有对新兵进行严格锻炼的一面，也是今天仍然常见的社会风俗习惯被带进军队的一种现象。与此同时，向新兵尽快地严格灌输军队生活和战斗的实际状态，让新兵体会到军队与被称为"自由天地""地方"的普通社会本质上的不同，有的时候会升级为私刑。

当然，《军队内务书》并不允许，更不鼓励私刑。但是，它的修订似乎始料未及地扩大了私刑的范围。如前所述，1908年的修订强化了下士官的作用，带来了下士官不时使用物理性强制的方法让部下服从的结果。1921年的修订，则是放松军队内务这个宗旨被误解而发生了放纵和不守纪律的现象，在矫正这种缺陷这一理由或者借口下，私刑被推动和默认。这里也可以说是悖论发挥了作用。

总之，1921年的《军队内务书》不久被批评为迎合时代潮流，因而在1934年的修订中，删除了强调自觉、有理解的服从的部分和要求简化、放宽军队内务的部分。不过，简化和放宽虽然否定了，却保留了国体论，并进一步强调它。

总体战的挑战

第一次世界大战

军队受到的挑战，不仅仅来自政党和社会。在几乎同一时期，军队遭遇到了更加重大的挑战，即是第一次世界大战引起的战争形式的划时代的变化。

众所周知，第一次世界大战的时间之长（1914 年 7 月～1918 年 11 月）、战斗之激烈、规模之大，远远超出了战前的预料。它首先体现在参战各国的动员兵力上。根据前面介绍的波特的研究，各国动员的兵力为：英国 620 万，德国 1325 万，法国 820 万。动员率（被动员人数占总人口的百分比）为：德国和法国大约为 20%，英国为 13%。法国革命后，在拿破仑率领下震动欧洲的法国军队的兵力为 180 万，动员率大约为 7%。从这一点就能够充分理解，第一次世界大战至少在规模上是多么划时代的一场战争。值得一提的是，如前所述，日本的动员率，在日中甲午战争的时候为 0.6%，而在日俄战争中，也只有 2.3%（这是陆军的动员率，但即使加上海军，也没有多大变化）。连我们认为全民动员的太平洋战争，动员率也不过 11%。

战争中的阵亡人数也充分显示了第一次世界大战的规模和激烈程度。整个第一次世界大战的阵亡人数为：英国（包括自治领诸国），90 万；法国，140 万；俄国，170 万；意大利，50 万；奥地利，90 万；德国，180 万。在因战斗激烈而闻名的凡尔登战役中，双方阵亡人数为 40 万，而受伤人数达到了 80 万。在索姆河战役中，英军伤亡人数为 42 万，而法军伤亡人数将近 20 万。据说，在索姆河战役中 1916 年 7 月 1 日的一次战

斗中，英国的伤亡人数（其中阵亡 2 万）就达到了
6 万。

与之相比，站在英法一方参战的日本在这次世界大
战中的军事参与确实是微不足道的。阵亡人数仅仅略微
超过 1000 人。对于陆军来说，只有攻打青岛算是一场
正式的战斗，当时青岛是德国在东亚的根据地。海军则
应列国的要求，执行了印度洋和地中海的警戒和护送
任务。

总之，尽管日本是参战国，但是日本不仅没有深入
参与，民众的关注度也不高。当时，被称为"欧洲大
战"，而事实也正是如此，在日本人看来，它无非是一
场远离日本的欧洲战争，而不是全世界各个国家参加的
一次世界大战。

但是，对于军人来说，并非如此。因为在各国使用
武器的数量和质量、使用这些武器采取的战法、为了赢
得长期而严酷的战争所采用的国家体制等方面，这场世
界大战带来了惊人的变化，具有划时代的意义。为了适
应大战中出现的新的战争形式，日本军队被迫改变它的
组织、编制和战略。这与政党、社会提出的挑战相比，
无疑是一个更加重大的挑战。

国家总体战

最初，日本的军人对第一次世界大战最为关心的，
当然是武器。在第一次世界大战的战场上正式使用了飞

机、汽车，还使用了毒气、坦克。在索姆河战役中首次亮相的坦克，起初介绍到日本的时候被称为"陆上弩舰"。也许，当时是想用这样的名称设法向没有见过的人传递实物的印象吧。除了新武器的亮相，武器、军需品的使用量也对日本军人产生了巨大的冲击。在进攻的前一阶段进行炮击所消耗的炮弹数量以及步兵部队携带的机枪数量，都超出了日本军队的一般认知。

此外，由于这些武器的使用，战斗的方式也发生了变化。战前，人们认为，大炮的发展和步兵携带机枪，将对进攻一方有利。但是，实际上战争开始以后，有利的却是防御一方。进攻一方在敌人的机枪前面尸体堆积如山，完全是日俄战争的状况的再现，只不过是扩大了规模。战争成为堑壕战，双方试图摆脱战线胶着的尝试只会造成无谓的巨大牺牲。

双方在漫长的战线上对峙，为了补充巨大的牺牲，需要进行大规模的士兵补充和动员。结果，各国的动员率达到了前述水平。本来，日本认为，在日俄战争的时候进行了大量的动员，已经接近国力允许的极限。然而，第一次世界大战中各国的动员率达到了它的数倍。

为了完成这种兵员的大量动员，并补给大量消耗的武器、弹药等军需品，各个国家动员了大量工人到军需工厂，其中包括不少女性。为了生产大量的军需品，各国将所有物资都注入了战争。实质上贸易中断以后，国家不得不实施食品、日常用品的统一管理或者配给。这样，各个国家为了进行战争而完全改变了国家体制。这就是动员国家全部资源的总体战。

日本的军人对这种战争形式的变化也非常敏感。一位军人对此做了这样的形容：如果说日中甲午战争是压拇指的游戏，那么日俄战争就是掰手腕的游戏，而总体战远远超过它们的规模，可以说相当于两位力士四手相交、竭尽全力的大相扑。这种比喻可谓言简意赅。根据第一次世界大战的经验，认为将来的战争将是总体战争的代表人物是宇垣一成（第 1 期）。他在日记中这样写道：

> 未来的战争不只是军队的交战、军队的操纵术，而将是组成国家的全部能量的大冲突，战争的胜负将取决于全部能量的展开和运用。

总之，所谓总体战，就是投入一个国家生存所需的全部资源，包括武器、弹药、粮食、被服、药品等，全民与敌国交战，而不仅仅是军队在战场上作战。

如果说总体战是一种全民战争，那么国防便不再只是军人的事了。用宇垣一成的话来说，"今后的战争将是国民全部智力、全部财力、全部努力的组织结合力量（文明）的战争"。于是，"国防全民化"的主张应运而生。如果国防也涉及军事以外的领域，那么仅仅依靠军人，就不能完成国防的任务。他认为，不仅是服兵役的人，所有国民必须各司其职完成国防任务。

图 3-4 日本画家根据见闻描绘的第一次世界大战的新武
器（使用飞艇、飞机进行轰炸。『欧州大戦乱画報』）

国防资源

日本当时到底有没有进行总体战的能力呢？从现在回过头来看，理所当然会提出疑问，但是当时的军人并没有这样考虑。他们考虑的是，日本必须进行总体战。因此，问题就是总体战要投入的资源，以及把这些资源转化成战争能力的工业能力。

如果战争中使用数量庞大的军需品，而且包括所有的物资，那么平时就必须预先考虑获得这些资源。但是，显而易见的是，在日本国内能够获得的资源是有限的，无论如何也不能自给自足。这样，他们再次把目光投向了大陆的资源。

这种设想最典型的例子，就是以小矶国昭少佐（第12期，后成为大将、首相）为首的参谋本部兵要地志班汇编的《帝国国防资源》（1917年8月刊）。书中首先预估了战时需要物资的数量，进而使用当时可用的经济数据，算出了国内的产量和储备量。经过计算，得出了一个理所当然的结论。那就是，只依靠国内生产和储备，无论如何是不够的。小矶等人进行了如下阐述，说明必须向大陆寻求日本所缺乏的军需资源。

> 帝国既不能经营完全之战时独立经济。然恰好邻邦支那国国产原料有克补足我不足原料之大部分。须平时巧妙准备我战时所欲支那原料之利用

方法。

《帝国国防资源》在最后部分鼓吹了一个宏大的设想。为了在战时也能够稳定地从大陆运输军需资源，应该建设一条从九州经对马直至朝鲜的海底隧道。这种想法可谓骇人听闻，但由此可见，他们是如何费尽心机地考虑获得大陆资源。

虽然从实现资源自给自足的观点出发，日本再次重视大陆的军需资源，但并没有因此马上提出占领满蒙或者统治大陆这样的政策。这是因为，如果日中关系稳定友好，得到必要资源的供应并不是没有可能。但是，万一不能建立友好关系，该怎么办？一部分军人开始考虑，必须不惜使用武力，确保获得资源。

防备总体战的另一个瓶颈，如前所述，就是工业能力。据说，1921 年 10 月，陆军省和参谋本部推算战时所需兵力数量的时候，根据武器、弹药等的生产能力，得出了 30 个师团是极限的结论。不过，参谋本部主张，战时兵力数量应该当作长期目标来考虑，因此最终的结论是以 40 个师团为战时总兵力的数量。无论怎么以欧洲式的总体战为目标，当时的日本在资源、工业能力，还有科学技术方面，仍然有一定的局限。

军备近代化

第一次世界大战后，一个明显的事实是，日本陆军已经成为世界上的二流军队。暂且不论在此之前日本是否进入了一流国家的行列，至少在日俄战争中，日本陆军与作为一流陆军的俄军进行了一场势均力敌的战争。但是，在第一次世界大战中，各国开发了新武器，参加了一场总体战。在这个时期，日本陆军落后了。

如何才能改变落后的局面呢？最合理的答案是，推动军队的近代化和科学化。军备近代化的主张不是军人的专利。在政治家中间，也有不少人提出了这一主张。例如，1918年，议会提出了要求增加飞机数量、改良火药等改善、扩充军备的动议，并获得全场一致通过。这一年，《军用汽车补助法》《军需工业动员法》的颁布，也是因为人们加深了对综合国力战争、改善军备的认识。原敬在被暗杀之前，曾经多次强调充实航空战力的必要性。

这样，在军备近代化方面，政治方面没有提出强烈的反对意见，但问题是财源。陆军在建成21个师团体制以后，不好再提出扩充军备的主张。作为第一假想敌的俄国，在第一次世界大战末期灭亡了，第一次世界大战结束后，已经没有能够与过去俄国的威胁相匹敌的国家。俄国的革命政权（后来的苏联），尽管是意识形态上的威胁，但当时还不构成军事威胁。而如果没有明确的威胁，就缺少为扩充军备而扩大预算的根据。

表 3 – 2　军费的变化（1917 ~ 1936）
一般会计财政支出决算额
单位：100 万日元

年份	财政支出总额（A）	军费（B）	军费的百分比（B/A）	陆军经费（C）	陆军经费的百分比（C/A）	海军经费（D）	海军经费的百分比（D/A）
1917	735	286	38.9	123	16.8	162	22.1
1918	1017	368	36.2	152	15.0	216	21.2
1919	1172	537	45.8	220	18.8	316	27.0
1920	1360	650	47.8	247	18.1	403	29.6
1921	1490	731	49.0	247	16.6	484	32.5
1922	1430	605	42.3	231	16.2	374	26.2
1923	1521	499	32.8	224	14.7	275	18.1
1924	1625	455	28.0	207	12.7	248	15.3
1925	1525	444	29.1	215	14.1	229	15.0
1926	1579	434	27.5	197	12.5	237	15.0
1927	1766	492	27.8	218	12.4	274	15.5
1928	1815	517	28.5	249	13.7	268	14.8
1929	1736	495	28.5	227	13.1	268	15.4
1930	1558	443	28.4	201	12.9	242	15.5
1931	1477	455	30.8	227	15.4	227	15.4
1932	1950	686	35.2	374	19.2	313	16.0
1933	2255	873	38.7	463	20.5	410	18.2
1934	2163	942	43.5	459	21.2	483	22.3
1935	2206	1033	46.8	497	22.5	536	24.3
1936	2282	1078	47.2	511	22.4	567	24.9

注：数值全部为四舍五入，因此合计金额有时候不吻合。

海军经费几乎一直比陆军经费多，一度达到接近财政支出的一半，从 1923 年度开始减少到三成左右，这是《华盛顿海军条约》的效果。20 世纪 20 年代后半期是裁军期，这也反映在了陆军经费上。1932 年度以后，军费无论是相对金额还是绝对金额都不断增加，这是由于九一八事变以后国际形势趋于紧张。

资料来源：海军历史保存会编『日本海军史』第七卷、第一法则出版。

而且，陆军除了正常的军费以外，还有出兵西伯利亚的经费，海军则成功获得了八八舰队的预算。1919年度，军费超过了国家财政支出（一般会计决算）的45%。1921年度，接近50%。因而，政府几乎不可能再为陆军军备近代化筹措新的经费。而且，第一次世界大战结束后，世界经济开始出现大萧条，应该也没有这样的富余资金。

值得一提的是，各国军费在国家财政支出中所占的比例是：第一次世界大战前的1913年，英国40%，法国25%，德国56%（日本为34%）。因此，尽管一战结束，进入和平时期，日本投入的军费比例仍然超过一战前拼命扩军的欧洲列强。这仍然只能说是一种异常。

这样，在军费的重压下，议会和社会舆论开始要求根据财政状况缩减军备，也就是裁军。原敬内阁决定裁减海军，派出代表团参加华盛顿会议。与此同时，要求裁减陆军的呼声也开始高涨。

裁减陆军

1921年，还没有召开华盛顿会议的动向的时候，国民党总裁犬养毅提出了产业立国的思想，主张一年兵役制和削减一半师团。他从总体战的观点出发，提出了必须强化产业能力，并认为这是打造近代军备的基础。关于此，他进行了如下阐述：

今天的战争不仅仅是军人的战争，而是国民全体的战争，不仅仅是武力的战争，而是武力和经济合为一体的全部国力的对抗。……这场大战证明，无论有多么精锐的武器弹药，如果没有经济力量，最终只会以战败告终。鉴于这样的状况，不管日本陆海军如何努力，在现在这样的产业状态下，无论如何也无法进行战争。……当务之急是平时将全力用于发展产业，培养实力，万一发生战争时，能够以全部国力相对抗。

另外，作为政党政治家而与犬养毅齐名的尾崎行雄向议会提交了一份要求日、英、美三个海军大国裁减海军和国际联盟裁减陆军的决议案。虽然决议案被以压倒性多数否决，但是在此后的半年中，尾崎行雄到全国各地进行游说，呼吁裁军，引起了巨大的反响。不久，华盛顿会议开始后，裁减陆军的要求突然得到了舆论的支持。在议会上，要求缩短服兵役时间和裁减多余机构，以节约经费的裁军建议案被提到了议事日程，并以压倒性多数通过。

如前所述，这个时期俄国的威胁至少暂时大幅降低，而且，由于海军裁军的成功，当前也没有与美国发生冲突的可能性，因此已经找不到对日本直接产生重大威胁的国家。在这样的状况下，既然海军已经着手大规模裁军，作为陆军也就无法对裁军要求完全置之不理。

1922年，加藤友三郎内阁的陆军大臣山梨半造（旧第8期）终于下令裁军，第二年也实施了小规模的裁军。这两次所谓的山梨裁军，大约裁减6万名官兵和1.3万匹军马。然而，这两次裁军仍然受到了强烈批评，认为裁军措施不够彻底。1923年发生关东大地震以后，政府在优先灾后重建工作的同时，决定精减行政和财政。作为其中一环，再次提出了裁减陆军的问题。

1924年，在联合组成加藤高明内阁的"护宪三派"中，宪政会主张裁减7个师团，政友会主张裁减6个师团，革新俱乐部主张裁减10个师团，作为三派的统一方案，最终达成了裁减6个师团、缩短服兵役时间、废除军部大臣武官制的协议。如果军部大臣不是武官，那么政党对军队的优势和压力将会进一步增强。在这个意义上，废除军部大臣武官制的要求与裁军压力产生了微妙的联动。

1925年，为了响应政府内外的裁军要求，陆军大臣宇垣一成宣布裁减4个师团。这样，通过3次裁军，日本陆军裁减了平时兵力的大约1/3。由于是大规模裁军，因此不可避免地遭到来自军队内部的抵抗。裁军是军队与政党方面抗争、妥协的产物，同时实际上也是陆军内部围绕适应总体战而相互争斗的结果。

是科学化，还是维持常备兵力

陆军内部的论争还体现在国防方针的修订上。1907年制定的国防方针在第一次世界大战末期的1918年进行了修订。这次修订的国防方针的正文还没有发现，但根据黑野耐的研究，它一并记载了过去的速战速决思想和总体战式的持久战思想。也就是说，这种设想是：一开战便采取攻势，争取速战速决，而倘若这样战争不结束，便过渡到长期的持久战，进行彻底的总体战。

然而，在华盛顿会议后的1923年，国防方针再次进行了修订，总体战的思想后退，重新开始强调速战速决。在进行国防方针第二次修订的时期，同时推出了山梨裁军，因而山梨裁军反映了第二次修订的宗旨。

速战速决的观点常常与强调精神力量的主张联系在一起。它的逻辑可以这样简单归纳：日本没有自给自足的能力，所以承受不了像欧洲大战那样的长期战争，因此，必须以速战速决为国防的基本方针，以开战后投入大量兵力重创敌人作为作战的基本思想。对于与欧美各国相比，国防资源贫乏、工业水平也比较落后的日本来说，与各国进行军备近代化的竞争，没有任何意义。为了在开战之初即给敌人以沉重打击，需要常备大量精锐的部队。即使在武器质量上不如敌人，也完全能够通过部队的无形要素，也就是精神力量加以弥补。

关于大正时期陆军状况的认识，黑泽文贵发表了最为有力的研究成果。正如他指出的那样，速战速决的思想并不仅仅是因为日本参加的战争很可能是短期战争而倡导的，也有因为害怕长期战争而主张速战速决的一面。另外，强调精神力量，也有一部分原因是出于对当前不可能在物资上提高国力的失望。也就是说，虽然日本难以在不久的将来增加资源或者提高工业水平，但精神力量可以通过锻炼官兵，加以强化。所以，速战速决的思想并不是全面否定总体战。只是当时判断，欧洲的总体战是特殊的，并不完全适用于日本未来的战争。

这里，我们再回顾一下山梨裁军。在这两次裁军中，大约裁减了相当于5个师团的人员，但在近代化方面并没有显著的举措。只不过在步兵联队中组建了步兵炮队，扩充了飞行大队，重点在于不减师团数量。即使减少人员，只要维持师团的数量，在状况好转时，便能够再恢复人员。另外，到了战时，将现有师团过渡到战时编制，比重新组建师团要容易得多。反过来说，一旦废除了师团，短时间内恢复将会极其困难。在这一点上，山梨裁军与国防方针第二次修订的宗旨是密不可分的，后者只以速战速决为前提，要求保持尽可能多的常备兵力（常设师团）。

与之相比，宇垣裁军的特色在于，将撤销4个师团及其他机构而节省下来的经费大部分用在了军备的近代化上（因此，陆军预算金额几乎没有变化）。裁减了3.4万人、6000匹军马，同时新设了坦克队、飞行联队、高射炮联队、通信学校、汽车学校等。

显然，宇垣一成的目的，不仅仅在于短期战争，而且在于考虑到有可能变成长期战争的总体战的军备近代化。实施军备近代化，需要巨额的经费。如果当前不能指望增加预算，那么只有通过裁减师团，自己筹措经费。而且，无论执政党还是在野党一直要求裁减师团，因此也需要采取相应的措施。

但是，如前所述，宇垣一成的裁军方案在陆军内部遇到了巨大的阻力。反驳的要点是，裁减师团将会削弱常备兵力，不能实现速战速决。本来，陆军的所需兵力在 1907 年的国防方针中，为平时 25 个师团、战时 50 个师团，而达到平时 21 个师团（截至 1921 年，兵力大约为 28 万人）以后，由于政治经济形势的影响，已经不能增加更多的师团。在 1923 年第二次修订国防方针的时候，修改为平时 21 个师团、战时 40 个师团。山梨裁军是要维持这个兵力，而反对宇垣裁军方案的论据也正在于此。对此，宇垣一成的设想是，裁减 4 个师团，实现装备近代化，建立平时 17 个师团（兵力大约 20 万人）、战时 32 个师团的体制。

宇垣一成的方案在陆军的军事参议官会议（由陆军大臣、参谋总长、教育总监以及几名没有职务的资深现役大将构成的咨询机构）上，以 5 票赞成、4 票反对的微弱优势获得批准。可见，陆军高层中也存在强烈反对的意见。此后不久，宇垣一成将反对方案的 3 位大将军事参议官编入了预备役。由此可见，宇垣一成对军备近代化（当时称为军制改革）非同寻常的热情和执行力。宇垣一成通过排除反对他的军中耆宿，掌握了陆军的主导权。

宇垣裁军的余波

在宇垣一成与他的反对派之间围绕军备的论争中，有一件被忽略的事。那就是，他们设想的军备到底针对谁。在第二次修订的国防方针中，以美国为第一假想敌，其次是苏联和中国。而主张速战速决的宇垣反对派，似乎是把与美国和苏联结盟的中国作为假想敌。

如前所述，当时不存在明显的来自苏联的军事威胁。而日本又与美国刚刚在华盛顿会议上建立了合作关系，当前不会发生战争，而且，即使发生战争，美国把大规模的陆军运送到东亚也绝非易事。如果对手只是中国，那么只要以速战速决为前提，是否有必要在平时常备那么多的兵力，都是一个疑问。因此，宇垣反对派想定在中国大陆与中美苏3国作战，也许是因为除非这样设想，否则不能把21个师团的体制正当化。

那么，宇垣一成如何呢？他想要针对哪个国家建设近代化的军备呢？其实，他也没有明确假想敌。更准确地说，他没有把所需兵力的标准放在假想敌上。也许宇垣一成把建设兵力的目标转向了进行总体战需要的军备这样一个灵活的标准上。在看不见假想敌的情况下，这无疑是保护陆军组织利益的一个合适的目标。

进而，宇垣一成在削减常设师团的同时，考虑到战时动员，并为此进行了部署。其中的一项措施就是，从1925年4月开始，在初中以上的各个学校分配现役军官，实施军事训练。如果通过训练考试，那么征召后服兵役的时间从通常的二年缩短为一年，并被授予干部候补生的资格，成为预备役军官。1918年以后，师范学校毕业生的短期现役制从过去的6周延长至1年，而如果通过训练考试，则也缩短为5个月。这样的措施不仅是为了培养大量的预备役军官，以备战时动员，同时也是为了救济因裁减师团而失去职务的现役军官（1925年年底分配到各个学校的军官超过1000人）。

1926年，各地开设了青年训练所。它是以结束义务教育的青少年为对象的一种社会人教育机构。在这里接受军事训练的人，服兵役时间缩短为一年半。青年训练所的军事训练也是为了战时动员而实行的一项措施，其中也有通过军事训练扩大民众对军队的了解，普及国防知识的目的。也就是说，它也是"国防全民化"的一环。即，在发生总体战的时候，不能仅是军队，全皆须承担国防任务。所谓国防全民化，如前所述，是从第一次世界大战中吸取的教训之一。当时通过修改章程而开始积极参与普及国防知识的在乡军人会的活动，也同样具有这种目的。

这样，宇垣裁军不仅仅是裁减师团，而且具有各种不同侧面的影响。据说，宇垣一成甚至有过这样的想法，他想让部队驻地的居民深切地感受到裁减 4 个师团的影响，让他们今后不要提出裁减师团的要求。事实上，撤销的具体部队名称一直到最后都没有宣布，但是在预料可能被撤销的部队的驻地中，有许多地方重视经济效益，提出了保留当地部队的要求。由于当地提出要求，因此国会议员也要求政府保留当地的部队。而这正是宇垣一成期待的结果。最后，陆军通过转移大量的部队，使得每个驻地都保留了部队，满足了居民的要求。

不过，即使如此，随着 4 个师团撤销，最终仍然撤销了 16 个步兵联队。这些大多数是日俄战争时新设的联队，它们的撤销后来产生了始料未及的影响。这是因为这给军人的连带感、团结意识留下了巨大的伤痕。归还军旗（联队旗）常常会发生十分感伤的场面。虽然士兵未必受到多大影响，但由于撤销了联队，军官（山梨裁军和宇垣裁军加起来大约 2500 人）和下士官不得不调动到其他部队或者岗位，他们强烈反对裁军。这在陆军内部形成了一股潜在的反对宇垣一成的势力，也成为反对政党政治的一个原因。

轻视军人

各个学校的军事训练似乎一般不太受欢迎。在高中，有些学生们对分配来的军官公开表示轻蔑或者抵制训练。产生这种轻视军人的态度，有几个重要原因。首先是大正政变以来，社会上对军阀持批判态度。人们把悲惨的第一次世界大战归咎于德国军国主义，而在日本，这种对军国主义的批判指向了陆军。日本出兵西伯利亚进一步加剧了这种状况。

第一次世界大战末期的1918年，日本出兵西伯利亚，派遣兵力最多的时候达到7.3万人，总人数则多达24万，然而，除了在国际上遭到批评以外，一无所获。这次出兵在花费了9亿日元的战争经费，并付出3000人阵亡的代价以后，最终于1925年完成撤兵。因此，仅仅这些已经足以引起人们对军队的强烈批评，又由于发生了大量违反军纪的现象，所以社会对陆军的批评进一步加强了。本来，违反军纪在朝鲜、满洲、天津等外占土地驻屯部队中比较明显，而在被称为无名之师（无正当出兵理由）的西伯利亚出兵中，不可避免地军纪松弛，因此，军人的不良行为常有发生。

根据原晖之、吉田裕的研究，下士官和士兵中很少有人理解出兵的目的，士气低落，甚至有人批评许多官兵觉得是一次到满洲的公费旅游。当时有这样一种倾向，士兵对初级军官发出的不合理的命令稍有不满，马上就会被认定是社会主义者。与之相反，据说也有军官害怕部下反抗而讨好部下。某个机枪队发生了这样一起事件：中队长因为殴打了士兵而受到中队全体人员的私刑，最终身负重伤。这些军人的不良行为、违反军纪的

图 3-5　出兵西伯利亚（日本军队在车站迎接奉命驻扎伊尔库茨克的武藤信义少将。『西伯利亜出征記念写真帖』）

事实，不久便流传到国内，成为社会批评陆军的材料。

　　轻视军人的态度产生的另一个重要原因，在于外部威胁变小。第一次世界大战结束以后，由于牺牲太大，因此人们开始认为，以后不会再重复这样愚蠢的行为，不会再发生战争。而对于日本来说，如前所述，作为北方威胁的沙皇俄国灭亡也具有重大意义。无论是海军还是陆军，都实行了裁军。向《偕行社记事》投稿的一位初级军官，在阐述对入伍士兵的教育十分困难的时候感慨称，他们觉得已经不会再发生战争了。1923 年征兵审查时的士兵常识试题中，曾经有"你认为不会有战争了吗？""如果日本撤掉军备，会怎样？"这样的设问。从不得不提出这样的问题，我们可以看出当时和平主义风潮的一端。而这种风潮无疑导致了对军人的轻视。至少军人们感觉，批评和轻视自己的主要原因就在于此。

　　轻视军人的态度与当时的民主社会有关，而军人方面也有一定的问题。陆军军人因为缺乏社会常识而在报纸杂志上受到指责和攻击，在议会上也引起了议论。军官自身也已经自觉到了这一点。有些军人自己发出了反省的声音：我们提倡军民一致，但是不是我们军人小看了社会，陷入唯我独尊的态度？我们到底是不是具备能够赢得社会尊敬的教养？连教育总监部也承认，轻视军人和军人社会地位下降是军官自身造成的，甚至要求军官们反省。

军人的社会地位

民众轻视军人也直接反映在军人社会地位下降这一点上。本来，由于军官大多数出身于原来是社会精英的武士阶层，因此社会地位相对较高。正如我们前面看到的那样，至少初期的幼年学校和士官学校吸引了年轻有为的青少年，所以军队能够拥有优秀的人才。民众把军人视为在社会上占据重要位置的精英，而军人自己也以精英自居。日中甲午战争和日俄战争的胜利进一步提升了军人的威望。然而，从第一次世界大战前后开始，军人的社会地位似乎开始出现下降的迹象。

军人社会地位下降的事实体现在报考军校的人呈减少趋势上。日俄战争以后到大正中期，报考军校者一直在增加，1916 年报考陆军士官学校的人数（从陆军幼年学校入学者除外）大约 4300 人，竞争率为 19 倍。1917 年，报考陆军幼年学校大约 5700 人，竞争率为 19 倍，达到了顶点。然而，1918 年报考陆军士官学校的人数比上一年减少了将近 1000 人，在社会上引起了巨大震动。陆军把这一年报考人数减少称为"锐减"，产生了危机感，甚至担心不大幅度降低最低分数线会招不满。也就是说，陆军开始担心，报考的绝对人数减少将降低军人的质量。

1920 年，政府撤销中央幼年学校，设置了陆军士官学校预科。原因之一，文部省规定修完初中四年课程（本来，毕业需要修完五年课程）后便可升入高中，陆军也受此影响，允许修完四年初中课程的学生升入陆军士官学校预科，然而，1921年陆军士官学校的报考人数只是略微超过 1000。1923 年陆军幼年学校的报考人数也下滑到了 1000 多。

不言而喻，报考人数锐减的一大原因在于社会对军人的批评和对军人的轻视。除此之外，由于在第一次世界大战中日本经济繁荣，年轻人都想进入实业界，这也是重要原因之一。1924 年以后，陆军士官学校报考人数再次呈现增加的趋势，这似乎也是由于经济动向的变化。

不过，虽然报考人数恢复，但内中情况却略微发生了变化。根据广田照幸的研究，初中成绩优秀的学生中报考军校的人逐渐减少，家庭条件优越、成绩良好的城市初中生通常都报考高中，而不选择士官学校。总之，军人在上层社会已经不再被视为有吸引力的精英。

军人的收入也关系到他们的社会地位。虽然军人的工资和养老金，根据物价上涨和其他职业工资水平的状况，也有所提高，但是仍然感觉工资相对比较低。这种感觉充分体现在"中尉凑凑活活，大尉勉强过活"这个流行语上。

军人处于这样的经济处境，有几个原因。首先，陆军的工资制度有问题。同样是官僚，与文官相比，军人

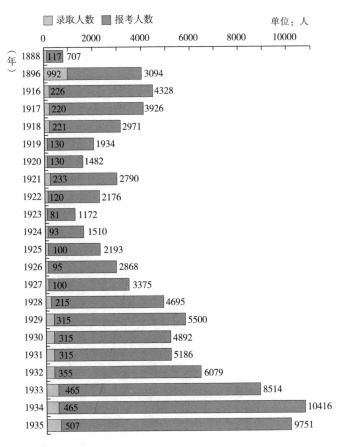

图3-6　士官候补生、陆军士官学校预科报考人数、录取人数的变化［注：1921年的数据为士官候补生和陆军士官学校预科报考人数和录取人数的合计。1922年以后的数据只有陆军士官学校预科。资料来源：広田照幸『陸軍軍官の教育社会史』（世織書房）、熊谷光久『日本軍の人的制度と問題点の研究』（国書刊行会）］

级别工资的差距相当大。也就是说，如果是文官，同一级别也分几个工资等级，即使不晋升，工资也有可能随着工龄而上涨。但是，军人除了大尉和中尉以外，同一级别内没有工资的差别，所以，即使军龄见长，只要级别没有晋升，工资也不会增加。

当然，政府并不是没有尝试改革这样的工资制度，以便根本改善军人工资的现状。但是政府担心改善工资会遭到优待军人的批评。另外，有限的预算不得不优先用于军备的近代化，也划不出预算用来改善军人的待遇。

另一个原因是人事停滞。这是日中甲午战争后到大正时期中期几乎每年都产生 500～800 名陆军士官学校毕业生的结果。由于陆军是从战时的需要而推算出士官候补生的数量，因此平时军官的数量难免过多，编入预备役也往往提前。而且，由于裁军，职位减少，人事的封闭状况进一步加剧。因此，军官晋升慢，而晋升慢，工资便不会上涨。另外，长期得不到晋升而到了退休年龄的情况也不少。而且，级别越低，退休也就越早，所以，如果晋升慢，就得在工资低、生活不宽裕的时候退休，而退休后的养老金也未必足够维持生活。

军官在经济上到底有多苦，这一点难以判断。在许多情况下，他们的不满是从与其他职业的工资比较而产生的。另外，即使说经济条件差，也指的是难以保持作为军官的体面和维持与军官地位相称的生活，实际上生活未必多么穷困潦倒。

总之，从军人的经济处境引起社会的议论来看，他们的经济状况肯定不如以前令人满意。至少，对于下级军官来说，生活未必轻松。尤其生活艰苦的是 45 岁左右、在大尉或者少佐级别退休的军人。在这种情况下，由于难以再就业，所以他们常常会对生活感到不安。

裁军对于军人来说是一个严重的威胁，也是因为这样的情况。裁军裁减了大约 2500 名军官（到裁军前的 1921 年年底为止，军官为 1.6 万名）。"裁军风暴呼啸，暗云频频低迷，断头台上，浓雾深锁，不容窥知。今日他人，明日吾身！"《偕行社记事》上刊登的这段感慨，恐怕是许多军人共同的感受。也有人提出了不切实际的要求。他们主张，为了让军官安心报国而没有后顾之忧，只要没有重大错误，希望保证军官晋升到大佐。

此外，也有军人担心，由于军人社会地位下降，使得青年军官的配偶和军官子女的结婚对象社会地位下降。如此社会地位日趋下降，经济状况窘迫，面临裁军带来的失业威胁，而且往往受到社会的轻视——这样的状况让一部分军人产生了令人担心的倾向。年轻的军官一心想着转业，壮年和老年的军官整天抱怨生活艰苦、自暴自弃，不再努力做本职工作。事情发展到了这个地步，军官士气低落，也就不足为奇了。与此同时，人事的封闭状况加剧了少壮军官之间的晋升竞争，也是当然之事。这种晋升竞争变得明显以后，常常会对士气产生不良的影响。

军人的反弹

社会上的普通民众轻视军人，常常对军人进行尖刻的批评。据说，在东京的市营电车上，发生过乘客嫌军官的大衣和长筒靴上的马刺碍事而故意挖苦的事。此外，还出现了不愿意穿着军服在大街上走的军官。关东大地震时出动的军队，对维持治安和灾后重建做出了巨大的贡献，从而重新修正了人们对军队和军人存在意义的认识，但是批评并没有因此而消失。

对于这样的批评，军人方面自然产生了反弹。《偕行社记事》上刊登的以下看法便充分体现了军人对批评的普通反弹。"普通社会对军人原有的嫌恶，变成了憎恶，进而变成侮蔑，将要转向迫害"。这样的看法恐怕有些言过其实。但是，我们同时需要注意到，这种夸张也正是由于军人的反弹而导致的。

裁军引起了军人的强烈反弹，是不言自明的。有人给《偕行社记事》寄来了这样的批评：最近，因为没有战争，就随便虐待军人，毫无意义地连续裁军，然后又强调不应该偏重军人，连养老金的法律也要修改。一位在山梨裁军中被编入预备役的少佐，在描述从转业到再就业的各种辛苦的著作中说，因裁军而被迫转业的军人"是真正的精神阵亡的人"，称他们是

"遇到世界的天灾，为拯救国家社会的大众而牺牲的人"。他把转业军人比作家运走向昌盛时离婚的"糟糠之妻"。

针对军人缺乏社会性常识的批评，军人也提出了反驳。例如，有人发表了这样的见解：虽然原则上并不反对培养军官的常识，但是，如果过于热衷于社会常识，导致军人的专业知识产生缺陷，岂不是本末倒置？而且，随着社会的复杂化，社会分工越来越细，在这样的情况下，必须全力以赴才能掌握专业知识。这种主张可以说是从军事职业主义的立场对社会性常识的一种反击。

对社会性常识的否定评价，不久成为陆军的官方观点。1930年，职责上兼任偕行社社长的陆军次官阿部信行（第9期，后任首相）这样指出：

> 所谓常识，归根结底应该是专业知识的辅助，断不可因此减少专业知识的领域。……过去某一段时间，过度强调这种常识的培养，为此忽视加强职责上理所当然且必需的军事能力，乃至军人修养的积累之形迹并非没有。……军人之特殊性多为必要，作为军人应该以加强能力及修养为第一，然后才涉及作为社会人的知识。

军人对批评他们的议会和媒体，似乎也感到反感。当然，由于《军人敕谕》严格禁止军人参与政治，所以他们没有对特定的具体政治问题发表过意见，也没有公然批评过政府的政策。不过，对于国防问题的处理和对军人的批评，他们时常流露出不满情绪，表示反对。《偕行社记事》也刊登了他们的这种不满情绪和反对意见。

例如，他们对于议会对国防问题的讨论，进行了这样的批评。本来，议会应该从公平无私的立场进行慎重的审议，然而一些议员在议会上的言行态度非常卑鄙，用来质疑的资料也极其浅薄。尤其是军事上的知识甚为贫乏，对事情的观察只是浮于表面，从党派的观点胡乱处理国防问题，将其作为政治斗争的工具，实在令人忧虑。

军人对当时发行量越来越大的新闻报刊也进行了同样的批评。他们认为，有关军事的报道，不仅内容非常贫乏，而且忘记了国防的大义，将其作为政治斗争的工具，或者只是罗列一些误解军队、阻碍军事思想发展的报道。另外，还有军人提出，如果所有的言论机构都异口同声地攻击军人，而军人一句话也不反驳，那么国民就会误解为军人没有辩解的余地，所以军队当局要向国民告之真相，消除误解。

如前所述，作为第一次世界大战的教训之一，军队提出了"国防全民化"的主张，认为国防已经不仅仅是军队和军人承担的任务，在总体战中，必须全民作为主体承担国防任务。尽管如此，在军人们的眼中，无论是代表国民的议员，还是应该反映舆论、民意的报纸，似乎都没有表示出对国防应有的关心，也没有充分的了解。

可以说，军人对"国防全民化"的期待越高，对期待落空的现状的失望也就越大。

精神创伤

以前，军官曾经试图发挥教育染上社会"恶习"的青少年的作用。作为社会教育者的军人被要求具有对社会现状的充分认识和敏锐的洞察力。然而，不知什么时候开始，军人被批评缺乏社会常识，在和平主义风潮中被当成多余的人。据说，还发生过转业军官的知识水平被视为只相当于当时初中毕业水平的情况。军人社会地位的下降体现在社会的各个方面。

正是由于军人曾经以社会教育者为己任，所以社会的这种批评和对待无疑让他们倍受打击。它常常会刺伤他们的心灵，在他们的心理上留下深深的伤痕。这种伤痕之深，从他们反应之强烈可见一斑。

当然，如果因此就认为这刺激了他们后来的行动，也许有些轻率。同样，有人认为，军人受到裁军的威胁，把他们生活上的不安转化成了国防上的不安，因而引发了像九一八事变那样在大陆的突破行动和五一五事件、二二六事件那样的政变计划，这种解释也过于草率。这种因果关系很难证实。

但是，也许可以这样说：当一部分过激的军人在大陆开始军事冒险，在国内尝试强行介入政治的时候，许多军人至少最初采取了默认或者支持的态度，其中一个原因就在于，以前受到的尖刻批评和对待在他们的心灵上留下了巨大的创伤。

第四章

异化

改造国家

军人横行霸道

永井荷风的日记《断肠亭记》1932 年 4 月的内容中，有下面这样一段描述。

> 夜往银座吃饭。露天的玩具店老板身穿假冒军人的服装，出售军人玩偶，还有飞机、坦克、鱼雷快艇之类的武器玩具。唱机销售店自去年以来每夜奏着军歌。至今，人们仍对它百听不厌。……此次战争大受欢迎，似比征俄战争反而更盛。迎接军队凯旋的光景宛然无异于祭礼之热闹，如今日本举国如陶醉于战胜的光荣之中。

另外，在同年 12 月的日记中，他说："最近，为了跟女招待聊天，穿着陆军军官的军服出入咖啡馆或者舞场，已经毫不新鲜。" 1933 年正月的日记中，他写道："两三年来，军人甚为居功自傲，'古来征战几人回'已经是过去的事，现在是'征人悉如肥猪还'。"

不言而喻，永井荷风提到的战争，指的是前一年（1931）9 月爆发的九一八事变，随着这一事变的扩大，社会情况发生了巨大的变化。以前对军人的严厉批评，至少在表面上销声匿迹。轻视军人的风潮也退去。军人反而得到了国民的欢迎和喝彩。而且，不知是因为这种社会风潮变化的影响，还是因为对过去轻视军人的反弹，一部分军人变得气焰嚣张，在社会上开始飞扬跋扈起来。正如永井荷风描写的那样，夜晚银座的咖啡馆、舞厅里，出现了穿着军服出入的人。军人为九一八事变的功绩而洋洋得意。

所谓的交通信号事件充分体现了军人这种飞扬跋扈的态度。1933 年 6 月，在大阪天神桥的交叉路口，一位士兵不顾信号，想要横穿车道，交通警察制止了他的行为，但是这位士兵无视制止，表示了反抗的态度。因此，警察把他带到派出所，两者在那里发生了小冲突。

问题是后面发生的事。一位旁观者认为士兵受到了警察的虐待，因而给宪兵队打了电话。宪兵将这一事件视为对军人的侮辱，是事关"皇军威信"的重大问题，向士兵所属的第八联队和第四师团做了报告。第四师团表态，要求大阪府道歉，而大阪府方面态度强硬。报纸对这一事件和军队与大阪府的对立进行了大肆报道。士兵最终起诉了警察。不久，兵库县知事出面调解，一直到同年 11 月，这件事才终于平息。此时，距离事件发生已经过了 5 个月。

在这种情况下，士兵与警察是谁先动手的，并不是问题。不管怎样，错误在违反交通法规、无视警察制止的士兵一方。然而，这件微不足道的小事，却被视为对"皇军威信"的侮辱，引起了宪兵队和师团的重视，这是不正常的。从这种事件的处理方式，我们可以相当清楚地看到当时军人乃至军队蛮横的态度。围绕一件不值一提的事件，军队都想要盛气凌人地显示自己的存在和威信。

政党政治的没落

以往，军队甚至不愿尝试公开反驳对军人的批评，而现在军队开始直接提出维护军队威信，欺压社会。社会似乎也容忍军队的欺压。九一八事变以后，军队周边的环境逐渐发生了这样的变化。

造成这种变化的主要原因在于对政党政治的不信任。当时，日本的政党政治尚不成熟。倘若不怕误解地说，实施普通选举所象征的参政范围的扩大，也许太早了。换句话说，政党应付不了参政范围迅速扩大的局面。执政党企图通过对议会内的多数派做工作，维持政权，而不是通过选举。另外，在野党不是通过政策来竞争，而是通过攻击执政党的失策、揭露其丑闻进行对抗。这样，政党政治乍看起来，只是互相揭丑。

而且，1929 年 10 月，由于纽约股市暴跌所象征的世界经济危机余波的影响，日本陷入了严重的经济萧条。1930 年度的贸易总额（朝鲜、台湾除外）只有上一年度的 69%。农村因歉收，生活陷入极度穷困，城市失业者不断增加。政党政治对这样的社会状况袖手旁观，没能够采取有效的应对措施。

就在这个时候，发生了九一八事变。民众可以说充满期待地欢迎九一八事变，希望它打破目前的闭塞状况。正如后面所述，在九一八事变以后，日本国内称为十月事件的军事政变计划泄露。听到这个传言的永井荷风在《断肠亭记》中这样写道：

> 今日，欲一扫我国政党政治之腐败、令社会之形势一新，唯有实行武断政治，此外别无出路。当今之世，武断专制之政治不应长存，但对一扫旧弊、觉醒人心，将大有效果。

连像永井荷风这样没有政治性的人，都认为政党政治已经无法拯救了。尽管是暂时，但期待军队打破这种闭塞状况的，恐怕不是只有他一个人。

军队的政治化

总之，当时以政党政治为基础的政权，逐渐失去了统治的正统性。政权的正统性发生动摇的时候，军队便会政治化，这是自古以来常见的现象。20 世纪 30 年代的日本军队，正是这样的典型。前面介绍的亨廷顿曾经说，职业化越发展，军队越会非政治化，但事实上，即使职业化的军队也不乏政治化的例子。实际上，日本陆军在创建以后，经过半个世纪，已经相当职业化了，但是最终仍然走向了政治化。

在从比较政治学的观点分析军队政治化的研究者中，有一位名叫塞缪尔·E. 芬纳的英国学者。他指出，职业化并不一定总是带来军队的非政治化，有时反而会导致军队介入政治。那么，为什么军队会政治化呢？根据芬纳的观点，军人在履行其社会责任上具有独特的使命感，他们并不是把自己奉献给当时的政权，而是认为自己在为国家效劳。因此，军人与他们所认为的国家利益变成了一体，当国家利益受到威胁而政府不顾这种威胁时，他们便会自命为国家的保护人和拯救者而介入政治。

芬纳的这种观点，与日本军队的情况大体上是吻合的。国家利益正在受到威胁，而政府却置之不顾，因此等于已经没有执掌国家政权的资格，这是当时公然开始政治化的军人常常提出的主张。例如，1930 年夏季成立的激进军官团体"樱会"在它的宗旨中这样写道：

> 观当今社会，为政者、政党腐败，资本家无视大众，在言论机构诱导下，国民思想颓废，农村荒芜，失业、不景气、文化糜烂、学生缺乏爱国心、官吏明哲保身等，为国家寒心不堪之现象，比比皆是。然而，政府没有任何解决之政策，而且也见不到一丝诚意。因此，政府威信日益坠地，国民实际

被置于不安之状态，国民精神逐渐松弛，国势日衰。进而，在外交方面，为政者忘记了国家百年之大计，唯汲汲于窥列国之鼻息，毫无对外发展之热情，因此，人口、粮食问题前景暗淡，时时刻刻威胁着国民。而我们大声呼吁排除我国发展障碍的主张，只会被为政者付之一笑。

这个宗旨自始至终都是说，政府对日本面临的生死攸关的问题和危机是如何"无为无策"的。它无非是表明一种态度，那就是对政府已经没有任何期待。而且，樱会在其纲领中规定："本会以改造国家为终局之目的，为之，如果需要，行使武力也在所不辞。"这里，清楚地说明了政治运动的逻辑，甚至允许发动军事政变。

樱会

樱会的发起人是参谋本部俄国组组长桥本欣五郎中佐（陆军士官学校第 23 期）。桥本曾任驻土耳其武官，赞同穆斯塔法·凯末尔·阿塔土克的土耳其革命。樱会的成员仅限于中佐以下的军官，成立时的成员为陆军大学出身并在军部（陆军省和参谋本部）任职的 10 多名少壮军官，但成立后不到一年时间，成员便扩大到了100 名左右。它不只是一个修养和研究团体，而是以改造国家为目标，横向联合的一个团体。本来，军队组织中应该不允许建立这样的组织。

　　樱会至少参与了两次政变未遂事件。其一，是计划于 1931 年 3 月发动的所谓三月事件。这一事件由桥本等樱会激进团体成员和对少壮军官思想具有影响的国家主义者大川周明密谋策划的。根据这个密谋，他们制定了如下政变计划：大川周明动员 1 万名工人包围议会，军队以保护议会之名出动，逼迫内阁总辞职，建立宇垣内阁。大川周明鼓动陆军大臣宇垣一成（第 1 期）采取行动。据说，陆军次官杉山元（第 12 期）、军务局局长小矶国昭（第 12 期）、参谋次长二宫治重（第 12 期）、参谋本部第二部部长建川美次（第 13 期）等军部的首脑人物都赞同这一政变计划。

　　这个计划的背景，是人心惶惶的社会状况。前一年，围绕《伦敦海军条约》，首相滨口雄幸被指责侵犯统帅权，而遭到了右翼青年的狙击。军人对政治经济状况的理解，在樱会的宗旨中已经有了充分的说明。而且，作为陆军，为了准备总体战，必须实施军备的近代化和扩充军备，而政党内阁正在推动裁军，不可能期待其制定这样的预算。军部首脑响应大川周明的计划，正是因为这种情况。

　　宇垣一成在多大程度上参与了这个计划，不得而知。但是，最终由于宇垣一成的反对，这个政变计划被中止了。有一种说法是，宇垣一成起初对计划很感兴趣，但是考虑到政党方面有可能会推举他为党首或者首相，因此，他认为没有必要采用像政变这么大风险的行动，来满足自己的政治野心。关于政变计划，军部的相关人员中也有人指出计划草率，宇垣一成有可能也持同样的看法。

总之，这次政变以未遂告终。但是，由于牵涉到军部的首脑等原因，没有人被追究责任，也没有人受到处罚。这一事件被作为秘密处理，但是通过樱会而被一部分军人知道。虽然事件被中止，但是军队首脑承认改造国家的必要性，反而鼓舞了少壮军官们的行动。

因此，樱会的活动后来并没有收敛，桥本不仅在军部的幕僚中扩大成员，而且在尉官一级的部队军官中寻求支持者。这样，他又策划了被称为十月事件的另一次政变未遂事件。事件的核心人物，是由参谋本部第二部部长（情报部部长）转为第一部部长（作战部部长）的建川美次少将和桥本欣五郎中佐。十月事件是与 1931 年 9 月爆发的、也可以说是对外政变的九一八事变相呼应，企图在国内也通过暴力手段实行国家改造的事件。

根据计划，将利用在京部队和附近的军用飞机，突袭内阁会议，砍杀首相以下的人，占领警视厅，同时包围陆军军部，对宫中做工作，最终建立由樱会成员组成的内阁。但是，因计划泄漏，为军部首脑获知，10 月中旬相关人员被宪兵队拘留，政变以未遂告终。

为什么事件会败露？关于原因，众说纷纭。也有一种一针见血的说法是，因为事情太大，桥本欣五郎自己策划泄漏了计划。当事人态度不谨慎，也是事件败露的原因之一。据说，他们曾经假装明治维新的志士，在有女招待的高级茶馆大肆挥霍。事件败露后，当局也没有进行严厉的处分，没有交给可采用刑法的军法会议，而只是处以行政处分，而且最重要的处分只是对桥本欣五郎处以 20 天的禁闭。也有传言称，在禁闭期间，旅馆从早晨就给他把酒拿来，供他畅饮。与三月事件一样，政府针对十月事件也发布了缄口令。

对于政变事件几乎没有像样的处罚，开了一个非常恶劣的先例。一位樱会的成员指出："既然破坏国家军队、弘扬下克上精神的人只受到轻微的惩罚处分已经天经地义，如此之事，将来会层出不穷的。"正如他所说的，后来军人也曾多次企图发动政变，恶性的以下犯上的风气也逐渐在军中盛行起来。

青年军官运动

除了樱会的成员以外，作为可以说是执行任务的部队，年轻的尉官一级的部队军官也参与了十月事件。他们也是在与樱会不同的层次上推动国家改造的军人。

他们对社会、政治现状的认识，也与樱会的宗旨中所阐述的认识基本相同。但是，他们与加入樱会的军部军官有不同的一面。那就是，他们作为部队军官，直接接触他们教育的士兵。通过士兵们的境遇，他们切身体会到农村严重的凋敝和萧条。也可以说，他们的国家改造思想来源于这样的实际感受。

他们能够有这样的实际感受，原因不仅仅在于部队军官这样的职务。这与他们处于 20～35 岁这样的多愁善感的年纪，也有着密切的关系。这就是他们的活动被称为青年军官运动的原因。他们是正经受到民主思潮影响的时代产物。也许应该说是他们天生与前代人有所不同。这些军人的内心里，被灌输了与民主相对照的观念性的国体论和国体论支撑的独特的天皇形象。

他们的这种思想，在 1933 年颁布的《关于皇军本来的任务》这个文件中，就有充分的说明。文件中称，"国家由天皇、国民、国土组成。特殊国家之日本，天皇即国民、国土，无天皇则无日本国之存在，故守护天皇，乃守护国家之最大任务"，并论述，军人不只是"战争专家"，"战争，不过是军人执行任务的一个场合，军人的任务非仅限于战场"。

因此，军人"必须不问外敌、内敌，凡是危害皇室国家者，全部作为敌人予以歼灭"。歼灭敌人，就必须行使武力。可是按照谁的命令使用武力呢？因为是天皇的军队，所以原则上应该按照天皇的命令，但是天皇未必下令。这里，搬出了"神意"。也就是说，只要"体神意，以天皇之心为心，罪责自负"，也就允许独自做出决定。"关键是任务，如果以任务为基础，独自做出决定，绝非违背服从之举，这在战斗纲要中已经明确规定。"相反，"因为无敕命不动，逆贼奸臣飞扬跋扈，军人亦不剿灭之，又因无上官之命令不动，而旁观上官逆贼，不守护天皇和国家"，将会导致"背叛天皇"的结果。

但是，这样的行为不是《军人敕谕》中本来禁止的参与政治吗？不是。这个文件进行了这样的阐述："真正立足于以皇室国家为本，超越政党政派，剿灭国贼，守护皇室国家，断非拘泥于政治，乃完成军人本来之任务。"这样，从独特的国体论出发，导出了容许介入政治，而且容许最暴力地介入政治的逻辑。

军官的出身

青年军官以相同的感受接触到士兵们的境遇，由此提出迫切的国家改造的主张。这与他们的出身也有间接的关系。关于陆军军官的出身阶层，广田照幸、河野仁等人进行了详细的研究，因此我们根据他们的研究，在此做一下探讨。

明治初期，毋庸置疑，绝大多数军官是士族。从陆军士官学校录取的学生比例来看，最初确实有许多人出身士族，但他们与平民出身的人差距并不太大。19世纪90年代，平民出身者大约占四成；20世纪初，占五成至七成；20世纪前10年，占七成；而20世纪20年代超过了八成。因此，20世纪30年代的青年军官大部分是平民出身。

这意味着，尽管军官中间大肆强调"武士道"精神，但是他们中的绝大多数人并非武士的直系子孙。他们过度倡导武士的道德和观念性的国体论，也许正是因为他们的出身没有武士的背景。

在欧洲，军官保留了浓厚的贵族传统。德国、英国的军官团中，许多人出身于贵族和上层阶级。与之相比，可以说日本陆军的军官平民化得多。由于他们出身于平民，因此他们不把士兵看作完全属于不同社会阶层的他人，而是能够对士兵的境遇给予充满同情的关心。

那么，军官父母的职业如何呢？在20世纪20年代被陆军士官学校录取的学生（从陆军幼年学校升学者除外）的父母职业中，最多的是农业，占40%左右。根据广田照幸的分析，虽然农民出身的学生占陆军士官学校录取学生的比例缓慢下降，但是日本总人口中农业人口的比例也在不断减少，因此，实际上在以农业为职业的家庭中，想上军校的学生比例反而是增加的。尽管他们并不是贫农阶层出身，但在这一点上，也肯定会比别人倍加关心严重的歉收和农村士兵的境遇。

当然，我们不能一概而论。毋庸置疑，参加青年军校运动的军人中，也有不少属于士族的人，还有父母职业不是农业的人。也不是平民、农民出身的青年军官都参加了国家改造运动。不过，如果说青年军官运动的国家改造思想中，有来自于亲身体验和实际感受的部分，

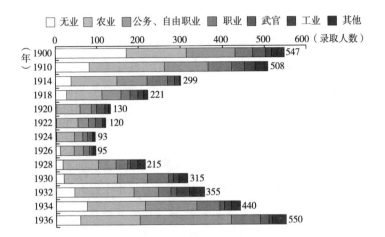

图4-1 陆军士官学校所录取的学生父母的职业（注：不含从陆军幼年学校升学的学生。"无业"：大部分推定是靠养老金生活的军人和军人的遗属。"公务、自由职业"：包括官员、地方公务员、议员、律师、学校职员、银行职员、公司职员、医生等。资料来源：広田照幸『陸軍軍官の教育社会史』、世織書房）

那么，可以说，他们的出身乃是产生这种思想的一部分原因。

二二六事件

十月事件之后，青年军官运动与樱会等军部年轻军官的国家改造运动分道扬镳，开始独自行动。在十月事件中，政变的主谋者因以志士自居而遭到批评，而且，事件败露的经过一直不明朗。青年军官中出现了不愿到军部任职，尽管成绩优秀也不上陆军大学的人。参加运动的青年军官有多少人，并不清楚，但似乎在全国至少超过 100 人。

青年军官的国家改造运动受到了北一辉等民间思想家、社会运动家的影响，领导人物是陆军士官学校第 37 期（1925 年毕业）和第 38 期（1926 年毕业）的青年军官。如后面所述，在被称为"皇道派"的团体构成军部首脑的时期，在他们的庇护下，青年军官运动也似乎处于半公认的状态。皇道派衰落后，似乎在军部的年轻军官与青年军官运动之间，不久便产生了严重的裂痕。

在军部的青年军官看来，青年军官运动无非是《军人敕谕》禁止的、明显的介入政治。如果军人明显地介入政治，那么往往会被外部政治势力（例如北一辉等的团体）利用。而且，还有给军队内部带来激烈的党派对立的危险。军队内部的党派对立会损害军队作为战斗组织的团结。因此，他们认为必须否定青年军官运动。

在1933年的一次聚会上，军部的幕僚军官对青年军官运动的领导人阐述了他们的观点。即，在军队中，陆军大臣负责执行国策，军部幕僚发挥辅佐的作用，而其他人绝对不应该参与政治活动；青年军官制定政治方案，强迫上司实行，这是本末倒置，如果这样的风气传播到下士官、士兵，"皇军"将会崩溃；既然是军人，就必须服从作为组织的军队的统制。倘若不满意，就应该放弃军人的职业。与拥护青年军官运动的皇道派相对立的军部幕僚团体被称为统制派，就是来自于这样的逻辑。

此后，青年军官运动将军部的幕僚团体作为正面敌人，逐步加深了与统制派的对立。而1936年的二二六事件使这种对立达到了巅峰。在二二六事件中，青年军官率领步兵第一联队、第三联队，近卫步兵第三联队等的1400名士兵，刺杀了内大臣①、大藏大臣、教育总监，侍从长也身负重伤。值得一提的是，这一事件是按照指挥官（起事军官）的命令执行的部队行动。另外，作为他们上级的教育总监被刺杀，也值得关注。

起事的部队袭击首相官邸、警视厅等地，占领了作为国家政治中枢的永田町一带，要求立即实行国家改

---

① 内大臣：1885年日本皇宫设置的官职。作为天皇的近侍，掌管皇室事务和辅佐重要国务。

造，但是，不久他们便被认定为叛军，遭到政府讨伐。事件发生两天后，起事部队最终宣布归顺。特别军法会议迅速进行了审判，并进行了非常严厉的处罚。包括北一辉等民间人士在内的 19 人被处以死刑。

许多起事的军官都期待，倘若清除了"君侧之奸"（天皇的邪恶亲信），天皇的真意应该就会显现，从而按照天皇的真意进行国家改造。但是，认定政变行动为叛乱，对之最为愤怒、最先主张讨伐的，不是别人，正是昭和天皇。据说，事件发生后，陆军首脑还在惊慌失措的时候，天皇就说，如果陆军不行动，自己将率领近卫师团讨伐叛军。而时隔 9 年后的 1945 年 8 月 15 日，又一次清楚地表明，真实天皇的意旨与起事军官寄托在天皇身上的意旨之间，的确存在巨大的差距。

二二六事件是竹桥事件以来第一次军队实际发动叛乱的事件。而且，竹桥事件是只有士兵参加的"强行向天皇提出要求"，而在二二六事件中，军官率领部队发动了政变。下士官和士兵中虽然有赞同青年军官国家改造思想的人，但实际上只是服从上级军官的命令而采取行动。服从命令，最终成了叛乱行动。如果服从命令成为叛乱，那么就动摇了作为军队基础的服从关系。正因如此，这个事件对军队造成了沉重的打击。

有人提出，部队军官对陆军大学毕业的军官的敌视，是事件背后的一个原因。1936 年 5 月，象征精英、表示陆军大学毕业的徽章"天保钱"被废除。虽然这

图 4-2 二二六事件的"起事部队"（袭击陆军大臣官邸的丹生诚忠中尉及其部队。每日新闻社提供）

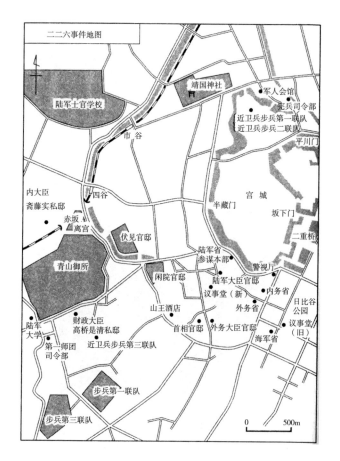

图 4-3　二二六事件地图（发动叛乱的部队从第一师团步兵第一联队、第三联队、近卫兵步兵第三联队驻地出发，袭击了总理大臣官邸、内大臣私邸、大藏大臣私邸、侍从长官邸、教育总监私邸、内务大臣官邸、陆军大臣官邸、警视厅、陆军省、参谋本部、朝日新闻社等地。高桥正卫『二・二六』、中公新书）

不能说是理解了事件本质的一项有效的处理措施，但它是对事件的反应的一个例子，说明了这次事件对军队组织产生的冲击的严重性。

二二六事件在历史上的重要性，无论怎么强调都不为过。但是，倘若将问题限定在军队与政治的关系上，那么用这一事件代表昭和时期陆军干预政治或者介入政治，则略有不妥。如果从军队参与政治这一点来说，发生二二六事件这个事实非常重要，但是此后没有发生过同类事件这个事实也同样重要。

换句话说，在此以后，没有再发生过像青年军官运动那样的政治化、陆军以政变方式介入政治的事件。但是，这并不代表军队完全不再介入政治。相反，陆军以与政变不同的方式，加强了对政治的介入。

幕僚政治

"住口"事件

1938年3月，众议院的一个委员会正在审议《国家总动员法》的时候，对法案进行说明的陆军省军务课课员佐藤贤了中佐（第29期）大声呵斥了一位喝倒彩的议员。根据他的回忆，由于主管大臣的答辩不得要领，感到恼怒的提问议员要求当事人进行说明，所以佐藤贤了作为说明人员进行了大约30分钟的答辩。这个时候，会场上一位议员叫嚷起来，干扰了他的答辩，因此佐藤贤了忍不住呵斥了他，叫他住口。

陆军大臣不得不就这一事件表示遗憾。但是，在国会这样的场合，一个中佐恫吓国民选举出来的议员，让他住口，大概是一个让在场的人目瞪口呆的场景。这个插曲充分反映了当时军部的少壮军官对政治的态度。

从1938年开始，平沼骐一郎内阁展开与德国缔结对苏军事同盟的"小田原评定"，但德国对日本的建议一直久拖不决。1939年8月末，德国突然宣布与苏联缔结《苏德互不侵犯条约》，这对于日本来说无异于晴天霹雳。平沼骐一郎内阁留下了一句"欧洲形势复杂奇怪"的"迷言"，宣布总辞职。陆军耆宿阿部信行被起用为后任首相。据说，他在组阁的时候，曾试图让议员永井柳太郎进入内阁，但是遭到了永井柳太郎所属的民政党的反对。因此，陆军省军务课课长有末精三大佐（第29期）恫吓说："如果民政党挑战陆军的话，那么陆军接受挑战。"可见，军务课课长这样的军部中坚幕僚深度干预了组阁过程，并行使了与其地位不相称的重大影响力。

如此看来，昭和时期的陆军的问题不只是介入政治，军部的中坚幕僚是介入政治的主体或者推动力量这一点也同样具有重要的历史意义。这样的现象到底是从什么地方、如何发生的？下面，我们考察一下构成这种中坚幕僚阶层的少壮军官走上政治舞台的过程。

巴登巴登盟约

据说，少壮军官参与政治始于巴登巴登盟约。1921 年 10 月，前往欧洲出差的冈村宁次少佐（第 16 期）与小畑敏四郎少佐（冈村宁次在陆军士官学校的同期同学、驻俄武官，因不能入俄境，当时正在柏林逗留）、永田铁山少佐（驻瑞士武官）在德国著名的度假地巴登巴登相聚，相约为了革新陆军，招募同志，相互合作。所谓革新，就是"消除派阀，刷新人事""改革军制，建立总动员体制"。当时，东条英机少佐（第 17 期）也在德国逗留，因此也加入了他们的团体。

这次聚会是否真具有那么划时代的意义？另外，他们是否在聚会上商定了所谓的"盟约"？此事有点疑问。正如筒井清忠指出的那样，也许他们早已在谈论军队革新的必要性，而且，在德国的聚会也许只是在海外工作的同期同学久别重逢、彻夜长谈。但是，这 3 人或者加上东条英机的 4 人回国以后，聚集志同道合的人，后来成为陆军革新运动的核心这一点毋庸置疑。

他们成立了一个叫作二叶会的、大约 20 人的团体。

成员包括陆军士官学校第 15 ~ 18 期的同学。二叶会不是不惜采用非法手段，也要实现国家改造的樱会那样的政治团体，而是以改革陆军为目标、提倡稳步改革的团体。他们确定的当前目标是刷新人事，具体来说，就是清除长州阀。

然而，当时长州阀的势力并不是那么庞大。根据熊谷光久的研究，即使在大正时期的后期，山口县出身的人占中将以上将官的比例也仍然比较大（截止到 1922 年，83 人中有 13 人），但与明治时期相比，却可以说微不足道。另外，尤其是在陆军省中，虽然进入大正时期以后山口县出身的人依然位高权重，但到了 20 世纪 20 年代以后，这种情况也发生了变化，至少已经不是长州阀垄断或者专横这样的状况。虽然长州阀的影响仍然存在，但是已经变得相当小了。1922 年山县有朋去世，正是这种状况的象征。

那么，为什么少壮军人会提出清除长州阀呢？恐怕是明治时期以来长州阀给人的专横印象，尽管其实际势力越来越小，但是并没有彻底消失。另外，如果说长州阀在人事上还占有一点优势，那么，无论这种优势多么微小，或者正是由于微小，才更加容易招致反感。如前所述，当时，由于明治时期陆军士官学校大量录取，使得人事上的封闭感越来越强。也许这样的封闭感也浸透到了从陆军大学毕业后走上精英路线的二叶会成员身上。另外，据说，为了清除长州阀，他们曾经策划不让山口县籍的人考上陆军大学，但根据熊谷光久的研究，这种策划成功的可能性极小，而且也没有成功的迹象。

一夕会

二叶会的主要活动是每月一次的研究会。受到二叶会的刺激，1927 年冬，比他们稍微年轻的陆军大学毕业生以铃木贞一（第 22 期）为核心，也成立了一个团体（木曜会）。它的成员有一些与二叶会重合，如：永田铁山、冈村宁次、东条英机等，总共十几人，包括直至陆军士官学校第 30 期以前的毕业生。石原莞尔（第 21 期）也是其成员。也有人说，二叶会的谈论内容有点不切实际，所以永田铁山试图与更加年轻的积极分子合作，因而参加了木曜会。

实际上，木曜会讨论的是国防方针、满蒙问题等相当政治性的问题。据说，它制定的方针是：为了"帝国自存"，在满蒙建立日本完全控制的政权，并做好与阻碍日本行动的苏联进行战争的准备。也许值得注意的是，它重点处理满蒙问题。当时，中国的国民党发动北伐战争并取得了进展（1928 年 6 月攻克北京，至此北伐完成），北方再度出现威胁（同年 10 月，苏联发布第一个五年计划），这些国际形势的变化增强了日本对满蒙问题的关注。

1929 年 5 月，二叶会和木曜会合并，成立了一夕会，成为由陆军士官学校第 14～25 期毕业生、大约 40 人组成的团体。一夕会的方针包括 3 项内容：刷新陆军人事，推进各项政策；重点解决满蒙问题；拥立荒木贞夫（第 9 期）、真崎甚三郎（第 9 期）、林铣十郎（第 8 期）3 位将军，改革陆军。

拥立 3 位将军的目的在于打倒长州阀。如前所述，虽然长州阀已经徒有虚名，但是当时控制陆军的宇垣一成被认为是继承了长州阀的遗产，因此一夕会选中了与对抗长州阀的萨摩阀有人脉关系的 3 位将军。荒木贞夫于 1931 年 8 月就任教育总监部本部长，同年 12 月就任陆军大臣，据说这些都是一夕会支持和策划的。

关于作为一夕会活动重点的满蒙问题，有一点值得注意，那就是，河本大作（第 15 期）是该会的成员。众所周知，河本大作作为关东军高级参谋，是将被北伐军打败后从北京往沈阳撤退途中的张作霖炸死的幕后人物。与一夕会同时存在的二叶会，为了减轻对河本大作的处罚，就河本大作的处分问题进行了活动。最终，河本大作没有被交给军法会议，而只是因为警备上监督不严而受到了行政处分。

也许可以说，九一八事变的一部分也是一夕会一手策划的。作为事变主谋的石原莞尔（关东军作战主任参谋）和板垣征四郎（关东军高级参谋，第 16 期），是一夕会的成员。当然，并不是说一夕会在柳条湖事件①那样的计谋上达成了共识。另外，关于建立"满洲国"，一夕会也没有事先达成共识。不过，在解决满蒙问题迟早需要行使武力这一点上，一夕会成员中似乎有默契。

一夕会通过在重要的职务上大肆安插一夕会成员，进行了一系列部署。安排石原莞尔、板垣一成在关东军任职，也是这种部署之一。1931 年 9 月的时候，仅仅课长一级，就有这样的布局：永田铁山为陆军省军事课课长，冈村宁次为补任课长，东条英机为参谋本部编制动员课课长。

当然，一夕会事先并不知晓这个时候会行使武力。但是，实际上事情开始以后，一夕会在间接帮助关东军发动事变上，发挥了不小的作用。如果说樱会通过十月事件这样的恐怖袭击或者政变的威吓帮助关东军九一八事变的遂行，那么一夕会便是在实务方面支持了这次事变。当政府不想扩大事变的时候，它反而支持扩大和推进事变，虽然说不是政变那样明显地介入政治，但也确实是一种无视政府的政治行动。

九一八事变

九一八事变具有政变的一面。它的主谋不仅仅假扮

---

① 在沈阳郊外的柳条湖南满铁路的路轨被炸毁的事件。关东军声称是中国军队所为，为了自卫而发动了九一八事变。

表 4-1 一夕会的主要成员

姓名	陆士（期）	九一八事变爆发时的军衔·年龄·职位
永田铁山	16	大佐·47·陆军省军事课长
小畑敏四郎	16	大佐·46·陆大教官
冈村宁次	16	大佐·47·陆军省补任课长
小笠原数夫	16	大佐·47·航本一课长
矶谷康介	16	大佐·45·教总二课长
板垣征四郎	16	大佐·46·关东军高级参谋
东条英机	17	大佐·46·参本动员课长
渡久雄	17	大佐·45·参本欧美课长
饭田贞固	17	大佐·47·陆军省马政课长
山下奉文	18	大佐·45·步兵联队长
冈部直三郎	18	大佐·43·炮兵监部员
草场辰巳	20	大佐·43·参本铁道船舶课长
七田一郎	20	中佐·44·补任课高级课员
石原莞尔	21	中佐·42·关东军作战参谋
横山勇	21	中佐·42·资源局企划二课长
本多政材	22	中佐·42·步兵学校教官
北野宪造	22	中佐·42·陆军省补任课员
村上启作	22	中佐·42·军事课高级课员
铃木率道	22	中佐·41·陆大教官
铃木贞一	22	中佐·42·军事课中国班长
牟田口廉也	22	中佐·42·参本庶务班长
清水规矩	23	中佐·41·参本部员
冈田资	23	中佐·41·参本部员
根本博	23	中佐·40·参本中国班长
沼田多稼藏	24	中佐·39·陆军省军事课员
土桥勇逸	24	中佐·40·陆军省外交班长
下山琢磨	25	少佐·38·陆军省军事课员
武藤章	25	少佐·38·参本兵站班长
田中新一	25	少佐·38·教总部员
富永恭次	25	少佐·39·兵本付

续表

姓名	七七事变爆发时的军衔·职位
永田铁山	（中将·1935 死）
小畑敏四郎	（中将·1936 预备役）
冈村宁次	中将·第二师团长
小笠原数夫	中将·航本付
矶谷廉介	中将·第十师团长
板垣征四郎	中将·第五师团长
东条英机	中将·关东军参谋长
渡久雄	中将·参本情报部长
饭田贞固	中将·骑兵监
山下奉文	少将·步兵旅团长
冈部直三郎	少将·技本总务部长
草场辰巳	少将·步兵旅团长
七田一郎	少将·步兵旅团长
石原莞尔	少将·参本作战部长
横山勇	少将·资源局企划部长
本多政材	大佐·教总一课长
北野宪造	大佐·步兵联队长
村上启作	大佐·陆大教官
铃木率道	大佐·驻扎中国炮兵联队长
铃木贞一	大佐·步兵联队长
牟田口廉也	大佐·驻扎中国炮兵联队长
清水规矩	大佐·步兵联队长
冈田资	大佐·第四师团参谋长
根本博	大佐·步兵联队长
沼田多稼藏	大佐·步兵联队长
土桥勇逸	大佐·步兵联队长
下山琢磨	大佐·伪满军政部顾问
武藤章	大佐·参本作战课长
田中新一	大佐·陆军省军事课长
富永恭次	大佐·关东军参谋

姓名	太平洋战争开战时（1941.12.8）的军衔·职位
永田铁山	
小畑敏四郎	
冈村宁次	大将·华北方面军司令官
小笠原数夫	（1938 死去）
矶谷廉介	（1939 预备役）
板垣征四郎	大将·朝鲜军司令官
东条英机	大将·陆相 首相
渡久雄	（1939 死去）
饭田贞固	（1941 预备役）
山下奉文	中将·第二十五军司令官
冈部直三郎	中将·技术本部长
草场辰巳	中将·关东防卫军司令官
七田一郎	中将·预科士官学校校长
石原莞尔	（中将 1941 预备役）
横山勇	中将·第四军司令官
本多政材	中将·第八师团长
北野宪造	中将·第四师团长
村上启作	中将·科学学校校长
铃木率道	中将·航空总务部长
铃木贞一	（中将 1941 预备役）
牟田口廉也	中将·第十八师团长
清水规矩	中将·第四十一师团长
冈田资	中将·相模造兵厂长
根本博	中将·第二十四师团长
沼田多稼藏	中将·第三军参谋长
土桥勇逸	中将·第四十八师团长
下山琢磨	中将·航空兵团参谋长
武藤章	中将·陆军省军务局局长
田中新一	中将·参本作战部部长
富永恭次	中将·陆军省人事局局长

姓名	战争结束时（1945.8.15）的军衔·职位
永田铁山	
小畑敏四郎	
冈村宁次	大将·中国派遣军总司令官
小笠原数夫	
矶谷廉介	
板垣征四郎	大将·第七方面军司令官
东条英机	（1944　预备役）
渡久雄	
饭田贞固	
山下奉文	大将·第十四方面军司令官
冈部直三郎	大将·第六方面军司令官
草场辰巳	（1944　预备役）
七田一郎	（1945　预备役）
石原莞尔	
横山勇	中将·第十六方面军司令官
本多政材	中将·第三十三军司令官
北野宪造	中将·陆士校长
村上启作	中将·第三军司令官
铃木率道	（1943　预备役）
铃木贞一	
牟田口廉也	（1944　预备役）
清水规矩	中将·第五军司令官
冈田资	中将·第一二三方面军司令官
根本博	中将·华北方面军司令官
沼田多稼藏	中将·南方军总参谋长
土桥勇逸	中将·第三十八军司令官
下山琢磨	中将·第五航空军司令官
武藤章	中将·第十四方面军参谋长
田中新一	中将·东北军管区司令部随从
富永恭次	（1945　预备役）

注：教总＝教育总监部，参本＝参谋本部，技本＝技术本部，航总＝航空总监部，资源局＝内阁资源局，兵本＝兵器本厂，航本＝航空本部。
资料来源：筒井清忠『昭和期日本の構造』（有斐閣）、秦郁彦编『日本陸海軍総合事典』（東京大学出版会）。

中国人炸毁了铁路，以此为借口挑起了事端，并违背政府的不扩大方针，策划扩大事变，而且还故意制造对外危机，企图由此实现国内的改造。主谋石原莞尔主张，"通过谋略，制造机会，军部主导，强制国家"，并说："与自由主义最为盛行的几年前不同，现在毋宁是军部应该转入攻势的时候了。"

在发动事变的过程中尤为突出的现象是军人独断专行和以下犯上。例如，担任关东军司令官的本庄繁（第9期）对扩大事变持消极态度，但是板垣征四郎和石原莞尔对他施加压力，让其把军队主力集中到了沈阳。进而，为了扩大事态，关东军的参谋们捏造满洲的日侨受到威胁，从而让朝鲜军出兵满洲。朝鲜军司令官林铣十郎在关东军请求其支援以后，未经天皇批准，擅自越过边境，出兵中国东北。按照规定，出兵到国外必须有天皇的命令，如果违反，应该交给军法会议处置。但是擅自越境的林铣十郎不仅没有被问罪，反而博得了民众的喝彩，被称为"越境将军"。而制定事变计划，策划扩大事变的关东军参谋也没有受到处罚。

本来，所谓"独断专行"乃是基于这样的想法：在瞬息万变的战场上，为了能够随机应变，军队仅仅用命令说明作战的目的和大纲，其余完全听任现场指挥官现场判断和处理，这样会比事无巨细都用命令约束更能提高战斗效率。也就是说，要求现场指挥官在一定目的的范围内自主判断，并根据判断采取行动，而不是所有

图 4-4　关东军参谋们（后面建筑是旅顺的关东军司令部。站
立者最中间为河本大作大佐，他的右边为石原莞尔中佐。河
本清子提供）

情况都请示上级司令部，等候上级的命令。根据第一次世界大战中战斗单位变小的经验，陆军开始比以前更加强调、提倡军人的"独断专行"。

但是，"独断专行"是一把双刃剑。这是因为，虽然这样做能够灵活应对状况的变化，但也有被扩大解释的危险。即，当时出现了这样的军人：他们揣度上司、上级的意图和目的，认为只要是符合他们的意图和目的的行为，任何事情都会被容许。在前面介绍的《关于皇军本来的任务》中就说，如果以任务为基础，以"天皇之心"为心而下定决心，那么独断也是允许的。这正是这种想法的前提所在。只要目的在于解决满蒙问题，无论是扩大事变还是独断越境，都被视为符合这个目的。也有人曲解，认为如果目标是军部首脑也承认的国家改造，那么政变也属于独断专行的范畴。

而且，如果对违反基本规则的独断专行不进行适当的处罚，它会产生进一步引发下一个独断专行行为的效果。在九一八事变之前，炸死张作霖事件的情况就是如此。而这一次关东军参谋的行为和朝鲜军的独断越境开创了一个恶劣的先例。

关于以下犯上，有一种见解将之归咎于陆军大学教育的缺陷。正如前面已经说过的那样，陆军大学没有明确是培养参谋，还是培养高级指挥官，教育目的含糊不清。据说，因此产生了一些以指挥官自居的参谋，本来辅佐指挥官是参谋的职责，他们却倾向于动辄批评上级指挥官的判断和处置，非要坚持自己的意见。

不过，从九一八事件前后开始，军队中以下犯上的现象越来越明显应该还有其他原因。恐怕这与二叶会成立以后发起的陆军革新运动有关。也就是说，所谓革新，体现了少壮军官这样一种意识：无论是建立国家总动员体制，还是解决满蒙问题，已经不能交给老一代的人处理了。同时，这也体现了他们的自负。他们认为，对于陆军面临的问题，自己比老一代的人更加了解，更加理解。也许少壮军官的这种意识形成了以下克上的土壤。

作为革新运动核心人物的冈村宁次、永田铁山、小畑敏四郎都是陆军士官学校第 16 期的毕业生（1930 年时均为 45 岁左右），二叶会、木曜会、一夕会或者樱会的成员也大都比这 3 人更加年轻。这里值得注意的一个事实是，第 16 期（1904 年 10 月毕业）以后的毕业生都没有在日俄战争中参加实战的经验。也就是说，这些少壮军官对自己的能力感到自负，同时也许由于没有实战经验，也有急于建立功名的倾向。

总之，九一八事变制造了对外危机，借用广田照幸的话来说，对于许多军官来说，形成了"理想的状况"。这是因为，对于在社会地位和经济境遇方面不得志的军官来说，对外危机和军队发言权增大提供了解决这些问题的机会。

正如永井荷风看到的那样，社会上的民众对军队的态度也发生了巨大的变化。1921 年报考陆军士官学校（准确地说是陆军士官学校预科）的人数曾经下降到 1000 多人，而 1928 年超过了 4000 人，创下了历史纪录，而九一八事变后的 1932 年则超过 6000 人，1933 年超过 8000 人，到 1934 年终于突破了 1 万人。

皇道派与统制派

趁着九一八事变这个时机，一夕会基本实现了自己的设想。尤其是，其为了革新陆军而欲拥立的 3 位将军中，荒木贞夫于 1931 年成为陆军大臣，次年 1 月真崎甚三郎就任参谋次长，5 月"越境将军"林铣十郎就任教育总监。由于参谋总长是皇族闲院宫载仁亲王，所以一夕会拥立的 3 位将军事实上占据了陆军的首脑职位。

在 3 位将军中，荒木贞夫和真崎甚三郎不仅得到了一夕会和樱会的军部幕僚的拥护，而且也受到了参加青年军官运动的部队军官的支持。这是因为，二人提倡国体尊严的言行与青年军官们的主张不谋而合。另外，也是因为二人不顾级别的差距，经常与青年军官们直接见面，倾听他们的主张。这个时候，陆军似乎整个组织都在朝着国家改造的目标迈进，至少青年军官们是这样期待的。据说，陆军方面主要的青年军官运动相关者几乎都没有参与 1932 年暗杀犬养毅首相的五一五事件，就是因为他们怀着相当高的期待。五一五事件的主体是以国家改造为目标的海军青年军官，而陆军方面，只是陆军士官学校的学生参加了。

然而，陆军看似按照一夕会的设想团结一致的时期，并没有持续多久。这是因为，荒木贞夫、真崎甚三郎与以永田铁山为首的军部参谋之间逐渐产生了裂痕。产生裂痕的第一个原因在于，永田铁山等对陆军大臣荒木贞夫的政治力量的失望。无论是预算还是政策，荒木贞夫都没有能够在内阁中贯彻永田铁山等参谋的要求。在与内阁成员的协商中，他不能代言军队的意向，在讨论中也常常输给对手。因此荒木贞夫逐渐失去了希望实行建立总动员体制政策的永田铁山等军部参谋的支持。

裂痕的第二个原因在于，荒木贞夫和真崎甚三郎在人事上有失公正。他们从要职上清除了以往一直与之对立的主流派，即宇垣一成一派的军人。至此，他们与少壮参谋们也是一致的，但此后与他们关系近的人占据了这些要职。以荒木贞夫、真崎甚三郎为首的人脉，被称为皇道派。这是因为，他们每当有事的时候，便倡导"冠绝世界"的国体和皇道的理念，将国家军队称为"皇军"。这种派阀人事，未必基于实际工作能力，因而不仅引起了永田铁山的反感，也引起了许多军人的反感。

裂痕的第三个原因在于，皇道派与青年军官运动合作，采取了煽动后者的行动。如前所述，永田铁山等军部的少壮军官将青年军官运动视为明显的政治运动，主张加以压制。他们提出，陆军应该拥立陆军大臣，统一行动，而军人必须全部服从组织的统制。在永田铁山等统制派看来，皇道派为了维持自己的权力，在利用本来必须取缔的青年军官运动。

这样，皇道派与统制派呈现出势不两立的状态。二叶会以来一直志同道合的人也分裂成了两派。永田铁山被视为统制派的核心人物，而与他同期的竞争对手小畑敏四郎属于皇道派。最终，这场派系斗争以统制派的胜利而告终。军人重视组织的团结，避免明显的政治化，是大势所趋。对于提出国家改造的口号、走向反体制方向的青年军官运动以及煽动他们的皇道派，陆军以外的各种政治势力也越来越担忧。1935 年，围绕"天皇机关说"发生"国体明征"问题①后，由参谋次长调任教育总监的真崎甚三郎向全军发出通知，做出了抨击"天皇机关说"、明确国体的训示，进而在乡军人会也卷入其中，批评政府没有明确的态度。但是，这也成为政府对皇道派的担忧和警惕增强的一个原因。

林铣十郎取代荒木贞夫就任陆军大臣以后，提拔永田铁山为军务局局长，从军部的要职上清除了皇道派的势力。真崎甚三郎被罢免了教育总监的职位。但是，统制派为这个胜利付出了意外的牺牲。1935 年 8 月，永田

---

① 国体明征问题：1935 年，针对美浓部达吉提出的"天皇机关说"，一部分国会议员、军部、右翼团体予以反击，强迫政府发表天皇是统治权主体的"国体明征"声明事件。

铁山被视为罢免真崎甚三郎的幕后人物,在军务局局长室被狂热的军官当场砍杀。军务局局长(少将)在白天,而且在自己的办公室,被同样是军人的人(中佐)暗杀,由此可见当时派系斗争是多么残酷和异常。

二二六事件也是这场派系斗争的延续。皇道派的一部分人似乎企图利用这个事件恢复自己的势力。但是,事件遭到镇压,反而让皇道派陷入了困境。

军部大臣现役武官制的恢复

二二六事件后,陆军在"肃军"的呼声中,把参与派系斗争的高级军官,尤其是皇道派的将官编入了预备役,与此同时,陆军省官制修改了,恢复了军部大臣现役武官制。在恢复这项制度以前,实际上也没有预备役的将官就任军部大臣的先例,但是此时非要这么做,是为了在制度上完全禁止编入预备役的皇道派将官就任陆军大臣。首相广田弘毅似乎完全接受这个理由。政府对支持参与二二六事件的青年军官的皇道派如何警惕,由此也可见一斑。

二二六事件以后,青年军官运动实质上已经消失了。皇道派也由于后来的"肃军"人事变动,退出了陆军的舞台。青年军官运动和皇道派没有了,与之对抗而形成的统制派便也失去了存在的意义。残酷的派系对立终于宣告结束。

但是,陆军介入政治并未因此而停止。它一面提出

"肃军"，一面以二二六事件的原因在于政治本身为由，干涉广田内阁的组阁，阻止了"自由主义者"进入内阁。1937 年 1 月，广田内阁宣布总辞职，后来被编入预备役的宇垣一成受命组阁时，让其内阁流产的，也是陆军。陆军以没有胜任者为由，拒绝推荐陆军大臣候补人选，而得不到陆军大臣成为宇垣内阁流产的致命原因。宇垣一成未被允许起用预备役将官为陆军大臣。被恢复的军部大臣现役武官制马上出现了效果。当初，宇垣一成反对修改军部大臣现役武官制甚至分发匿名信，而这一次正是因为这个制度而没能够当上首相，只能说这是一个历史的讽刺。

陆军出身的宇垣一成却没有得到陆军的支持，也是一个讽刺。陆军不支持宇垣一成的原因之一在于，他在担任陆军大臣的时期实行裁军，削减了师团。实行裁军被陆军视为陆军大臣靠近政党、与政党妥协的结果，这可能也是原因之一。另外，他还被批评在三月事件中的态度显露了他对政党的讨好和野心。但是，恐怕最大的原因在于，陆军对宇垣一成的实力的警惕。也就是说，如果宇垣一成当上首相，那么他将会得到陆军以外各种政治势力的支持，发挥他的政治力量来压制军部的少壮军官。陆军对这种可能性抱有警惕。当时，以担任参谋本部战争指导课课长的石原莞尔为首的军部少壮军官，为了实现他们的政策构想，阻止了宇垣内阁的成立。

广义国防

不言而喻，军部少壮军官的目标是建立能够进行总体战的国家体制，亦即所谓的总动员体制。1934年10月陆军省新闻班公开发行的手册《国防本义及其强化之提倡》简洁地阐述了它的大致内容。

这本小册子以"战争乃创造之父、文化之母"这句赞美战争的言辞而臭名昭著，它的核心部分如下。

> 须从国际竞争之角度，重新讨论国家之全部机构，对财政，对经济，对外交，对政治策略，或者对国民教化，实行根本之重建，为国防目的而组织、统制皇国所有伟大之精神、物质潜力，实现一元化管理，使之成为最大限度之现有力量。

这就是陆军所说的"广义国防"，也就是"高度国防国家"。为此，必须调整经济、安定国民生活、发展农山渔村、振兴国民教育、建设思想战体系、把创新和发明组织化等。

总之，总体战要求把国力的一切要素变成战力，所以陆军对于与准备总体战相关的问题，无论大小，几乎全都亲自过问。而且，当时陆军是最大的政治势力。如果陆军过问，其影响力之大不可估量。

但是，军队不可能覆盖与总体战相关的所有领域。而且，也不应该覆盖所有领域。本来，军队依靠的是天

图 4-5 《国防本义及其强化之提倡》

皇的统帅大权。然而，天皇还有行政大权、立法大权、司法大权、外交大权。除非停止或者修改宪法，否则军队不可能掌握这些大权。

当然，通过政变临时停止宪法这样的想法，军队也不是没有过。但是，二二六事件以后，这种方式被否定和放弃了。如果军队掌握了统帅大权以外的大权，那么势必招致依靠这些大权的各种政治势力（例如，依靠立法大权的政党势力、依靠行政大权的官僚势力等）的反对，发生激烈的斗争。1937 年 7 月爆发七七事变（日中战争），出现持续的对外危机后，无论如何必须避免军队强硬要求垄断权力而在国内引起斗争和分裂的局面。

这样，军队便只有在现有的宪法秩序的框架内，一面只依靠统帅大权，一面最大限度地扩张这种大权。也就是说，军队主张，只要问题与国防有关，就可以行使统帅大权，要求这些问题符合军事上的合理性。而这常常也是以军事的合理性为名，追求组织的利益。统帅权的独立脱离了本来的目的，军队利用这种制度来支持自己的要求。但是，军队并没有垄断所有的大权，也并没有控制所有的大权，所以没有实现军部独裁。

总之，军队的所作所为就是对政府蛮不讲理。它干预军事以外的领域，却不想承担责任。虽然在国防问题方面，军队把自己的主张和要求强加给政府，强迫政府采用和接受，但是它把决策交给政府，自己并不想承担责任。

技术专家

在 20 世纪 30 年代的政治势力中，军队拥有最大的政治影响力。然而，随着军队的政治影响力越来越大，它的实质的权力核心却逐渐下移。即，军队实质的决策不是出自陆军大臣、陆军次官或者参谋总长、参谋次长这些军部的首脑层，而是转移至局长、部长、课长这样的参谋阶层。尤其是二二六事件以后，这种情况愈加明显，它也充分体现在佐藤贤了的"住口事件"、有末精三恫吓民政党的事件中。

组织的实质决策下降到课长一级，是日本官僚组织的共同现象。军队也是日本官僚组织的一部分，所以也可以说，即使出现这样的倾向，也不足为奇。不过，尽管军队强调上下级服从关系，但是这种倾向却更加突出，恐怕这是前面所述的陆军大学教育的缺陷和一直以来对以下犯上的放任带来的恶果。

一旦权力的核心下降到局长、部长、课长一级，正如排斥宇垣一成一样，能够自上而下对军队实行有力控制的领导人就会被排除。而且，皇道派与统制派的派系斗争通过暗杀和编入预备役的手段，让军队失去了具有领导能力的高级军官。所以，派系斗争也产生了一个意外的副产物，那就是首脑层缺少人才。

正如北冈伸一指出的那样，如果首脑层没有发挥领导能力的人，中坚阶层的宗派主义便会蔓延。因此，这里就会出现一种无以言状的局面。那就是，陆军是最大的政治势力，拥立陆军大臣，整个组织介入了政治。但是，因为权力的核心实质上下移，而且宗派主义蔓延，所以权力容易扩散。这就是有时被夸大地称为"军部独裁"的情况。

另外，如果说权力实质的核心转移到中坚阶层，那么组成中坚阶层的军人主要是具有较强职业意识的少壮军官，这一点也毋庸置疑。一般来说，他们是陆军士官学校、陆军大学或者自幼年学校开始的优秀学生，在军部从事参谋工作的时间比在部队长，是一些对自己的专业职能以外的事不太了解的军事官僚。也可以说，正因如此，他们固执地追求军事合理性和组织利益。这也是宗派主义蔓延的一个原因。

他们归根结底是军事技术专家。无论在特定的专业领域多么有能力，也未必具有政治智慧。反而，许多人暴露出眼光狭隘的专家所具有的自以为是的弱点。这种自以为是的技术专家掌握强大的权力，并干预军事以外的领域，正是这个时期的可怕之处。

对苏战备

石原莞尔的忧虑

1935 年 8 月，石原莞尔就任参谋本部作战课课长。

他上任第一天正是军务局局长永田铁山在陆军省被暗杀的日子。刚刚担任陆军这一要职的石原莞尔，非常吃惊。因为日本和苏联之间的兵力差距在逐年加大。根据1934年6月参谋本部对形势的判断，苏军在远东的兵力相当于日本陆军的总兵力，是驻扎在满洲和朝鲜的日军兵力的3倍以上。

到底为什么日本和苏联的兵力对比变得对日本如此不利呢？原因很清楚。最大的原因就是九一八事变。这是因为，日本扶植起"满洲国"，事实上统治了中国的整个东北地区，因此日本与苏联之间没有了缓冲地带，苏联深切地感到了日本的威胁，因而增强了远东的军备。石原莞尔等九一八事变的主谋在发动事变的时候，也考虑到了长期的针对苏联的国防，但是却起到了相反的效果。由于这次事变，日本针对苏联的国防反而陷入了危机状态。

日本在对苏联的军事平衡上变为劣势的另一个原因在于，陆军的军备扩充停滞不前。过去，宇垣一成在与政党的合作下，企图通过裁军自己筹措经费，推动军备的近代化。但是，这样自己筹措的扩充军备的经费，不久也因为政府的紧缩财政而被迫延期。这样，军部的少壮参谋们开始认为，在政党内阁下，要想真正实现军备近代化、追赶西方列国，极为困难。他们批评政党，并且批评与政党合作的宇垣军政的原因也在于此。

而且，陆军再次被要求裁军。1930年签订《伦敦海军条约》后，陆军也面临巨大的裁军压力，被要求尽量削减经费。1932 年，在日内瓦召开了国际联盟主持的国际裁军会议，会议的主题是陆军裁军问题。

表 4 – 2 　驻满洲和朝鲜的日军与
远东苏军兵力的变化

		1931 年 9 月	1932 年 9 月	1933 年 11 月	1934 年 6 月	1935 年 底	1936 年 底
师团	日军	3	6	5	5	5	5
（个）	苏军	6	8	8	11	14	16
飞机	日军		100	130	130	220	230
（架）	苏军		200	350	500	950	1200
坦克	日军		50	100	120	150	150
（辆）	苏军		250	300	650	850	1200

资料来源：吉田裕「満洲事変下における軍部」『日本史研究』238 号。

正是在这个时候，爆发了九一八事变。九一八事变消除了裁军的可能。然而，扩充军备并没有因此马上取得进展。在强调精神力量的皇道派组成军部首脑的时期，对军备近代化未必热心，皇道派在这一点上也受到统制派的批评。

根据 1933 年陆军省调查组公布的数字，日本陆军拥有飞机 600 架（此外，有 600 架备用）、坦克 150 辆、高射炮 150 门，数量明显少于列强。武器的技术水平虽然也非常落后，但在九一八事变和一·二八事变中，面对中国军队，却也自如，而这一点在后来反而带来了恶果。

总之，在日本陆军扩充军备进展缓慢的时期，苏军迅速强化了远东的战备。倘若这样的状态发展下去，两国间的兵力差距将会更大，危机状况会更加严重。劣势格外大的是航空兵力，但在这个方面，毕竟从石原莞尔就任作战课课长以前，已经在采取扩充的措施了。

国防国策

石原莞尔实行的措施令人关注的地方，是不仅是要扩充对苏军备，而且他提出，需要根据九一八事变后新的国防环境，重新制定国防国策，修改国防方针。在他的努力下，1936 年 6 月进行了国防方针的第三次修订。但是，在修订的过程中，陆军和海军的主张并不一致，最终二者的主张并记，达成妥协。例如，把美国和苏联并列放在了第一假想敌的位置。也就是说，在海军的假想敌和陆军的假想敌之间，没有明确优先顺序。因而，可谓是避免两者对立的"官样文章"，并没有谋求可行性。

国防方针规定的陆军所需兵力是战时 50 个师团、142 个飞行中队。根据这一方针，陆军制定了 1937 年开始的军备扩充计划。根据这项计划，在 1942 年之前，航空兵力方面，要组建 142 个中队。地面兵力方面，在满洲和朝鲜组建基本上是战时编制的 13 个师团，在本土组建 14 个师团，形成平时 27 个师团、战时 41 个师团的体制。由于现状是 54 个飞行中队、17 个师团（在满洲和朝鲜有 5 个师团），所以这个计划将会大幅强化日本军队的军备。不过，即使它按照计划完成，预料也不能与远东的苏军势均力敌。

石原莞尔考虑，为了大规模、迅速增强军备，必须改变日本的产业结构，这是基础。因此，他让民间人士组成智囊团，拟定了一份计划。直截了当地说，就是要统制国家经济，强制推进重化学工业化，以生产军需品。如前所述，此时以石原莞尔为核心的少壮参谋之所以阻止宇垣内阁的诞生，就是因为他们预料宇垣一成不会听从他们的意见，而让政府采纳这种强制的统制经济计划。

在制定军备扩充计划和重工业化计划的同时，石原莞尔对陆军军部组织也提出了一部分新方案，例如，1936 年 8 月，在陆军省军务局中，设置了负责国防国策、与国会交涉以及普及国防思想等工作的军务课。从它掌管的事务也可以看出，军务课的任务是代表陆军与政府接触，辅佐陆军大臣。但是，正如佐藤贤了、有末精三的例子所表现的那样，常常深入干预政治是这个部门的特点。

参谋本部几乎在同一时期，也设有负责国防国策、战争指导的部门（通称"战争指导课"）。而首任课长正是石原莞尔。石原莞尔在军部拥有重大影响力的时候，战争指导课对制定陆军政策所起的作用不容忽视。

七七事变

石原莞尔推进的军备扩充计划和重工业化计划，是以它们完成之前不发生对外纠纷为前提的。石原莞尔认为，应该尤其重视避免与中国的纠纷，专心扶植"满洲国"，推进其发展重工业。

关东军策划"华北工作""内蒙工作"，不断对中国进行军事干涉的时候，石原莞尔飞到当地，要求避免与中国发生纠纷、停止干涉。然而，据说，关东军参谋武藤章（第 25 期）回敬石原莞尔说："我们只是在做九一八事变的时候你做过的同样的事。"石原莞尔曾经强行地"独断专行"、以下犯上，现在竟然马上遭到了报复。

1937 年 7 月，七七事变发生后，担任参谋本部作战部部长的石原莞尔提出了不扩大事变、尽快解决的方针。石原莞尔说，军备扩充计划刚刚开始，即使向中国让步，也必须避免扩大纠纷。如果与中国发动战争，只会被拖入战争泥潭。

但是，他的主张在陆军中是少数派。在多数派看来，只要加以一击，中国就会马上屈服。他们的主张是，为了将来与苏联战争，日本需要实质上控制华北，应该趁此机会让中国政府接受这个要求。这种强硬派的代表是当时任作战课课长的武藤章。当时，作战部部长与作战课课长的主张针锋相对，据说在作战部部长室的外面都能听见二人激烈的争论。

石原莞尔由于过于害怕扩大纠纷，因而采取了逐渐投入兵力的下策。一点点地投入兵力，没有能够达到作战的目的。结果，石原莞尔被追究失败责任，进而被赶出了参谋本部。

但是，正如石原莞尔担心的那样，七七事变让日本陷入了泥潭。广大的中国战场像一条巨蟒一样吞没了日本的兵力。日本必须解决一边与中国作战，一边扩充对苏战备这样的相互冲突的难题。

对于日本陆军来说，七七事变是日俄战争以来第一次正式的战争。由于两国没有宣战，因此在法律上它不是战争，因而被称为事变，但实质上它是一场战争。开战后两个月，阵亡人数大约达到 5000 人，死伤人数超过了 2 万。在战火波及的上海战线，从 9 月开始报告缺少炮弹和子弹。11 月，在战时以外首次设置了大本营。为了在广大的战场上投入大规模的兵力，1937 年陆军增设了 7 个师团，1938 年 7 月中旬之前又增设了 10 个师团，这个时候日本向中国战场共计派遣了 23 个师团。为了防备苏联而驻扎在满洲和朝鲜的兵力为 9 个师团，而日本国内只有 2 个师团。

事变陷入长期化的状态以后，日本逐渐建立起实施军需物资动员的体制。活跃在这种体制下的，是作为国家总动员机构的"企画院"。"企画院"由资源局（1927 年设置，掌管资源的统制、调用计划）和将内阁调查局（1935 年设置）扩大、强化而成的"企画厅"（1937 年设置，负责重要政策的调查和统一协调）合并而成，负责综合国力的扩充、调用和国家总动员的计划和实施。值得注意的是，自从设置资源局以后，这种机构中都有军人任职，从事政策的调查和制定工作。

虽然不是七七事变促使了"企画院"的诞生，但是不能否认，事变为"企画院"提供了一个活跃的机会。可以说，想要建立总动员体制，需要某种程度的对外危机。"企画院"的工作成果之一是制定《国家总动员法》，这既是事变的需要，同时也是因为事变而实现的。

对苏同盟

陆军希望尽早解决七七事变。这是因为必须推进对苏军的扩充。当然，此事的解决终究必须在陆军能够认可的条件范围内。这是因为，陆军考虑，为了将来与苏联的战争，或者为了防备苏联的威胁，需要赢得中国一定的让步，包括对华北的控制。但是，中国不同意做出这样的让步。因而，事变进一步陷入长期化。

在这样的状况下，陆军感到不安的是，日苏之间的军事平衡对日本越来越不利，苏联有可能乘机介入七七事变。1938 年夏，在朝鲜与苏联的山区边境地带张鼓峰，苏联边防军被认为越过了边境线，日本陆军尝试了所谓的威力侦察。也即，为了试探苏联方面有无介入的意图，限定兵力（不使用坦克、飞机）进行了挑衅和进攻。结果，日军惨败（所谓的张鼓峰事件）。不过，虽然付出了相当大的牺牲，但日本确认了苏联当前介入事变的可能性不大。

正是在这个时候，德国向日本提议缔结日德意三国同盟，以强化之前的《日德防共协定》。陆军立即答应了德国的提议。由于即使陆军完成扩军计划，对苏兵力也仍然会处于劣势，因此与德国结盟，两面夹击苏联，具有重大的意义。这是因为，如果德国从西面牵制，那么苏联在远东部署的兵力就会相应减少。而且，在七七事变上，陆军也期待德国起到牵制的作用。陆军预料，如果有了德国的牵制，苏联军事介入的可能性会变得更小，苏联对中国的援助也将受到抑制。

问题是，德国提议的不是仅仅针对苏联的同盟，而是同时也针对英法的同盟。陆军立刻接受了德国的要求。当然，陆军并不希望与英法敌对，而是它判断，为了缔结针对苏联的同盟，不得不接受德国的主张。

而且，根据陆军的判断，针对英法也有相应的好处。这是因为，陆军期待，如果与德意结为同盟来牵制英法，那么将能够抑制它们阻止日本对中国发动的事变，并抑制它们对中国提供援助。陆军认为，如果向英国承诺尊重其既得权益，加以牵制，让它在日中之间进行和平调停，也不是不可能。

众所周知，海军和外务省的首脑强烈反对陆军的这

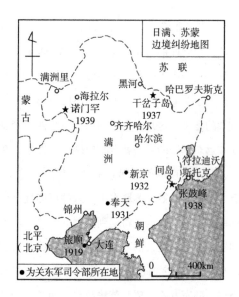

图 4-6 日满、苏蒙边境纠纷地图（"满洲国"成立，日军负责其防卫以后，发生了多起围绕日满、苏蒙之间边境线的纠纷。在七七事变爆发之前，1937 年 6 月，围绕黑龙江上的干岔子岛，苏军与"满洲国"军队交火。1938 年 8 月苏联边防军与日本的朝鲜军在张鼓峰发生冲突。1939 年的诺门罕事件便是从蒙古军与"满洲国"军的一个小冲突开始的）

种主张。平沼内阁时期（1939 年 1 ~ 8 月）久拖不决的，正是这个所谓的防共协定强化问题。防共协定强化问题无非是陆军介入外交的最显著的例子之一。与此同时，它也是表明陆军的主张未必马上被政府采纳的例子之一。陆军一直到最后都坚持主张缔结同盟，不断给政府施加强大的压力，这是事实。但是，另一方面，陆军以外的势力不屈服于这种压力，能够抵抗陆军的主张，这也不应该被忽视。

防共协定强化问题也是暴露当时陆军所面临的问题的严重性的一个例子。不言而喻，这个问题就是尽快解决事变，防备苏联。而且，在与德意进行同盟谈判的同时，陆军已经在与苏联进行一场事实上的战争，虽然它是一场局部战争。这就是诺门坎事件。

诺门坎事件

诺门坎事件发生在"满洲国"与蒙古之间边境线不明确的呼伦贝尔草原，起因是 1939 年 5 月蒙古军与"满洲国军"发生的一场冲突，最后关东军向蒙古军和苏军擅自挑起了战争，结果以关东军的惨败而告终。当时，苏联与蒙古结为同盟，在蒙古驻军进行该国的防卫。也许可以说，与"满洲国"和日本的关系有点相似。

战斗一直断断续续地进行到 8 月下旬，面对苏军投入的压倒性兵力和强大的炮兵和坦克，关东军在这场发生在辽阔的草原边境地带的战役中，遭到了毁灭性的打击。7月以后，日本方面的参战兵力大约为6万人，阵亡约为8000人，伤病、失踪人数大约为1.2万。作为主力的第二十三师团，人数为1.6万，其中，阵亡、伤病人数超过了1.2万。联队长一级的军官中，阵亡或者在战场上自杀的情况也接连不断。苏蒙联军的战斗也非常艰苦，付出了相当大的牺牲，这是事实。然而，日本方面明显是战败了。

诺门坎事件的发生和失败，有几个重要原因。大本营的指示不明确，被关东军的少壮参谋，尤其是辻政信少佐（第36期）和作战主任服部卓四郎中佐（第34期）利用。辻政信等人强烈主张，为了防止苏军再犯边境，此时应该给予打击，即使暂时欺骗大本营也要诉诸武力。这又是当地驻军的独断专行和以下犯上。

关东军并不是没有得到苏联方面将发动正式反攻的情报，但是没有一个情报被认真对待。这是因为，辻政信等人最优先的目的，是要让苏军知道关东军的实力，不让苏军反复侵犯边境。也就是说，关东军开始了优先作战、轻视情报的模式，这种模式后来也重复发生了许多次。而且，关东军低估了苏军的能力。他们判断，虽然苏军确实在数量上兵力比关东军多，但数量优势未必意味着战力优势。

实际上，不仅是兵力，在武器的质量和数量上，苏联方面也处于优势，尤其明显的是大炮和坦克。兵站和

图4-7 诺门罕事件（当时发表的这张照片上附加的说明
文字是"坦克、空军是干什么的？我为肉弹而自豪"，表现
了面对装备处于优势的苏军，日军只能以"肉弹"作战的
状况。『世界画报』）

机动能力方面，苏联方面也在关东军之上。日军的坦克是为了消灭敌人阵地的机关枪，支援步兵进攻（直接协同步兵）而制造的轻型坦克或者中型坦克，与基于和坦克作战的设想而制造的苏军重型坦克根本无法抗衡。对于苏军的坦克，起初比较有效的武器是速射炮和燃烧瓶。采用燃烧瓶作为最主要的反坦克武器，充分象征了诺门坎事件中日军的实际状态。但是，在战役的后半阶段，由于苏军采取了对策，燃烧瓶也失去了效果。

必胜的信念

日军的作战方法也有问题。为了思考这个问题，我们不妨看一看记载陆军作战原则的作战手册的变化。如前所述，日俄战争以后，1909 年修改的《步兵操典》中，提倡进攻精神和肉搏战，但是这个操典根据第一次世界大战的战争教训，后来进行了重新探讨，提出了几个值得注意的观点。例如，强调第一次世界大战中展现的火力的意义，暗示了对以往过于重视精神力量的操典的批评。另外，法军所采用的以轻机枪为中心的分队规模的作战单位，也就是所谓的作战群也备受关注。

但是，1923 年拟定的《步兵操典修改草案》中，没有直接采纳这些内容。例如，由于日本的炮兵力量和机枪数量有限，率领作战群的下士官的能力也有待提高，因此没有采用作战群的作战方法。另外，虽然认识到了火力的重要性，但是草案中认为，它不应该代替肉搏战：虽然没有火力的支援，肉搏战在近代武器面前难以取得效果，但是没有肉搏战，火力不可能决出战斗的胜负。

草案解释说，之所以不直接采用第一次世界大战的教训，是因为日本未必只与装备近代武器的敌人作战，也会与装备落后的对手作战。当时正是革命后不仅，苏军缺乏战斗力和装备。不用说，中国军队也是如此。

正式修订《步兵操典》是在1928年。如果说《修订草案》在一定程度上吸取了第一次世界大战的教训，那么修订后的《步兵操典》中这种姿态更加淡薄。它认为，1909年的《操典》以来，"根本思想"没有变化，在此基础上，强调了"必胜的信念"和"固守阵地"。也就是在肉搏战的基础上，增加了"必胜的信念"和"固守阵地"。"必胜的信念"有过度鼓励攻击精神，过于扩大精神主义的危险性。而"固守阵地"则有增加无益牺牲的危险性。诺门坎事件把这种危险性变成了现实。

从几乎同一时期编制的《战斗纲要》该文件总结了步兵以及炮兵、骑兵等各个兵种中共同的作战原则）也可以看到同样的倾向。根据前原透的研究，1926年发布的《战斗纲要草案》中可以见到一些重视科学技术和火力作战的合理思考。例如，下面这一部分就体现了这一点。

胜利的基础在于，比敌人更加优越地运用结合精神威力和物质威力的作战威力。上下信任，保持至严之军纪，发扬发于忠君爱国之至诚的军人精神，乃精神威力之根本。与装备建设相辅相成，充实技术能力，此乃熟练应用科学的物质威力之基础。

在这里，精神威力与物质威力被相提并论。

但是，这样的思考方式和措辞，在 1929 年制定的《作战纲要》中消失了。在前一年制定的《步兵操典》的纲领（后来成为所有各项规章制度共同的纲领）中，变成了"训练精到、坚定必胜之信念、军纪至严、充满攻击精神的军队，方能凌驾于物质威力，获得胜利"，像过去一样，认为进攻精神这种精神力量超过物质威力。进攻的重要性也进一步被强调。从以前开始，进攻就被作为实现作战目的的唯一手段，并且，除非真正不得已的情况，必须总是果断进攻。但《作战纲要》在此基础上，又规定，即使暂时被敌人抢得先机，也要尽一切手段，果断进攻。偏重进攻的程度越来越强。

根据桑田悦的研究，在第一次世界大战后的《法国操典》中，进攻精神与进攻行动本身是区别开来的，但在日本，这两者之间没有区别，而是认为，进攻精神总是伴随着进攻行动的。而且，进攻精神、必胜的信念、主动性等不只是停留在军事的范围。作为一种可以说"正确的言论"，它起到了压制反面意见的作用。在诺门坎事件中，辻政信、服部卓四郎的意见之所以主导了关东军的行动，也正是因为如此。

前原透指出，强调这种主动性、进攻精神的原因之一，是对 20 世纪 20 年代的社会风潮的一种反抗。也就是说，陆军担心社会对军队和军人的批评以及裁军等原因，会造成军人士气低落，为了提高士气，因而格外赞扬主动性。如此看来，强调进攻精神，不仅仅与作战原则有关，正因如此，它才得以成为"正确的言论"。

弱点与逞强

修订《步兵操典》的时候，教育总监的训示中，有如下内容。最近，听到批评国家军队编制装备的意见，如果它动摇下级军官和士兵的军心，将有害无益。国家军队的编制装备，与两三个强国相比不免有所逊色，也需要研究和下功夫，但如果精神素质和训练比他人优越，那么可以超越和压倒物质上的威力而获得胜利。

另外，据说，在陆军大学毕业前的参谋演习旅行中，担任统裁官（设定演习状况等指导演习的进行并做出裁定的军官）的一位大佐做了这样的讲评：状况判断的基础在于任务，高估敌情，并以这种敌情判断为基础而做出自己的决策，应该说是不顾虑本来的任务。这就容易导致必胜的信念和任务优先于物质威力和敌情判断，轻视客观情况。

对于皇道派鼎盛时期的这种倾向，永田铁山曾经这样批评：

> 不了解近代物质威力的进步程度，仍然抱着青龙刀式的旧思维，以及不少人陷入过度以日本人的国民性自负的错误，乃是危险所在。
>
> 国家贫穷，力不从心，不能进行理想之改造，乃欧美与日本最大的国情差异，为了遮掩，为了粉饰此缺陷，而夸夸其谈，虚张声势，乃不得已之事，而如将之误以为实际之事，则大需注意。

后来的形势果然如永田铁山所料。日本陆军由于国力所限，装备上无法追赶列国，为了弥补这个缺陷和劣势而强调充沛的精神力量和严格的训练。但，弥补这些弱点的因素，不知不觉，其含义转变成了别国无法模仿的日本独特的优势。

于是，陆军对《步兵操典》进行了再一次修订。草案于1937年完成。这次修订明确地针对与苏军的战争。七七事变的开端是，1937年7月7日深夜，在北平郊外的卢沟桥附近，有人向正在演习的日军打了一颗子弹，而当时夜战演习的基础实际上是以苏联为假想敌的修订草案。略微夸张地说，为了准备对苏战争进行的演习，却变成了与中国的战争的契机。

当时夜间进行演习也有相应的原因。这是因为，一般认为，擅长夜间行动的军队，无论是机动，还是进攻，都能够以少胜多。因此，在演习中，夜战受到重视，不久，夜战可以说变成了日军擅长的战法，甚至常规的战法。

1937 年的修订草案终于采纳了作战群战法。作为最小作战单位的分队拥有一挺轻机枪，但有趣的是，在轻机枪上装上了刺刀，也能够用来冲锋。连这里也贯彻了肉搏战的思想。实际上，各个部队的装备都不能满足这种作战群战法的需要，所以，一直到 1940 年才正式完成《操典》的修订。在这个过程中，发生了诺门坎事件，日军惨败。

陆军对诺门坎事件的失败追究责任，关东军的军司令官和参谋长、大本营的参谋次长和第一部部长（作战部部长）被编入预备役。参加实战的部队的军司令官、师团长、联队长也退至预备役。也有的部队首长因被追究失败的责任，被逼自杀。但是，陆军没有就这一事件召开军法会议，另外，也没有彻底查明失败的真正原因。辻政信和服部卓四郎二人被降职，但不久，又在后来的历史中扮演了重要的角色。

南进

在诺门坎事件期间，日本与中国的战争并非处于停止状态。确实，1938 年攻陷武汉和广东（广州）后，日军已经没有兵力实行正式的攻势作战了。为了进行占领区的警备和扫荡残敌，日军必须在中国大陆部署相当规模的兵力。在 1939 年秋季的兵力部署中，日本本土为 5 个师团，朝鲜 1 个师团，满洲 9 个师团，中国内地 22 个师团（不含 5 个特设师团），航空兵力共有 91 个飞行中队。

然而，陆军担心的仍然是对苏战备。由于诺门坎事件的惨败，陆军比以往更加痛感扩充对苏战备的重要性和紧迫性。陆军再次讨论了石原莞尔担任作战部部长时期制定的军备扩充计划，于 1939 年底制定了经过修订的军备扩充计划。根据这个计划，至 1944 年度完成组建战时 65 个师团、160 个飞行中队（第二年，目标年度延长到 1946 年）。

这个时候，师团编制已经过渡成为三单位制。也就是说，包括增设师团在内，现有师团都从 1 个师团 4 个步兵联队编制的四单位制，转变为 3 个联队编制的三单位制。这是因为，采用四单位制的时候，师团的战时编制规模太大。它的另一个目的是，提高每个师团的炮兵火力。参加诺门坎事件的第二十三师团便是采用了这种三单位制的师团。通过采用三单位制，还可以推进部队的机械化，实现部分近代化。但即使如此，日军也无法与苏军抗衡。

采用三单位制后，一个师团的兵员规模变小，因此应该会使增设师团变得相对容易。但是，由于七七事变爆发以后已经新设了大约 20 个师团，因此继续增设师团非常困难。所以，在修订后的军备扩充计划中，计划在满洲驻扎 14 个师团，但需要通过削减一部分驻扎在中国内地的兵力来筹措所需经费。因而，陆军的目标是，一年后将中国内地战场上的 85 万兵力减少到 50 万。这样削减兵力似乎也有开始解决与中国的战争的目的。

但是，陆军一直没有找到解决与中国的战争的机会。而削减驻扎在中国内地的兵力，实质上也难以实现。另一方面，中国国民政府迁都重庆以后，日本陆军已经没有力量攻打到重庆。

与此同时，诺门坎事件以后，陆军的视线开始转向南方。目前也无法指望打败苏军。虽然仍然需要扩充对苏战备，防备苏联进攻，但是陆军不得不放弃为了消除北方威胁而主动挑起与苏联战争的念头。就在陆军放弃北进的时候，诺门坎事件即将结束之前开始爆发的第二次世界大战，激起了陆军南进的热情。不久，随着大战的发展，陆军实际南进的机会终于来了。1940 年 5 月至 6 月，德国发动闪电战，荷兰、比利时、法国相继投降。英国似乎也危在旦夕。荷兰、法国（不久还会有英国）等殖民地宗主国的没落，意味着它们在东南亚的殖民地成为"无主之地"，成为"真空地带"。

陆军主张，应该向这个真空地带扩张，占领荷属东印度（今印度尼西亚）这样的资源地带和法属印度支那（今越南、老挝、柬埔寨）这样的战略地带。为了南进，日本需要得到控治着这些地区的宗主国的德国的理解和支持。这样，与德意缔结同盟的构想再次浮现。以前是应对北方威胁的对苏同盟，而这一次是南进的同盟。以海军出身的米内光政为首的内阁，既反对强行南进，也反对与德国结为同盟。于是，陆军决定"毒杀"内阁。他们故伎重施，先让陆军大臣单独辞职，然后通知得不到后任的陆军大臣，最后迫使米内内阁总辞职。而这个"毒"就是军部大臣现役武官制。

对美开战

陆军是否曾经打算与美国开战？确实，他们曾经有过对美作战计划。因为美国是第一假想敌，所以这是理所当然的。但是，所谓军队，正是为了防备万一而存在的，因此，如果没有防备万一的计划，也就没有存在的必要。总而言之，不能因为有对美作战计划，就说早已有与美国开战的意图。而且，陆军的对美作战计划，充其量不过是进攻菲律宾的计划。

尽管陆军的南进论也极其强硬，主张不惜使用武力也要南进，但实际上，它的前提是不至于与美国开战。这个前提的根据被称为"英美可以分割"。这就是，陆军判断，与英国不得不开战，但即使与英国战争，美国也不会参战。

然而，日本与德国结成同盟，进驻法属印度支那北部而正式南进以后，形势的发展完全出乎了陆军的预料。尤其是，他们开始看到，英美并不是可以分割的，实际情况是英美不可分割。另外，陆军再次对物资方面的国力进行了分析，得出了日本没有能力与英美进行长期战争的结论。也就是说，陆军开始考虑，如果强行南进，与英国发生冲突，几乎必然会与美国开战，而这样做超出了日本的国力，所以至少目前无论如何必须避免发生这样的情况。

这样，陆军的目光再次从南方转向北方。就在这个时候，1941 年 6 月突然爆发了苏德战争。尽管同年 4 月《日苏中立条约》刚刚签订，但是日本陆军，尤其是参谋本部与外务大臣松冈洋右主张，与德国呼应，进攻苏联。德国一直宣称为日苏的合作进行斡旋，所以苏德战争几乎是德国背信弃义的行为，但是日本陆军再一次被德国辉煌的战绩迷惑。

陆军以"关东军特种演习"为名，开始准备对苏战争，在满洲集结了 85 万的庞大兵力（在以前的 35 万基础上增加了 50 万）。一旦苏联出现崩溃的迹象，准备立即参战。但是，陆军最终没有看到这样的征兆，未能找到机会发动与苏联的战争。

陆军在准备对苏战争的同时，进驻了法属印度支那南部，美国对此采取了石油禁运和冻结日本在美资产的强硬手段进行对抗。日美关系紧张，陷入了危机。这样，陆军的目光再一次从北方转向南方。

当时，日美两国的国力存在显著的差距。煤炭、石油、钢铁、汽车等，无论从哪一方面看，美国的国力都占有压倒性的优势。陆军的军人也不是不知道这一点，而是充分了解这一点的。他们在明知这种状况的情况下，仍然冒险发动了与美国的战争。

军人们也知道，仅凭军事力量，日本不能战胜美国。开战前的战争计划描绘了这样的剧本：开战后，日本确保东南亚的战略地点，确立长期不败的态势，争取让中国屈服，同时协助德国，让英国屈服，从而让美国丧失继续战争的意志。也就是说，只有通过让美国产生厌战情绪，才能有望获得对美战争的胜利。因此，期待德国战胜英国这样的外部因素，也被编入了这个剧本。

根据波多野澄雄的研究，据说，虽然当时军部的少壮参谋了解美国强大的国力，但他们估计这种国力转变成战力，应该需要相当长的时间。也许，他们设想，日本可以在这一期间确立长期不败的态势。这种设想建立在看似合理，实质上靠不住的基础上。这是因为，无论是形成战力所需的时间，还是德国战胜英国，早期确立长期不败的态势都没有可靠的根据，大半不过是希望性的观测。

与此同时，与中国的战争也产生了虚假的自信。为了维持与中国的战争，日本投入了巨额军费，因此陆军的战力至少在数量上有大幅度的增强，在七七事变以前，兵力是 17 个师团、20 多万人，经过大约四年半的时间，到日美开战的时候，膨胀到了 51 个师团、210 万人。航空兵力为 148 个飞行中队。尽管这些兵力大半部署在中国战场，但是陆军拥有的兵力仍然超过过去国防方针所要求的所需兵力。毋庸置疑，这些兵力的存在是日本发动与美国的战争的基础。

1941 年 10 月中旬，日美谈判进入危机阶段，大本营陆军部第二十班（战争指导班）的原四郎少佐（第 44 期）在业务日志上这样写道：

> 应避免战争，陆军比海军、政府更不欲与美国发生战争，然而，为了完成与中国的战争，百年战争也只得在所不辞，陆军之衷情，又能如何？

对于原四郎来说，虽然应该避免与美国发生战争，但是在付出了巨大牺牲的对华战争方面向美国让步，是一件更加必须避免的重大事情。

在日美开战之前，日本在对华战争中的阵亡人数大约为 18.4 万人，受伤人数大约为 32 万人。虽然战争的时间不一样，不能笼统地比较，但是对华战争的伤亡人数超过了日俄战争，在那时日本经历过的战争中是最多的。陆军军人反对从中国尽早撤兵的时候，常说的一句话"如何向英灵交代?"这种说法的背后,正是这样的数字。

原四郎后来放弃了通过向美国让步来换取日美外交谈判成功的想法,而是一直希望谈判以破裂告终,双方不得不开战。

尾声

自己崩溃

战争失败

战争指导

第二次世界大战的主要参战国可以用它们的领导人来代表。美国是罗斯福，苏联是斯大林，德国是希特勒，英国是丘吉尔，意大利是墨索里尼，中国是蒋介石。法国也可以让戴高乐代表。然而，日本却找不到这种代表战时国家的战争领导人。无论是昭和天皇，还是东条英机，与其他战争领导人相比，也许说法有些不够慎重，都相形见绌。

这意味着，其他国家的领导人不论好坏，都进行了有力的领导，而日本无论是天皇还是东条英机，都没有显示出这样的领导能力。作为立宪君主的天皇被期待的本来作用，就是批准天皇信任的负责人（首相及其他内阁成员、参谋总长、军令部总长等）已经同意的决定。天皇实际上在政治过程中加入他的个人意见，只是极少的情况。

那么，东条英机如何呢？除了首相以外，他还兼任陆军大臣、军需大臣（而且一段时期还兼内务大臣），后来甚至兼任了参谋总长。他推行所谓"宪兵政治"的压制政策，禁止对政府发表批评的言论。但是，连东条英机也没能够插手自己掌管的领域以外的事务。例如，他不能对海军的事情发表意见。而他之所以兼任参谋总长，是因为只依靠陆军大臣无法干预作战和统帅，所以采用了这种迫不得已的手段，至于是否产生了实际效果，也是一个疑问。

日本由于缺少有领导能力的领导人，导致没能够进行一元化的、统一的战争指导。其他国家的战争领导人好歹提出了如何战争的大战略，而日本没有出现提出这种战略构想和目标的领导人。因此，国家不是按照一元化的大战略进行统一的战争指导，而是以无原则地协调各个机构不时提出的要求和主张的形式，进行战争指导。

其他国家的战争指导，并不是看不到宗派主义。推动战争的机构和部队提出各自的要求和主张，在它们之间产生斗争和摩擦，也不是没有。但是，除了日本之外，这种宗派主义、斗争和摩擦，在体现大战略的战争领导人的领导下，会得到缓和，最终统一到一元化的方针。与之相比，日本只是按照相关机构之间的权力关系和当时的状况进行协调。因此，都是权宜的，或者无原则的，没有能够制定出全面的、一贯的方针。

关于执行战争任务的机构之间的斗争、摩擦和宗派主义这一点，最为人们熟悉的是陆军和海军的对立。例如，在偷袭珍珠港、进驻东南亚等第一阶段的作战任务基本上成功地结束以后，围绕下面的第二阶段作战，陆军和海军发生了争论。海军主张继续进攻，以便保持战争的主导权，不给敌人反攻的机会，提出攻取夏威夷和攻取澳大利亚。而陆军主张，确保第一阶段作战获得的东南亚以及西南太平洋的广大地区，确立长期不败的态势。

作为二者妥协的产物，日军实施了中途岛海战，结果大败，这成为太平洋战争的转折点。但是，据说，虽然陆军当局被传达了战败的事实，但并不了解战败的规模和实际状况。而如果不了解自己一方战败的状况，便难以有效地指导战争。陆军和海军围绕战争指导的对立和斗争，还暴露在生产飞机的军需物资的分配等方面。无论东条英机首相有多大的权限，也没能够抑制海军的主张。

七七事变以后，随着战时色彩越来越浓，陆军的发言权和政治影响力无疑越来越大。而太平洋战争开战后，其程度进一步增强。陆军是最大的政治势力。但是，倘若要从全局的角度指导战争、集中和统一国力的各种要素，只靠陆军是无能为力的。恐怕，陆军也没有想这样做。

陆军与开战前一样，依靠统帅权干预与战争相关的所有问题，把自己的要求强加给政府。结果，陆军，有时还有海军的作战要求，常常不顾政府的战争指导。战争指导被这些陆海军的要求歪曲，而变成以作战为主导。

丧失主导权

那么，陆军是如何进行战争的呢？首先，需要确认的一点是，日本陆军本来是为了与苏联战争而建立的军队。如前所述，从战前开始，陆军就制定了在菲律宾与美军作战的作战计划，这是事实。另外，陆军 1940 年开始积极南进后，就正式筹划和准备南方作战，这也毋庸置疑。但是，即使如此，在教范、训练、作战方法等军队组织的基础方面，陆军仍然是一支以苏联为假想敌的军队。具有讽刺意味的是，对与美国开战并不积极的海军与它本来的敌人美国见面了，而把国策拖向对美开战的陆军在意料之外的战场上，也与其只当作次要敌人的美军开战了。

开战当初，陆军进行了香港、菲律宾、马来、新加坡、缅甸、婆罗洲、爪哇等第一阶段的作战。不过，开战时的兵力部署为：日本本土 4 个师团，朝鲜 2 个师团，满洲 13 个师团，中国内地 22 个师团（包括攻取香港的 1 个师团），南方 10 个师团。仅从这个兵力部署也可以看出，虽然在南方开始作战，但陆军的主力仍然在中国。太平洋战争开战之初，陆军的主要敌人不是美军，主要战场也不是南方。

第一阶段的作战基本上成功结束。这是因为日本方面事先进行了充分的准备，攻敌不备，实施了突袭。而且，对手就像殖民地军队常见的那样，士气低落，兵力也处于劣势。陆军把主力放在中国，用不太多的兵力轻易取胜，就是这个原因。首战轻易取胜，与在中国战场的连续胜利相辅相成，成为带来后来灾难的一个原因。

第一阶段的作战结束后，陆军打算从南方撤回一部分兵力。他们认为，与美国的战争是海军的事，所以想要只留下确保南方和南太平洋的要地所需的兵力。陆军计划下一步进攻重庆。他们的主战场是大陆。但是，1942年后半年，在瓜达尔卡纳尔岛、新几内亚的战局恶化以后，陆军中止了重庆作战计划。第一阶段的作战成功而获得的战争主导权没有得到有效利用，便从此丧失了。

瓜达尔卡纳尔岛战役

瓜达尔卡纳尔岛战役，被称为太平洋战争陆战的转折点。这场战役成为日本陆军与美军首次正式的战斗。所谓瓜达尔卡纳尔岛，是位于西南太平洋所罗门群岛南部的一个岛屿，与日本的直线距离达4000多公里。在这样一个连当时都无人知道的岛屿上，日美两军展开了生死决战。

事情的原委是这样的。1942年8月，口军海军在切断美国与其反攻基地澳大利亚之间联系的作战中，在瓜达尔卡纳尔岛建造了一个机场。美军非常重视这个机场对澳大利亚产生的威胁，因而夺取了这个机场。为了夺回这个机场，日本陆军分几次派遣部队，但均告失败，次年 2 月只得选择撤军。这就是瓜达尔卡纳尔岛战役的大概经过。在瓜达尔卡纳尔岛登陆的大约 3 万名官兵中，最后撤退的只有 1 万多人。据说，在阵亡的 2.1 万人中，战死的人为 5000 人左右，其余均是病死或者饿死。"饿岛"这个词，是这场战役的一个真实写照。

这场战役犹如后来发生的所有战役的预告，集中体现了太平洋战争中日本陆军作战方式的特点。首先，是补给的极限。瓜达尔卡纳尔岛与日军最近的基地拉包尔相隔 1000 公里，不顾敌人掌握制空权，从那里用大量的运输船运送兵员和武器弹药等，无论如何也是一件极其困难的工作。如果使用运输船运输，会有许多被击沉，因此日军使用了驱逐舰和潜艇，所以，只能运输少数的重武器。

但是，即便如此，日本陆军仍然发动了多次进攻。武器装备缺乏，为何还要多次发动进攻呢？这个原因与诺门罕战役的时候几乎一样。那就是，低估了敌人的兵力。对敌情的判断不全面而且主观。日本陆军没有经历过在丛林中的作战，而且好不容易运输来的少数重武器也难以搬运，因而不能加以有效的利用。在丛林中，方向的迷失，造成部队之间联络不畅。这样，陆军势必倾向于夜间行军、肉搏和枪战，最终成为敌人强大火力的牺牲品。粮食等补给断绝后，由于体力下降，患疟疾等疾病的人开始增多，最后出现了大量饿死的人。

图 5-1 在瓜达尔卡纳尔岛全军覆没的日军 (在泰纳鲁河河口全军覆没的增援部队。读卖新闻社提供)

为什么重现了诺门罕战役的失败？为什么付出了那么惨重的代价，还是重复了同样的失败？陆军本质上是一个不学习的组织吗？也许他们认为，美军与苏军不一样。也就是说，也可以这样解释：尽管陆军的作战方法对苏军不管用，但是后来对中国军队非常管用，而且即使在太平洋战争的开始阶段也是频频告捷。所以，这一次也会成功这种乐观、愿望性的观测起了作用。

　　另外，我们也可以认为，通过《步兵操典》《战斗纲要》《作战要务令》《统帅纲领》等各种典范，日军接受了贯彻进攻精神和肉搏拼刺刀思想的教育和训练，因此根本不知道其他的作战方法。必胜的信念和任务优先于敌情的判断，这样的原则在指挥官们中间已经根深蒂固。他们重视精神的威力，而忽视了物质的威力。只要精神的威力处于优势，兵力的差距和大炮、重机枪等敌人的物质威力优势也不足为惧，这种精神主义渗透到了陆军的所有阶层。

　　如前所述，进攻精神、必胜的信念、主动性等，也是超过作战原则的"正确的言论"，与诺门罕战役的时候一样，压制了重视兵站实际情况和敌情判断的慎重论。瓜达尔卡纳尔岛战役的时候，参谋本部的作战课课长是服部卓四郎，作战班班长是辻政信，后者被从大本营派往战场，而这一次他又是以主动进攻的观点领导了战场上的作战。

　　作为"正确的言论"的进攻精神和必胜信念也影

响到陆军的人事评价。也就是说，过分鼓吹进攻精神和必胜信念的军人受到高度评价，而且会担任要职。至少，即使因为这种过度的"正确的言论"犯错误，处罚也不过是临时的降职。服部卓四郎、辻政信的例子就充分体现了这一点。

合理的计算？

关于瓜达尔卡纳尔岛战役失败的原因，通常都强调陆军的骄傲、精神主义的非合理性，而最近菊泽研宗提出了一种与之不同的、有趣的解释。略微简单地说，这种新解释就是，陆军的肉搏拼刺刀战术与其武器体系、教育体系、组织编制等有着密不可分的联系，因此，陆军判断，改变它的作战方式所需要的成本要大于改变所带来的好处。在这个意义上，即使说在客观上不具有合理性，但从当事人的意图来看，也是进行了相应的合理的计算，其结果便是诺门罕战役和瓜达尔卡纳尔岛战役中肉搏拼刺刀战术的实践。

确实，如果想要改变肉搏拼刺刀战术，就要改变武器体系、教育体系、组织编制等，就需要庞大的成本。就武器来说，也有正因为不能换用更好的武器，所以才一直沿袭肉搏拼刺刀战术这样的一面。如果根本改变肉搏拼刺刀战术，也许会引发这样的批评：迄今为止的教育是什么？迄今为止的牺牲是为了什么？这也包括在成本中。还有一个成本，那就是，倘若根本改变作战方法，将会给组织带来一段时间的混乱。

实际上，在诺门坎事件以后，政府组成了一个关于这一事件的研究委员会，并且编制了一份报告，提出改进武器和作战方法，但是这份报告后来实质上被搁置起来。这并不是因为报告的内容过于异端而触怒了陆军高层或者被认为没有用处，而是陆军判断，如果采纳报告的宗旨，需要全面改变作战方法，它的影响太大，成本太高。

不过，如果说进行了这样的计算，那么也应该是陆军高层进行的，而不是在战场上进行了这样的计算，然后采取了肉搏拼刺刀的冲锋方式。也许应该认为，在战场上，此前的教育训练、过去的成功经历、作为"正确的言论"的主动性和进攻精神等，可以说是条件反射地促使日军采用肉搏拼刺刀的方法向敌人发动进攻。

那么，如果说用现有的作战方法明显不可能战胜，而且付出了巨大的牺牲，陆军高层却仍然更重视改变作战方法的成本，固执地采用已经不奏效的作战方法的话，那么，这到底是为什么呢？对于在战争中应该追求胜利的军队来说，这是不应该发生的事。这是在七七事变以后无休无止的长期战争中，作为战斗组织的感觉麻痹了呢？还是惰性起了作用？

恐怕陆军高层在重视改变作战方法带来的成本的同时，他们判断，至少当前即使不做根本的改变，如果运用得当，也能够设法应付。如果说这种判断起了作用，那么这就说明，陆军高层不了解战场的实际情况，不了解敌人。1943 年 9 月，教育总监终于指示，把教育训练的重点从对苏作战转向对美作战。据说，竟然一直到 1944 年，陆军大学的教育才转变为对美作战方法。在此之前，都是使用对苏作战方法进行教育，而且，从诺门罕战役的经验来看，它的大部分是否充分有效，还值得怀疑。

三八式步枪

陆军在瓜达尔卡纳尔岛战役失败以后，终于开始把南太平洋作为主战场。从 1943 年下半年开始，正式向太平洋战场派遣陆军。同年 9 月，整个陆军的 70 个师团中，向南方派遣了 13 个师团，向南太平洋派遣了 5 个师团。但是，即使陆军好不容易被派往前线，但在美军采用蛙跳战术反攻之前，也仍然有一些部队被留在了北上的战线。另外，还有一些部队在去往前线的运输途中被歼灭。

战争的主导权转到了美国一方，日本陆军不得不经常进行岛屿防御作战。但是，战前，陆军甚至没有设想过这样的作战。本来，它就是不擅长这种防御作战，而是一支偏重进攻的军队。所以，面对陆海空联合强攻登陆的美军，起初陆军完全没有对付它的作战方法。如前所述，在瓜达尔卡纳尔岛战役后过了很长时间，才转向防御作战。

在武器方面，日军也明显处于劣势。作为说明日本陆军技术水平停滞的一个例子，经常会提到日俄战争后制式化的三八式（明治38年式，即1905年式）步枪。这对陆军也许有点苛刻。因为三八式步枪当时已经不生产了。但是，尽管当时生产了新的九九式（神武纪元2599年式，即1939年式）步枪，可是这种步枪并没有在所有部队普及。大多数步兵部队仍然使用三八式步枪。

加登川幸太郎说，日本陆军用第一次世界大战的武器进行了太平洋战争。更准确地说，直到第二次世界大战的时候，日本陆军才终于开始有能力装备第一次世界大战水平的武器。但是，这个时候，主要列国的武器已经走在了前面。步枪方面，已经进入了自动步枪的时代。

有人把日本陆军武器技术水平的落后归结于日本工业或者科学技术水平低，这恐怕有些片面。这是因为，日本海军尽管是孤注一掷，但却开发了以"零战"①（零式舰载战斗机）、"大和"号战列舰为代表的、世界领先的武器，并投入了使用。陆军武器开发的落后，也是陆军一直努力维持和扩张作为战略单位的师团的数量，而忽视了提高武器质量的结果。

---

① 零战：旧日本海军"零式舰载战斗机"的通称，太平洋战争前夕完成，是超过当时世界水平的单座高性能战斗机。

美国大量的炮击令日军吃惊。这是因为日军补给困难，几乎总是必须节约炮弹和弹药的状态。但是，美军占优势的不仅是这种物资的数量。在机枪、大炮、坦克等武器的质量水平上，美军也超过日军。即使在战术上，就像水陆两用的岛屿登陆作战等，可以说也打败了日军。

既然美国物质上的各种条件都占据如此大的优势，那么，也许应该认为，日本陆军实际上作战表现相当出色。但是，新几内亚战役、马金岛战役、塔拉瓦战役、夸贾林环礁战役、塞班岛战役、关岛战役、提尼安岛战役、佩里硫岛战役、莱特岛战役、吕宋岛战役、硫黄岛战役、冲绳战役，日本陆军都被美军打败了。虽然各个部队常常英勇善战，但只不过是让美军都付出一点牺牲，延缓美军的反攻速度而已。一旦转入败势，日本陆军始终没有能够在局部战争中取得辉煌的胜利，获得战略上有意义的分数。

军纪崩溃

军官教育的变化

七七事变时，日本陆军只有 17 个师团 20 多万人，第二次世界大战结束时增加到 169 个师团（仅步兵师团，此外还有 4 个坦克师团等）547 万人的规模。当然，不能只单纯比较数字。此外，改编自独立混成旅团，不采取联队编制，专门负责维持治安任务的师团，有 20 多个。也有不少师团在前线消耗了几乎全部战力，只是徒具形式。而在战争末期匆忙组建的师团，没有装备足够的武器。尽管如此，在 8 年中，陆军兵员人数增加到 20 倍这一事实，仍然不容忽视。这种规模的差别清楚地显示了平时陆军和战时陆军的差别。不仅是下士官和士兵急剧增加，军官也是如此。七七事变前的 1936 年，陆军军官（步兵、骑兵、炮兵、工兵、航空兵、辎重兵、宪兵等兵种的军官）大约是 1.1 万人，1939 年增加到 6.7 万人，而 1945 年第二次世界大战结束时，达到 25 万人。如此庞大数量的军官，到底是如何补充的呢？

首先，我们看一看作为原来补充渠道的陆军士官学校。如前所述，陆军士官学校预科的入学人数，由于裁军的影响，一时减少到 200 多人，1929 年恢复到 300 多人，此后仍然不断增加，到 1936 年超过了 600 人。1937 年录取了 1800 人。也许这是为了实现军备扩充计划而采取的一项措施。这一年 7 月，七七事变爆发后，年底又一次录取了 2300 人。

对于陆军士官学校来说，1937 年是一个重要的转折点。首先，陆军士官学校从市谷迁到了神奈川县的座间市。以前的陆军士官学校预科变为陆军预科士官学校，仍然留在市谷（不过，1941 年迁至埼玉县的朝霞市）。另外，航空兵种的士官候补生转到了所泽的分校。次年，在丰冈设立了航空士官学校。此外，在陆军士官学校录取人数增加的同时，裁军时撤销的东京以外的幼年学校，1936 年到 1939 年重新恢复。

此后，预科士官学校每年录取 2400 人左右，太平洋战争开战后的 1943 年录取了 2800 人，1944 年为 4700 人，1945 年为 5000 人。这是因为，不单是军队规模扩大了，由于激烈的战斗，军官的损失也随之增加，需要加以补充。不过，1943 年以后考上预科的学生，在日本战败时还没有从陆军士官学校毕业。从 1928 年到战败为止，陆军士官学校毕业生（包括从第 40 期到第 58 期的航空士官学校毕业生）大约有 1.8 万人。

也许随着陆军士官学校的膨胀，它的性质和教育内容发生了变化。以前，经济条件优越、学业优秀的城市少年倾向于上普通高中，而不选择军校，但随着战时色彩越来越浓厚，这类少年上军校的情况似乎也有所增加。这样看来，即使同样是士官候补生，不同时期也有微妙的不同。

至于教育内容，尤其是历史教育的变化，值得关注。如前所述，陆军士官学校几乎只进行军事学的教育，因此这里要谈的是预科士官学校的教育。这所学校在 1937 年独立的时候，历史教科书发生了变化，从一开始便强调皇国史观，宣传"大日本是神国"。此前，日本的历史教科书是不如说是注重客观史实的，但也许是由于对民主思潮的反弹，历史教科书逐渐开始把重点放在精神教育和思想教育上。从1935年前后开始，以皇国史观而闻名的东京帝国大学教授平泉澄的门生，开始作为文官教官负责历史教育，在他的影响下修改了教科书。

在此以前从陆军士官学校毕业的青年军官中，也有人经常出入平泉澄主持的私塾，受到了平泉澄史学的影响。日本接受《波茨坦公告》的时候，参与阻止投降政变的井田正孝（第45期）、畑中健二（第46期）便是如此。实际上，并不是平泉澄赞同政变。但是，他的皇国史观和国粹主义通过他自己和他的门生，无疑在陆军士官学校的少壮军官们中间产生了重大的影响。战争结束前后一部分少壮军官狂热的根源，也在于军校中的这种国体论和国粹主义教育。明显的一个例子，便是我们在序章中介绍的、战败时在航空士官学校和预科士官学校发生的彻底抗战的行动。

干部候补生

为了培养军官，除了正规的陆军士官学校教育之外，从1920年开始，陆军制定了从下士官中选拔优秀人才，让他们作为少尉候补人选在陆军士官学校接受教育，毕业后任命其为军官的制度。其目的在于给下士官也提供晋升为军官的机会，从而鼓舞士气，同时，由于当时陆军士官学校招生人数不断减少，因此用少尉候补人选补充下级军官。通过这项制度成为军官的，共有大约9000人，达到了相当大的数量。不过，仍然不够补充战时军官的缺额。

对补充军官起到作用的是干部候补生。如前所述，这是1927年继承一年志愿兵制而制定的一项制度。学校训练考核合格的学生，作为现役兵服一年兵役，接受部队教育，经过一段时期见习士官的工作后，被任命为预备役的少尉。1933年，这种学生分成了两类：作为军官人员的甲种干部候补生和作为下士官人员的乙种干部候补生，同时，取消了一年志愿兵制实施以来粮食费用等自理的制度。

甲种干部候补生的招生人数在平时为每年4000名左右，但七七事变发生后的1938年骤增至5600名，1939年进一步增至1.1万名。大多数人被任命为预备役少尉后，立即被征召到部队，尤其是干部候补生出身的军官在尉官一级的下级指挥官中所占的比重相当大。现役军官在全部军官中所占的比例为：1939年36%；1945年15%。中尉和少尉分别为21%、13%。其余是干部候补生出身的军官占一大半的征召预备役军官。

这种干部候补生制度令人关注的是，陆军一直坚持让学生接受现役兵教育（1938年以后参军时间变为4个月）这一点。海军的预备军官不接受士兵教育便可享受比照海军军校毕业的正规军官的待遇。与之相比，陆军的态度非常有趣。可以说，这种教育与士官候补生的部队教育也有共同之处，也许是要让学生们体验现场和底层的辛苦。这里充分体现了陆军比海军民主，更准确地说，陆军对社会平等过敏。但是，正是由于这个原因，接受过高等教育的人在志愿服兵役时，选择海军的情况有所增加。

一直到1943年，陆军才停止这种做法。由于缺少飞行员，陆军制定了特殊驾驶见习士官制度。如果高中、职业学校及以上的在校生、毕业生志愿，在录取时授予见习士官的等级（与下士官的曹长相同等级）。1944年，陆军设立了特殊甲种干部候补生制度，规定不限于飞行员人员，具有同等学历的人均作为见习士官对待。不言而喻，这是为了让学生上战场而采取的一项措施。

以往，大学等级的学生被允许延期征召，即使毕业以后接受征兵体检，也会受到体检官照顾而免于征召入伍。但是，1943年10月，取消了这一优待措施，凡是达到征兵年龄的学生一律接受征兵体检，并根据体检结果征召入伍。这就是学生出征（"学徒出阵"）。尽管如此，对理科的学生，仍然采取了延期入伍的特例措施。因此，被征召的是文科的学生。

谈起学生出征，往往都带有几份悲壮感。另外，它也常常被视为这场悲惨战争的一个片断。不过，在美国、英国，开战时，学生们都会争先恐后地志愿参军，根据略微夸张的说法，据说，大学里会变得空空荡荡。日本大学生的态度不同。只要是陆军，即使志愿，以往至多也只是干部候补生。由于必须作为现役兵度过臭名昭著的内务班生活，难免让大学生们犹豫不前。或许，对参军的这种消极性也充分体现了日本的精英文人对军队的态度。由此也可以看出他们对七七事变和太平洋战争的态度。

总之，学生出征也确实是说明军官不足的插曲之一。正是由于缺乏军官，所以陆军取消了以往的优待措施。这样，在战时，干部候补生出身者在军官中所占的比重逐年增加，而且这种情况在下级指挥官中尤为显著。实际上，这个等级在军官中损耗率最高。

兵员膨胀

士兵的大量动员是如何进行的？有人举出了征兵的现役征召率。1933 年的现役征召率是 20%，而 1937 年上升至 23%，1940 年为 47%，1944 年为 68%。征兵体检，按照体格等情况，将人员分为甲、乙、丙（以上为合格）、丁（不合格）、戊（延期征兵），甲种和乙种为适合现役。平时即使是甲种也并不是全部征召入伍，然而，在七七事变以后，连乙种也开始征召入伍。进而，1943 年年底，征兵年龄降低了一岁，因此在第二年，19 岁和 20 岁的人也被征召入伍。但是，只靠征召现役仍然不够。

根据 1927 年的《兵役法》，陆军的常备兵役为现役
2 年，服现役期满后的预备役为 5 年零 4 个月，然后编
入 10 年的后备兵役（1941 年取消后备兵役，预备役改
为 15 年零 4 个月）。另外，1939 年，常备兵役不足时征
召的补充兵役，服役时间从过去的 12 年零 4 个月延长
至 17 年零 4 个月，同年，取消了适用于师范学校毕业
生的短期现役兵制度，不再批准对教师特例照顾。

结果，仅靠征召现役不能满足需要时，预备役、后
备兵役、补充兵役的人也开始被征召入伍。现役兵占全
体士兵的比例，在 1939 年为 60%，而 1944 年年底下降
到 40%，战争结束前不足 15%。反过来看，包括后备
兵役在内的预备兵役、补充兵役的比例提高了。这意味
着士兵的年龄相应增大。

《战阵训》①

有人批评，昭和时期的陆军军纪不严。也有人指
出，这是军队急剧膨胀，发生水肿的结果。例如，据
说，由于预备役兵、后备役兵、补充兵受到社会风气过
多影响，因此不能像现役兵那样顺从地适应军队的纪
律。另外，也有一种见解，根据军官人数慢性缺乏，本
来应该由少佐或者大尉担任的大队长职务，不得不由中

---

① 战阵训：1941 年以陆相东条英机的名义向日本全体陆军下达的训
示。

尉担任的事实以及干部候补生出身的军官在下级军官中所占的比例增加的事实，认为军官素质下降，尤其是领导能力下降。

然而，实际上从七七事变以前开始，亦即在平时，陆军的军纪也未必称得上十分严格。例如，1925 年至 1931 年，军法会议审判的针对上级的犯罪数量并不少。这是什么原因，难以马上断定。是由于社会风潮，还是因为陆军僵化的体制不能适应社会的变化？或者，在社会民主化或者自由主义化的大潮下，倘若想要维持征兵制，这种程度的违反军纪不可避免？

不管怎样，也正是因为这些倾向，1921 年的《陆军内务书》，如前所述，被认为迎合时代潮流带来了军纪松弛，而进行了修订。1934 年修订后的《军队内务书》中删除了"自觉""自主精神"这样的词语，同时，也否定了军队内务的宽松和自由化，不再提倡"有理解的服从"。关于不合理的对待的申诉，也以防止滥用为由，删除了一部分规定。

总之，军队内务向着严格化、僵硬化的方向发展。而如果内务的规定过于严格和不自由，那么就会加大与现实的距离，导致最终无法遵守。所以，原本想要通过修订《内务书》来强化军纪，结果却收到了相反的效果，助长了形式主义。这是因为，为了在形式上遵守实际上根本行不通的规则，到处都采用阳奉阴违的做法。

平时在国内都不能遵守军纪，在战时的战地当然更难以做到。以前，在占领的殖民地值勤的部队一直就有军纪松弛的现象，而在战地和占领地区，这种现象则以一种性质更为恶劣的形式体现出来。《内务书》强调军队内部的纪律和在战场上服从、忠节、勇敢等内容，却没有规定在战地和占领地区应该如何对待当地的居民。所以，在战斗的异常兴奋状态下，暴力和欲望暴露无遗。

为了防止这样的军纪松弛现象，1941 年 1 月东条英机向全体陆军下达了《战阵训》。《战阵训》只有"生不受虏囚之辱，死勿留罪祸之污名"一节比较有名，本来是为提高战场上的道德，明确具体行动的依据而制定的。但是，"鉴于皇军之本义，仁恕之心应能爱护无辜之住民"，"阵苟为酒色夺心，或为欲情所动而失本心，损皇军之威信，误奉公之身，不宜有之"这样的训诫多大程度上成为具体行动的依据，乃是一个疑问。

1943 年，陆军对《军队内务书》进行了修订，制定了《军队内务令》。它应该是根据以往的经验和反省而制定的，但是丝毫也看不到这样的迹象。它只是重复服从的绝对性，堆砌了一些平时感觉的详细规定。

军纪松弛丝毫没有改变。《战阵训》和《军队内务令》几乎都没有产生影响。针对上级的犯罪在七七事变时和战时有所增加。抢劫罪和强奸罪，从交付军法会议的数量来看，也是日俄战争时无法相比的（从七七事变爆发至1939年年底，军法会议处罚者中，抢劫及抢劫致死伤罪超过400人，强奸及强奸致死伤罪也超过300人）。1942年修订的《陆军刑法》，明确记载了强奸罪，但它是否产生了效果，也是一个疑问。反而，产生效果的也许是在1937年12月的南京大屠杀事件中，陆军因对大量的强奸感到吃惊而开设的慰安所。

表5-1　军法会议处刑人员中对上级犯罪者的数量

单位：人

年　份	总数	抗命	对上级施暴和恐吓	侮辱上级
1925	15	0	14	1
1926	22	3	12	7
1927	39	8	25	6
1928	43	11	21	11
1929	41	15	20	6
1930	29	13	8	8
1931	21	5	13	3
1932	20	—	—	—
1933	26	—	—	—
1934	23	—	—	—
1935	36	—	—	—
1936	37	—	—	—

资料来源：1931年以前的数据来自吉田裕「昭和恐慌前後の社会情勢と軍部」『日本史研究』219号。1932年以后的数据来自藤原彰『日本軍事史』上、日本評論社。

战争的理念

我想，包括对战地或者占领区居民的非法行为在内，军纪松弛似乎与官兵的战争目的有关。一般情况下，人们往往认为，军队通过学校教育、兵营中的内务教育，向士兵灌输了国体的尊严和天皇的神圣性，士兵按照这些灌输的思想，为了国家和天皇而战。但最近的实证研究表明，事情并不是那么简单。

例如，河野仁根据对某个师团的幸存者进行的采访调查，提出了自己的观点：他们最重要的战斗动机并不是绝对为天皇和国家献身，而是他们的战斗动机反而是战友之间的感情，尤其是上下级的纽带，其次是家乡、家门的荣誉和对家人的爱。

确实，看到第二次世界大战以后全国各地成立的战友会，这种观察有许多值得肯定的部分。士兵们并不是为了悠久的大义、献身国家、效忠天皇而战的。让士兵们克服战争的恐怖，驱使他们战斗的，是与战友、上级或者部下的连带意识。因此，只要这种连带意识继续存在，也许就不会发生对上级犯罪这种违反军纪的现象。

根据河野仁的研究，战友、上下级的纽带成为战斗的最大动机，并不仅仅发生在日本。据说，第二次世界大战时的美军和德军也都有几乎同样的倾向。他们也是为了战友而战，而不是为了民主主义、纳粹主义这样的理念和意识形态。

但是，为了什么而战，这种理念仍然非常重要。如果这一点不明确，官兵就会产生虚无的思想。即使战争的理念不是激发官兵战斗意愿的最大原因，也会对战斗的方式产生微妙的影响。没有理念，战争就会堕落成只是为战而战。它有时会形成一种不良的土壤，不介意对俘虏、平民采取违法行为，容许肮脏的战争。

这一点尤其符合与中国的战争状况。谁也不知道，与中国战争是为了什么。关于南京大屠杀事件的原因，有人指出，是因为对在此之前的淞沪会战中日军损失惨重的报复，或者是对中国士兵败退时脱掉军服、混到平民中间的不公平的战斗方式的气愤。但是，如果他们当时理解了为什么而战，那么就可能抑制这种反作用和气愤。由于战斗目的不明确，报复、气愤的情绪便会毫无阻挡地直接喷发出来。

如果说日中甲午战争和日俄战争时维持军纪的重要原因之一在于明确的战争目的，那么可以说，中日战争中则发生了与之相反的情况。

战败

战败也是军纪松弛的一个原因。在太平洋战争的首战中取得辉煌胜利之后，日军一直连战连败。连续战败不会不影响军队的士气和军纪。军队急剧膨胀和军官素质下降加剧了军纪松弛，是在开始战败以后出现的现象。胜利的时候，这样的缺陷往往会被掩盖。

驻扎在中国的部队，由于长期驻扎形成了惰性，造成了军纪松弛，而且，还发生了士兵因对调往南方感到悲观而暴力反抗的事件。这里，事件的背后也是日军战败的状况，调往南方被视为直接走向死亡。在日俄战争的后半阶段，由于激烈的战斗付出了巨大的牺牲，也曾发生许多士兵逃跑的事件。这两者之间存在一些共同之处。

结果，日军的军纪没能够经受住连续战败的打击。本间雅晴大尉曾经指出，第一次世界大战末期德军濒于崩溃的一部分原因是，基于绝对服从的军纪是脆弱的。而这一点，也与第二次世界大战中的日军非常相似。本来，日军的军纪是以拿破仑战争式的战争为设定，企图确保军人的机械、绝对的服从。内务教育在精神上束缚士兵的一个原因也在于此。

表 5-2　各地区军法会议处刑人数

单位：人

年　　份	日本内地	满洲	中国关内	南方	合计	其中，对上级的犯罪
1937（7月以后）	290	54	177	—	521	78
1938	769	343	1085	—	2197	317
1939	954	492	1476	—	2923	270
1940	1063	706	1350	—	3119	202

年　份	日本内地	满洲	中国关内	南方	合计	其中，对上级的犯罪
1941	1320	899	1081	4	3304	341
1942	1849	101	1245	753	4868	360
1943	1905	900	1320	856	4981	421
1944（至11月）	2484	980	1308	814	5586	420

资料来源：大濱徹也・小沢郁郎『帝国陸海軍事典』（同成社）、大江志乃夫『天皇の軍隊』（小学館）、纐纈厚『軍紀・風紀に関する資料』（不二出版）。

　　但是，作为第一次世界大战的战争教训，人们已经知道依靠这种绝对服从已经不适应新的战争了。在服从关系中，开始要求自觉和自主性。尽管如此，这种想法并没有开花结果，军队反而比以前更加强调绝对服从。

　　正如《战阵训》中所说的那样，"皇军军纪的精髓，畏存于对大元帅陛下所奉绝对随顺之崇高精神"，绝对服从的最终对象是天皇。如前所述，军人对天皇的忠诚最终使日本顺利投降，但作为官兵战斗动机的原因，它终究是一个次要原因。通过教育灌输的对天皇的忠诚也并没有成为士兵的内心思想。这样，可以说，对天皇的忠诚和绝对服从，已经不能成为军纪的基础。

　　根据厚生省的统计，日军在太平洋战争（1941年12月以后）中的阵亡人数为：陆军大约150万人，海军大约 50 万人。而陆军，尤其必须注意到的是，正如藤原彰指出的那样，病死的人数超过战死的人数。而且，许多病死的人是因为营养不良，也就是饥饿、体力下降，得上传染病、地方病而死。许多人死于饥饿，这一点也许从"饿岛"的例子也可以充分理解，而从这一点来说，可以认为，许多病死者在广泛意义上也相当于饿死者。

如果说饿死者比战死者还多，那么它如实地反映了陆军进行了一场多么鲁莽的战争。在饥饿蔓延、不断出现饿死者的情况下，维持军纪本来就是难以做到的。而军纪崩溃了，那么它已经不再是军队。在这种极限的状态下，对天皇的忠诚和绝对服从也几乎就毫无意义。

结束

1945 年 8 月 9 日深夜，围绕是否接受《波茨坦公告》，即是否应该投降，举行了御前会议。会上分为两种意见，一直到凌晨，双方仍然争执不下。最后，铃木贯太郎首相请求天皇圣断。天皇称，《公告》中含有一些像解除军队武装这样的难以忍受的内容，但是继续战争下去只会使国民痛苦，因而决定接受《波茨坦公告》。当时，陆军主张彻底抗战、本土决战。天皇指出了陆军连九十九里滨①也守不住的现状，批评开战以来

---

① 九十九里滨：日本本州关东地方千叶县房总半岛沿太平洋岸的沙滨。北起刑部岬，南至太东崎，长约 60 公里。

军队所说的和实际情况之间经常不一致。

天皇本人直接明确地表示，陆军已经失去了它绝对忠诚的天皇的信任。在此以后，至少军队高层彻底抗战的主张有所减弱，也许是天皇表示了对军队的不信任而产生的效果。然后，军队制定了"承诏必谨"的方针。正如序章中所说的那样，天皇的统帅大权和军人对天皇的忠诚，在最后阶段对战败后保持良好的秩序发挥了重要作用。

在日本战败大约70年前，日本陆军作为不足2万人的、维持治安的军队诞生了。后来，以欧洲的近代军队为榜样，发展成为一支防卫国土的军队，甚至成为出征外国的军队。在日本近代化的初期阶段，在技术、教育、文化等方面，军队的近代化都走在前面，军队甚至成为国家、社会近代化的象征。

然而，随着社会近代化，其影响也波及军队时，陆军没能充分应对来自社会的挑战，只是看到近代化所带来的社会风潮恶化这消极的一面，而没有能够确立起以自觉和自主性为基础的军纪。

当政治过程复杂化，政党上升为政权主体的时候，作为官僚组织的军队便开始一心想着保护自己的既得权力，排斥政党势力的渗透。当政党政治没有成熟而最终崩溃以后，军队便作为可以说一个强大的压力团体，对政治蛮不讲理，凌驾于政治之上，肆无忌惮地介入政治。

军队也没有能够应对总体战的挑战。尽管进行总体战的物质能力有限，军队却企图用精神力量来加以掩饰。为了进行总体战，在对自己进行革新之前，试图改变整个国家体系。而且，在专注于国家改造和确立总动员体制的过程中，自己作为一个军事组织的发展却停滞不前。因此，在太平洋战争中，军队不得不付出高昂的代价。

市谷高地上空的浓烟

1945 年 8 月 15 日上午 9 点多，东京市谷的高地上开始升起浓烟。太平洋战争爆发后，陆军省和参谋本部迁到了位于市谷高地上的原来陆军士官学校的建筑物内。浓烟是从它的院子里缓缓升起来的。

由于焚烧陆军的机密文件而升起了浓烟。天皇决定接受《波茨坦公告》、陆军接受这一决定——大势已定的时候，似乎自然而然地就开始焚烧机密文件。在前一天的下午，陆军就已经搬出和焚烧了重要文件，不久中断了。据说，14 日的夜晚，陆军省的卫兵和警备宪兵消失了。这是因为他们听说盟军第二天早晨将从东京湾登陆并开始战斗，因而怯阵逃跑了。这件事说明军队中央身边的军纪已经松弛。

15 日正午天皇发表广播讲话以后，在夏日的太阳下，陆军在继续焚烧文件。文件堆得高高的，几乎烧也烧不尽。同盟通讯社的记者森元治郎顺路去市谷的时候，看到大量的文件已经焚烧了，灰堆得像山一样。他从堆起来焚烧的文件和书籍中，捡了一本《克鲁泡特金全集》和韦伯斯特的辞典。

从市谷高地上升起的浓烟，仿佛埋葬和清算了日本陆军70多年的过去。

参考文献

这里仅列出撰写本书过程中直接参考的文献。本来，应该不问直接、间接，在引用或者参考的地方注明引用和参考的文献，但为了避免烦琐，便于阅读，只在卷末列出文献。

全书

生田惇『日本陸軍史』、教育社歴史新書、1980。

大江志乃夫『天皇の軍隊』（小学館ライブラリー昭和の歴史）3、1994。

大濱徹也『天皇の軍隊』、教育社歴史新書、1978。

大濱徹也編『近代民衆の記録8　兵士』、新人物往来社、1978。

大濱徹也・小沢郁郎編『帝国陸海軍事典』、同成社、1984。

加登川幸太郎『三八式歩兵銃——日本陸軍の七十五年』、白金書房、1975。

加登川幸太郎『陸軍の反省』上・下文京出版、1996。

河辺正三『日本陸軍精神教育史考』、原書房、1980。

北岡伸一「政治と軍事の病理学」『アステイオ

ン』21 号、1991。

熊谷光久『日本軍の人的制度と問題点の研究』、国書刊行会、1994。

黒羽清隆『軍隊の語る日本の近代』上・下、そしえて、1982。

桑田悦「近代日本統合戦史概説（素案）」、統合幕僚学校、1984。

桑田悦『攻防の論理』、原書房、1991。

高橋三郎『旧日本軍の組織原理』、濱口恵俊・公文俊平編『日本的集団主義』、有斐閣、1982。

高橋正衛『軍隊教育の一考察』 『思想』624号、1976。

永井和『近代日本の軍部と政治』、思文閣出版、1993。

中村好寿『二十一世紀への軍隊と社会』、時潮社、1984。

秦郁彦編『日本陸海軍総合事典』、東京大学出版会、1991。

原剛・安岡昭男編『日本陸海軍事典』、新人物往来社、1997。

広田照幸『陸軍将校の教育社会史』、世織書房、1997。

藤原彰『天皇制と軍隊』、青木書店、1978。

藤原彰『日本軍事史（戦前篇）』上、日本評論社、1987。

　松下芳男『日本陸海軍騒動史』、土屋書店、1974。

　松下芳男『改訂　明治軍制史論』上・下、国書刊行会、1978。

　村上一郎『日本軍隊論序説』、新人物往来社、1973。

　百瀬孝『事典 昭和戦前期の日本』、吉川弘文館、1990。

　山崎正男編『陸軍士官学校』、秋元書房、1970。

　山田朗『軍備拡張の近代史』（歴史文化ライブラリー）18、吉川弘文館、1997。

　由井正臣・藤原彰・吉田裕校注『軍隊兵士』（日本近代思想大系）4、岩波書店、1989。

　毎日新聞社編『日本陸軍史』（1億人の昭和史別冊 日本の戦史）別巻1、毎日新聞社、1979。

　サミュエル・ハンチントン、市川良一訳『軍人と国家』上・下、原書房、1978・1979。

　Edward J. Drea, "In the Army Barracks of Imperial Japan", *Armed Forces and Society*, Vol. 15, No. 3, 1989.

　Samuel E. Finer, *The Man on Horseback: The Role of the Military in Politics*, rev. ed., Penguin Books, 1976.

　Roger F. Hackett, "The Military: Japan", in Robert E. Ward and Dankwart A. Rustow (eds.), *Political Modernization in Japan and Turkey*, Princeton University Press, 1964.

Yoshihisa Nakamura and Ryoichi Tobe, "The Imperial Japanese Army and Politics", *Armed Forces and Society*, Vol. 14, No. 4, 1988.

Bruce D. Porter, *War and the Rise of the State: The Military Foundation of Modern Politics*, Free Press, 1994.

序章

清水幾太郎『日本よ国家たれ』、文藝春秋、1980。

秦郁彦『昭和史の謎を追う』下、文藝春秋、1993。

林茂編『日本終戦史』上、読売新聞社、1962。

半藤一利『日本のいちばん長い日（決定版）—運命の八月十五日』、文藝春秋、1995。

第一章

● 创建国家军队

淺川道夫『維新政権下の議事機関にみる兵制論の位相』『政治経済史学』356 号、1996。

淺川道夫『辛未徴兵に関する一研究』『軍事史学』32 巻 1 号、1996。

坂田吉雄『明治政治史』、福村出版、1972。

高橋茂夫『天皇陸軍の胎生』『軍事史学』1 巻 3 号・4 号、1965・1966。

高橋茂夫『明治四年鎮台の創設』『軍事史学』13

巻4号・14巻1号、1978。

　松島秀太郎『戊辰徴兵大隊 覚書』『軍事史学』23巻2号、1987。

　由井正臣『明治初期の建軍構想』『軍隊 兵士』。

　● 消除封建制度

　大江志乃夫『徴兵制』、岩波新書、1981。

　大島明子「いわゆる竹橋事件の『余波』について」『軍事史学』32巻3号、1996。

　加藤陽子『徴兵制と近代日本』、吉川弘文館、1996。

　澤地久枝『火はわが胸中にあり』、文春文庫、1987。

　竹橋事件百周年記念出版委員会編『竹橋事件の兵士たち』、現代史出版会、1979。

　坂野潤治『廃藩置県への道』『明治六年の政変とその余波』、井上光貞・永原慶二・児玉幸多・大久保利謙編『日本歴史大系4　近代Ⅰ』、山川出版社、1987。

　● 确立军纪

　淺川道夫「維新政権下の陸軍編制過程にみる軍紀形成の一考察」　『政治経済史学』375号・376号、1997。

　梅溪昇「軍人勅諭成立史の研究」『大阪大学文学部紀要』8巻、1961。

梅溪昇『増補　明治前期政治史の研究』、未来社、1978。

大久保利謙編『西周全集』第 3 巻、宗高書房、1966。

大原康男『明治建軍史の一側面』『国学院大学日本文化研究所紀要』42 輯、1978。

慶応義塾編『福澤諭吉全集』第 5 巻、岩波書店、1959。

佐藤徳太郎「軍人勅諭と命令服従」『軍事史学』11 巻 1 号、1975。

日本史籍協会編『木戸孝允日記』二〈日本史籍協会叢書〉75、東京大学出版会、1967。

原田統吉「西周と軍人勅諭」『歴史と人物』1974年 2 月号。

平田俊春「明治軍隊における『忠君愛国』の精神の成立」『軍事史学』13 巻 2 号、1977。

明治文化研究会編『明治文化全集 第 26 巻（軍事篇・交通篇）』、日本評論社、1967。

亘理章三郎『軍人勅諭の御下賜と其史的研究』、中文館書店、1932。

第二章

● 走向职业军人的道路

石光真人編『ある明治人の記録——会津人柴五郎

の遺書』、中公新書、1971。

遠藤芳信「士官候補生制度の形成と中学校観」
『軍事史学』13巻4号、1978。

春日豊「工場の出現」『岩波講座日本通史17　近
代2』、岩波書店、1994。

鎌田澤一郎、宇垣一成述『松籟清談』、文藝春秋
新社、1951。

篠原宏『陸軍創設史』、リブロポート、1983。

上法快男編『陸軍大学校』、芙蓉書房、1973。

角田順校訂『宇垣一成日記』I、みすず書
房、1968。

西岡香織『建軍期陸軍士官速成に関する一考察』
『軍事史学』25巻1号、1989。

柳生悦子『史話——まぼろしの陸軍兵学寮』、六
興出版、1983。

● 防卫国土

淺野祐吾『帝国陸軍将校団』、芙蓉書房、1983。

大澤博明「明治『統合参謀本部』の生成と解体」
『法学雑誌』（大阪市立大学）33巻4号、1987。

大澤博明「月曜会事件の再検討」『法学雑誌』
（大阪市立大学）35巻1号・2号、1988。

奥村房夫監修『近代日本戦争史 第一編 日清・日
露戦争』、同台経済懇話会、1995。

黒野耐「明治期における日本軍の戦略思想の変

遷」『政治経済史学』349 号、1995。

桑田悦「日清戦争前の日本軍の大陸進攻準備説について」『軍事史学』30 巻 3 号、1994。

白井雅高「帝国議会開設期の陸軍兵備論争」『軍事史学』24 巻 2 号、1988。

土居秀夫「月曜会事件についての一考察」『軍事史学』17 巻 2 号、1981。

村瀬信一「『月曜会事件』の実相について」『日本歴史』384 号、1980。

渡辺幾治郎『基礎資料 皇軍建設史』、共立出版、1944。

● 対外战争

飛鳥井雅道「近代天皇像の展開」『岩波講座 日本通史 近代 2』。

一ノ瀬俊也「兵営の『秩序』と軍隊教育」『九州史学』118・119 号、1997。

大江志乃夫『日露戦争の軍事史的研究』、岩波書店、1976。

大江志乃夫『日露戦争と日本軍隊』、立風書房、1987。

大原康男『帝国陸海軍の光と影』、日本教文社、1982。

須山幸雄『天皇と軍隊 明治篇』、芙蓉書房、1985。

永井和「人員統計を通じてみた明治期日本陸軍」『富山大学教養部紀要（人文・社会科学編）』18 巻 2 号・19 巻 2 号、1985・1986。

秦郁彦『日本人捕虜』上、原書房、1998。

秦郁彦「旅順虐殺事件」、東アジア近代史学会編『日清戦争と東アジア世界の変容』下、ゆまに書房、1997。

原剛「日清戦争における本土防衛」『軍事史学』30 巻 3 号、1994。

檜山幸夫「日清戦争と日本」、東アジア近代史学会編『日清戦争と東アジア世界の変容』上、ゆまに書房、1997。

檜山幸夫『日清戦争——秘蔵写真が明かす真実』、講談社、1997。

T・フジタニ「近代日本における群衆と天皇のページェント」『思想』797 号、1990。

藤村道生『日清戦争』、岩波新書、1973。

室山義正『近代日本の軍事と財政』、東京大学出版会、1984。

第三章

● 政党的挑战

雨宮昭一『近代日本の戦争指導』、吉川弘文館、1997。

今井清一「大正期における軍部の政治的地位」
『思想』399号・402号、1957。

木坂順一郎『軍部とデモクラシー』『国際政治』
38号、1969。

北岡伸一『日本陸軍と大陸政策』、東京大学出版
会、1978。

纐纈厚『近代日本の政軍関係——軍人政治家田中
義一の軌跡』、大学教育社、1987。

小林道彦「『帝国国防方針』再考」『史学雑誌』
98編4号、1989。

小林道彦「日露戦後の軍事と政治」『思想』814
号、1992。

小林幸男「海軍大臣事務管理問題顛末」『法学』
(近畿大学) 12巻1号、1963。

原奎一郎編『原敬日記』第5巻、福村出
版、1965。

坂野潤治「大正政変」『日本歴史大系4 近代
I』。

舩木繁『陸軍大臣木越安綱』、河出書房新
社、1993。

室山義正「帝国国防方針の制定」「日露戦後の軍
備拡張問題」『日本歴史大系4 近代I』。

● 社会的挑战
淺野和生『大正デモクラシーと陸軍』、慶応通

信、1994。

　一ノ瀬俊也「『大正デモクラシー期』における兵士の意識」『軍事史学』33 巻 4 号、1998。

　遠藤芳信「陸軍将校による教育学研究」『軍事史学』9 巻 4 号・10 巻 1/2 合併号、1974。

　遠藤芳信『近代日本軍隊教育史研究』、青木書店、1994。

　大江志乃夫『国民教育と軍隊』、新日本出版社、1974。

　黒澤文貴「『大正デモクラシー期』陸軍研究のための一作業」『現代史研究』32 号、1985。

　黒澤文貴「軍部の『大正デモクラシー』認識の一断面」、近代外交史研究会編『変動期の日本外交と軍事』、原書房、1987。

　榊原貴教「はじめに―明治四十年代の国民と将校」『近代日本軍隊関係雑誌集成 目録Ⅱ』、ナダ書房、1992。

　信夫清三郎『大正政治史』、勁草書房、1968。

　鈴木健一「陸・海軍将校における国史教育」、加藤章ほか編『講座 歴史教育 1　歴史教育の歴史』、弘文堂、1982。

　竹山護夫・前坊洋「明治末年における明治国家の分極・拡散・稀薄化」『日本歴史大系 4 近代 I』。

　戸部良一「転換期における軍人の意識構造」、佐瀬昌盛・石渡哲編著『転換期の日本 そして世界』、人間の科学社、1995。

野村乙二朗『石原莞爾』、同成社、1992。

松下芳男『日本軍事史雑話』、土屋書店、1977。

吉田裕「日本の軍隊」『岩波講座 日本通史 17 近代2』。

● 综合国力战争的挑战

黒澤文貴「第一次世界大戦の衝撃と日本陸軍」、滝田毅編『転換期のヨーロッパと日本』、南窓社、1997。

黒野耐「第一次大戦と国防方針の第一次改定」『史学雑誌』106編3号、1997。

黒野耐『大正軍縮と帝国国防方針の第二次改定』『日本歴史』599号、1998。

佐藤鋼次郎『軍隊と社会問題』、成武堂、1922。

高橋秀直「陸軍軍縮の財政と政治」『年報・近代日本研究』8号、1986。

佃隆一郎「田中国重豊橋師団長の軍縮観」『愛大史学』3号、1994。

土田宏成「陸軍軍縮時における部隊廃止問題について」『日本歴史』569号、1995。

戸部良一「第一次大戦と日本における総力戦論の受容」『新防衛論集』7巻4号、1980。

原暉之『シベリア出兵』、筑摩書房、1989。

廣瀬豊『軍紀の研究』、武士道研究会、1928。

藤原彰「軍縮会議と日本陸軍」『歴史評論』336号、1978。

松田德一『嗚呼軍縮』、二酉社、1924。

山口利昭「国家総動員研究序説」『国家学会雑誌』92巻3・4号、1979。

吉田裕「第一次世界大戦と軍部」『歴史学研究』460号、1978。

吉田裕「日本帝国主義のシベリア干渉戦争」『歴史学研究』490号、1981。

Leonard A. Humphreys, "Crisis and Reaction: The Japanese Army in the 'Liberal' Twenties", *Armed Forces and Society*, Vol. 5, No. 1, 1978.

第四章

● 改造国家

河野仁「大正・昭和期における陸海軍将校の出身階層と地位達成」『大阪大学教育社会学・教育計画論研究集録』7号、1989。

河野仁「大正・昭和期軍事エリートの形成過程」、筒井清忠編『「近代日本」の歴史社会学』、木鐸社、1990。

高橋正衛『昭和の軍閥』、中公新書、1969。

高橋正衛『二・二六事件』増補改版、中公新書、1994。

　　高橋正衛編『現代史資料5　国家主義運動2』、み
すず書房、1964。

　　竹山護夫「陸軍青年将校運動の展開と挫折」『史
学雑誌』78編6号・7号、1969。

　　筒井清忠『昭和期日本の構造』、講談社学術文
庫、1996。

　　永井荷風『摘録　断腸亭日乗』上、岩波文
庫、1987。

　　秦郁彦『軍ファシズム運動史』新装版、原書
房、1980。

　　吉田裕「昭和恐慌前後の社会情勢と軍部」『日本
史研究』219号、1980。

　● 幕僚政治

　有末精三『政治と軍事と人事』、芙蓉書房、1982。

　五百旗頭真「陸軍による政治支配」、三宅正樹・
秦郁彦・藤村道生・義井博『大陸侵攻と戦時体制』
<昭和史の軍部と政治>2、第一法規出版、1983。

　　佐々木隆「陸軍「革新派」の展開」『年報・近代
日本研究』1号、1979。

　　佐藤賢了『大東亜戦争回顧録』、德間書店、1966。

　　藤村道生「国家総力戦体制とクーデター計画」、
三輪公忠編『再考・太平洋戦争前夜』、創世記、1981。

　　吉田裕「満州事変下における軍部」『日本史研

究』238 号、1982。

読売新聞社編『昭和史の天皇』16、読売新聞
社、1971。

　● 対苏战备

北岡伸一「陸軍派閥対立（1931—1935）の再検
討」『年報・近代日本研究』1 号、1979。

黒野耐「昭和初期陸軍における国防思想の対立と
混迷」『政治経済史学』379 号、1998。

桑田悦「『旧日本陸軍の近代化の遅れ』の一考
察」　『防衛大学校紀要 人文・社会科学編』34
輯、1977。

軍事史学会編『大本営陸軍部戦争指導班　機密戦
争日誌』上、錦正社、1998。

照昭康孝「宇垣陸相と軍制改革案」『史学雑誌』
89 編 12 号、1980。

波多野澄雄『幕僚たちの真珠湾』、朝日選
書、1991。

半藤一利『ノモンハンの夏』、文藝春秋、1998。

防衛庁防衛研修所戦史室『大本営陸軍部 1』＜戦
史叢書＞、朝雲新聞社、1967。

防衛庁防衛研修所戦史部『陸軍軍戦備』＜戦史
叢書＞、朝雲新聞社、1979。

前原透「昭和期陸軍の軍事思想」『軍事史学』26
巻 1 号、1990。

読売新聞社編『昭和史の天皇』15、読売新聞社、1971。

尾声

● 战争失败

安部彦太「大東亜戦争の計数的分析」、近藤新治編『近代日本戦争史 第四編 大東亜戦争』、同台経済懇話会、1995。

NHK取材班編『ガダルカナル　学ばざる軍隊』＜太平洋戦争 日本の敗因＞2、角川文庫、1995。

菊澤研宗「軍事組織の歴史的経路依存性の分析」『防衛大学校紀要（社会科学分冊）』76輯、1998。

桑田悦「用兵思想からみた大東亜戦争」『近代日本戦争史 第四編 大東亜戦争』。

戸部良一・寺本義也・鎌田伸一・杉之尾孝生・村井友秀・野中郁次郎『失敗の本質―日本軍の組織論的研究』、中公文庫、1991。

服部卓四郎『大東亜戦争全史』、原書房、1965。

林三郎『太平洋戦争陸戦概史』、岩波新書、1951。

● 军纪崩溃

飯塚浩二『日本の軍隊』、評論社復初文庫、1968。

尾川正二『死の淵を歩いて―私の戦争観』、大阪国際平和センター、1991。

河野仁「日中戦争における戦闘の歴史社会学的考

察」、軍事史学会編『日中戦争の諸相』（『軍事史学』
33 巻 2/3 合併号）、錦正社、1997。

纐纈厚編『軍紀・風紀に関する資料』、不二出
版、1992。

秦郁彦『南京事件』、中公新書、1986。

秦郁彦『昭和史の謎を追う』上、文藝春
秋、1993。

藤原彰「日本軍の餓死について」『歴史地理教
育』534 号、1995。

森元治郎『ある終戦工作』、中公新書、1980。

"陆军相关"和"海军·日本国内"两栏 1872 年以前的月份为阴历（带圈的数字为闰月），1873 年以后的月份和"世界"一栏的月份为阳历。

西 历	陆军大臣	参谋总长	陆军相关	海军、日本国内	世 界
1868（庆应四年）			1月 设置海陆军科 2月 海陆军科改军防事务局 ④月 军防事务局制定《陆军编制法》 军防事务局改军务官 8月 在京都设立兵学校（后改称为兵学所）	1月 鸟羽伏见之战（戊辰战争开始） 3月 发表五条御誓文 4月 江户开城 9月 改元明治	

西 历	陆军大臣	参谋总长	陆军相关	海军、日本国内	世 界
1869 (明治元年)	7月 嘉彰亲王(兵部卿) 12月 (空缺)		6月 在东京九段建立招魂社(后改称靖国神社) 7月 军务官改兵部省 后学所迁至大阪(后改称兵学寮) 9月 兵部大辅大村益次郎被刺(11月去世)	3月 定都东京 5月 五棱郭开城(戊辰战争结束) 6月 版籍奉还	5月 美国横贯北美大陆铁路建成 11月 苏伊士运河开通
1870	4月 炽仁亲王(兵部卿)		10月 发布关于统一编制的布告(规定海军为英国式,陆军为法国式) 11月 向府藩县发布征兵规则	1月 对解散军队不满的长州藩士兵包围藩厅 11月 日田县发生农民暴动	7月 普法战争(—1871.5)

续表

西 历	陆军大臣	参谋总长	陆军相关	海军、日本国内	世 界
1871	6月（空缺）		2月 由萨长土三藩的藩兵组成御亲兵 4月 设置2镇台（8月改为4镇台）	7月 废藩置县 签订《日清修好条规》	1月 德意志帝国成立
1872	2月（空缺）（陆军卿）		1月 兵部省发布《读法》天皇在日比谷操练场阅兵（陆军始建）将"海陆军"的称呼改为"陆海军" 2月 兵部省制定《海陆军刑律》，撤销兵部省，设置陆军省和海军省 3月 将御亲兵改称近卫兵 5月 设置陆军幼年学校 11月 颁布《征兵告谕》	8月 颁布学制	

西历	陆军大臣	参谋总长	陆军相关	海军、日本国内	世界
1873	6月 山县有朋（陆军卿）		1月 将4镇台改为6镇台 发布《征兵令》	1月 废除阴历，采用阳历 5月 北条县发生"血税暴动"（后波及全国） 7月 发布《地租改正条例》 10月 征韩论争中征韩派失败	
1874	2月 （空缺） 6月 山县有朋（陆军卿）		1月 天皇向近卫兵联队授军旗 2月 陆军省设置参谋局 5月 出兵台湾（一~10月） 6月 北海道实施屯田兵制度 11月 设置陆军士官学校	2月 佐贺之乱 5月 签订《桦太千岛交换条约》	
1875	山县有朋（陆军卿）				

西历	陆军大臣	参谋总长	陆军相关	海军、日本国内	世界
1876	山县有朋（陆军卿）			2月 签订《日朝修好条规》 3月 颁布《废刀令》 10月 神风连之乱、秋月之乱、萩之乱	
1877	山县有朋（陆军卿）		2月 创立偕行社	2月 西南战争（—9月）	4月 第十次俄土战争（—1878.1）
1878	12月 西乡从道（陆军卿）	12月 山县有朋（参谋本部部长）	8月 竹桥事件 10月 陆军卿山县有朋发布《军人训诫》 12月 设置参谋本部（统帅权独立）		

西　历	陆军大臣	参谋总长	陆军相关	海军、日本国内	世　界
1879	西乡从道（陆军卿）	山县有朋（参谋本部长）			
1880	2月 大山岩（陆军卿）	山县有朋（参谋本部长）		4月 发布《集会条例》	
1881	大山岩（陆军卿）	山县有朋（参谋本部长）	9月 四将军就转让开拓使国有资产一事上奏　12月 制定《陆军刑法》《海军刑法》	10月 明治14年政变	
1882	大山岩（陆军卿）	9月 大山岩（参谋本部长）	1月 颁布《军人敕谕》　11月 设立陆军大学		7月 朝鲜发生壬午之变
1883	大山岩（陆军卿）	大山岩（参谋本部长）			

西历	陆军大臣	参谋总长	陆军相关	海军、日本国内	世界
1884	大山岩（陆军卿）	2月 山县有朋（参谋本部长）		5月 群马事件（9月，加波山事件；10月，秩父事件）	6月 中法战争（—1885.6）12月 朝鲜甲申之变
1885	12月 大山岩（陆军卿改称陆军大臣）	12月 炽仁亲王（参谋本部长）	3月 梅克尔少校就任陆军大学教官（—1888.3）4月 制定《国防会议条例》（1886年12月废除）	12月 制定内阁制度	
1886	大山岩	炽仁亲王（参谋本部长）	7月 修订《陆军检阅条例》和《晋级条例》	8月 清军水兵与日本巡查在长崎发生冲突	

西历	陆军大臣	参谋总长	陆军相关	海军、日本国内	世界
1887	大山岩	炽仁亲王（参谋本部长）	3月 天皇赏赐30万日元 整顿海防 6月 建立士官候补生制度	4月 在鹿鸣馆举办假面舞会	
1888	大山岩	5月 炽仁亲王（参谋本部长改称参军）	5月 废除镇台制，采用师团制 10月 制定《军队内务书》		
1889	大山岩	3月 炽仁亲王（参军改称参谋总长）	2月 月曜会被下令解散 5月 制定《陆军军官团教育令》	2月 颁布《大日本帝国宪法》	
1890	大山岩		2月 创设金鵄勋章	7月 第一次总选举 10月 颁布《教育敕语》	

西　历	陆军大臣	参谋总长	陆军相关	海军、日本国内	世　界
1891	5 月　高岛鞆之助	炽仁亲王			5 月　俄国西伯利亚铁路动工
1892	8 月　大山岩	炽仁亲王			
1893	大山岩	炽仁亲王	5 月　颁布《战时大本营条例》	5 月　设置海军军令部（海军也实行统帅权独立）	
1894	大山岩	炽仁亲王	6 月　设置大本营（9 月迁至广岛） 8 月　向清国宣战 11 月　攻陷旅顺要塞	7 月　签订《日英新通商条约》（废除治外法权）	3 月　朝鲜东学党之乱

西　历	陆军大臣	参谋总长	陆军相关	海军、日本国内	世　界
1895	3月 山县有朋　5月 大山岩	1月 彰仁亲王		4月 签订《马关条约》，三国干涉　5月 设置台湾总督府	
1896	9月 高岛鞆之助	彰仁亲王	3月 决定增设6个师团（13个师团体制）　5月 设置地方幼年学校		
1897	高岛鞆之助	彰仁亲王			6月 美国吞并夏威夷

続表

西历	陆军大臣	参谋总长	陆军相关	海军、日本国内	世界
1898	1月 桂太郎	1月 川上操六	1月 设置元帅府 设置教育总监部		3月 俄国租借旅顺、大连。德国租借胶州湾 4月 美西战争（一12月） 6月 英国租借九龙（7月租借威海卫） 12月 美国占领菲律宾
1899	桂太郎	5月 大山岩			3月 义和团运动（一1900.8） 10月 英布战争

西　历	陆军大臣	参谋总长	陆军相关	海军、日本国内	世　界
1900	12 月　儿玉源太郎	大山岩	5 月　建立军部大臣现役武官制 6 月　决定出兵镇压义和团运动	3 月　制定《治安警察法》	
1901	儿玉源太郎	大山岩			
1902	3 月　寺内正毅	大山岩		1 月　签订《日英同盟协约》	
1903	寺内正毅	大山岩	12 月　修订《战时大本营条例》（陆海对等）		
1904	寺内正毅	6 月　山县有朋	2 月　向俄国宣战		

西　历	陆军大臣	参谋总长	陆军相关	海军、日本国内	世　界
1905	寺内正毅	12月 大山岩	1月 攻陷旅顺 3月 占领沈阳	5月 日本海海战 9月 签订《朴次茅斯和约》发生反对和约的暴动（日比谷烧打事件） 12月 将韩国变为日本的保护国	
1906	寺内正毅	4月 儿玉源太郎 7月 奥保巩	4月 修订陆军军服制度（废除肋骨军服，采用土黄色军服）	8月 设置关东都督府	2月 "无敌"号战列巡洋舰在英国下水
1907	寺内正毅	奥保巩	4月 决定帝国国防方针 9月 制定军令 决定增设师团（19个师团体制）	7月 签订《日俄协定》	

西　历	陆军大臣	参谋总长	陆军相关	海军、日本国内	世　界
1908	寺内正毅	奥保巩	12月 修订《军队内务书》	10月 颁布《戊辰诏书》	
1909	寺内正毅	奥保巩	11月 修订《步兵操典》	10月 伊藤博文在哈尔滨被暗杀	
1910	寺内正毅	奥保巩	11月 在乡军人会成立	5月 因大逆事件开始大肆逮捕 8月 日韩合并 设置朝鲜总督府	
1911	8月 石本新六	奥保巩		2月 修改《日美通商航海条约》(恢复关税自主权) 3月 颁布《工厂法》	10月 中国辛亥革命

西 历	陆军大臣	参谋总长	陆军相关	海军、日本国内	世 界
1912（大正元年）	4月 上原勇作 12月 木越安纲	1月 长谷川好道	9月 乃木大将殉死 12月 因增设2个师团的问题，上原陆相辞职		10月 第一次巴尔干战争（—1913.5）
1913	6月 楠濑幸彦	长谷川好道	2月 制定《军队教育令》 6月 军部大臣的任用资格扩大到预备役大中将		6月 第二次巴尔干战争（一7月） 7月 中国爆发二次革命
1914	4月 冈市之助	长谷川好道	6月 设置防务会议 8月 向德国宣战 11月 占领青岛	1月 西门子事件（海军受贿事件）暴露	7月 第一次世界大战爆发 8月 巴拿马运河开通

西历	陆军大臣	参谋总长	陆军相关	海军、日本国内	世界
1915	冈市之助	12月 上原勇作	6月 通过增设2个师团预算案	1月 向中国提出"二十一条"要求 7月 在各省任命参政官、副参政官	12月 中国发生护国运动
1916	3月 大岛健一	上原勇作			2月 凡尔登战役 7月 索姆河战役
1917	大岛健一	上原勇作		6月 设置外交调查会	11月 俄国十月革命
1918	9月 田中义一	上原勇作	6月《帝国国防方针》第一次修订 8月 宣布出兵西伯利亚	3月 颁布《军用汽车保护法》 4月 颁布《军需工业动员法》 8月 米骚动	11月 第一次世界大战结束

西 历	陆军大臣	参谋总长	陆军相关	海军、日本国内	世 界
1919	田中义一	上原勇作	4月 设立关东军司令部（撤销关东都督府） 8月 废除朝鲜总督、台湾总督武官专任制 11月 确立一年志愿兵制	4月 设置关东厅	3月 共产国际成立 6月 《凡尔赛和约》签订
1920	田中义一	上原勇作	5月 尼港（尼古拉斯克）事件 8月 撤销中央幼年学校，设立士官学校预科	7月 通过"八八舰队"预算案	1月 国际联盟成立
1921	6月 山梨半造	上原勇作	2月 尾崎行雄向议会提交裁军决议案 3月 修订《军队内务书》 10月 修订《军队教育令》	11月 皇太子裕仁亲王就任摄政	7月 中国共产党成立 11月 召开华盛顿军缩会议

西　历	陆军大臣	参谋总长	陆军相关	海军、日本国内	世　界
1922	山梨半造	上原勇作	8月　山梨裁军	7月　日本共产党成立	10月　墨索里尼就任意大利首相 12月　苏联成立
1923	9月　田中义一	上原勇作	2月　《帝国国防方针》第二次修订 4月　第二次山梨裁军	9月　关东大地震	
1924	1月　宇垣一成	3月　河合操		8月　在各省设政务次官、参与官	1月　中国第一次国共合作
1925	宇垣一成	河合操	4月　开始学校军训 5月　裁减4个师团（宇垣裁军）	1月　签订《日苏基本条约》 4月　颁布《治安维持法》 5月　颁布《普通选举法》	
1926（昭和元年）	宇垣一成	3月　铃木庄六	10月　陆军省设置整备局		7月　国民革命军开始北伐

续表

西历	陆军大臣	参谋总长	陆军相关	海军、日本国内	世界
1927	4月 白川义则	铃木庄六	4月 颁布《兵役法》 5月 第一次出兵山东	3月 金融危机 5月 设置资源局	6月 中国国民革命军进入北京(北伐结束) 10月 苏联发表第一个五年计划
1928	白川义则	铃木庄六	4月 第二次出兵山东 5月 济南事件 6月 炸死张作霖事件	2月 首次实施普选 8月 签订《巴黎非战公约》	
1929	7月 宇垣一成	铃木庄六	2月 制定《战斗纲要》 5月 一夕会成立	11月 黄金出口解禁	10月 纽约股市暴跌(世界经济危机开始)
1930	宇垣一成	2月 金谷范三	4月 围绕《伦敦海军条约》,发生侵犯统帅权问题 9月 樱会成立		1月 伦敦海军裁军会议召开

续表

西历	陆军大臣	参谋总长	陆军相关	海军、日本国内	世界
1931	4月 南次郎 12月 荒木贞夫	12月 载仁亲王	3月 三月事件 9月 柳条湖事件（九一八事变） 10月 十月事件 11月 下士改称下士官，兵卒改称士兵		9月 英国停止金本位制 11月 中国共产党建立瑞金政府
1932	荒木贞夫	载仁亲王	1月 一·二八事变 5月 五一五事件	9月 日本承认"满洲国"	3月 宣布"满洲国"成立
1933	荒木贞夫	载仁亲王	2月 关东军进攻热河 5月 签订《塘沽停战协定》 6月 大阪发生交通信号事件	3月 日本宣布退出国际联盟	1月 希特勒政权诞生 10月 德国退出国际联盟 11月 美国承认苏联

西　历	陆军大臣	参谋总长	陆军相关	海军、日本国内	世　界
1934	1月 林铣十郎	载仁亲王	3月 永田铁山就任军务局长 10月 陆军发表《国防本义及其强化之提倡》		3月 "满洲国"实施帝制 10月 中国红军开始长征
1935	9月 川岛义之	载仁亲王	4月 真崎教育总监训示"国体明征" 7月 罢免真崎教育总监 8月 永田铁山被杀事件	2月 发生"天皇机关说"事件 5月 设置内阁调查局	3月 德国宣布重整军备
1936	3月 寺内寿一	载仁亲王	2月 二二六事件 5月 恢复军部大臣现役武官制 6月《帝国国防方针》第三次修订	8月 决定《国策基准》 11月 签订《日德防共协定》 12月《华盛顿条约》失效	7月 西班牙爆发内乱 12月 中国西安事变

西 历	陆军大臣	参谋总长	陆军相关	海军、日本国内	世 界
1937	2月 中村孝太郎 2月 杉山元	载仁亲王	1月 宇垣内阁流产 7月 卢沟桥事件（对华战争开始） 8月 八一三事变 设立陆军预科士官学校 11月 制定《大本营令》，设立大本营 12月 攻陷南京	5月 设置企画厅 10月 设置企画院	8月 《中苏互不侵犯条约》签订
1938	6月 板垣征四郎	载仁亲王	7月 张鼓峰事件（一8月） 10月 制定《作战要务令》，占领广东、武汉三镇 12月 设立航空士官学校	4月 颁布《国家总动员令》 11月 发表"东亚新秩序"声明	3月 德奥合并 10月 德国吞并苏台德地区 12月 汪精卫逃离重庆

西 历	陆军大臣	参谋总长	陆军相关	海军、日本国内	世 界
1939	8月 畑俊六	载仁亲王	5月 诺门罕事件（—8月） 12月 制定《新军备扩充计划》		8月 《德苏互不侵犯条约》签订 9月 第二次世界大战爆发
1940	7月 东条英机	10月 杉山元	7月 畑俊六陆相单独辞职（米内内阁总辞职） 9月 日军进驻法属东印度北部	1月 《日美通商航海条约》失效 9月 缔结日德意三国同盟 10月 大政翼赞政会成立	6月 英军从敦刻尔克撤退 法国向德国投降
1941	东条英机	杉山元	1月 东条陆相下达《战阵训》签订 7月 日军进驻法属东印度南部 关东军特种演习 12月 日本向美英宣战（太平洋战争开始）	4月 《日苏中立条约》签订 10月 佐尔格—尾崎秀实事件	6月 德苏战争开始

西 历	陆军大臣	参谋总长	陆军相关	海军、日本国内	世 界
1942	东条英机	杉山元	6月 中途岛海战失败 8月 瓜达尔卡纳尔岛战役（—1943.2）		10月 北非发生阿拉曼战役 11月 苏军在斯大林格勒开始反攻
1943	东条英机	杉山元	10月 决定学生出征 12月 将征兵年龄降低到19岁	11月 召开大东亚会议	9月 意大利投降 11月 开罗会议、德黑兰会议
1944	7月 杉山元	2月 东条英机 7月 梅津美治郎	2月 东条陆相兼任参谋总长 3月 英帕尔战役开始（—7月） 7月 塞班岛"玉碎" 10月 美军在莱特岛登陆		6月 盟军在诺曼底登陆 7月 暗杀希特勒未遂事件

西　历	陆军大臣	参谋总长	陆军相关	海军、日本国内	世　界
1945	4 月　阿南惟几 8 月　稻彦王 8 月　下村定	梅津美治郎	4 月　美国在冲绳登陆 8 月　美国在广岛、长崎投下原子弹 苏联对日参战 日本投降 10 月　撤销参谋本部、军令部 11 月　撤销陆军省、海军省		2 月　美英苏首脑召开雅尔塔会议 5 月　德国投降 7 月　同盟国首脑召开波茨坦会议

图书在版编目（CIP）数据

日本陆军史：近代化的异化／（日）户部良一著；
韦平和，孙维珍译．--北京：社会科学文献出版社，
2016.10（2017.4 重印）
（阅读日本书系）
ISBN 978 - 7 - 5097 - 9563 - 7

Ⅰ.①日… Ⅱ.①户… ②韦… ③孙… Ⅲ.①陆军 -
军队史 - 日本 Ⅳ.①E313.51

中国版本图书馆 CIP 数据核字（2016）第 193237 号

·阅读日本书系·

日本陆军史
——近代化的异化

著 者／〔日〕户部良一
译 者／韦平和 孙维珍
审 校／韦平和

出 版 人／谢寿光
项目统筹／徐碧姗
责任编辑／徐碧姗 夏仲壮

出 版／社会科学文献出版社·近代史编辑室（010）59367256
　　　　地址：北京市北三环中路甲 29 号院华龙大厦 邮编：100029
　　　　网址：www.ssap.com.cn
发 行／市场营销中心（010）59367081 59367018
印 装／北京季蜂印刷有限公司

规 格／开本：889mm×1194mm 1/32
　　　　印张：12.75 字数：228 千字
版 次／2016 年 10 月第 1 版 2017 年 4 月第 2 次印刷
书 号／ISBN 978 - 7 - 5097 - 9563 - 7
著作权合同
登 记 号／图字 01 - 2013 - 9287 号
定 价／49.00 元

本书如有印装质量问题，请与读者服务中心（010 - 59367028）联系